# REITs

汕头大学学术著作出版资助基金
汕头大学学科绩效建设-应用经济学（18122126）
汕头大学一流专业建设点-金融学（04418126）
汕头大学科研启动经费项目（STF21015）

# 全球 REITs 实用手册

朴小锐　徐宗玲◎主编

经济管理出版社
ECONOMY & MANAGEMENT PUBLISHING HOUSE

图书在版编目（CIP）数据

全球REITs实用手册/朴小锐，徐宗玲主编 . —北京：经济管理出版社，2023.11
ISBN 978-7-5096-9262-2

Ⅰ.①全… Ⅱ.①朴…②徐… Ⅲ.①房地产投资—信托基金—手册 Ⅳ.①F293.33-62 ②F830.59-62

中国国家版本馆CIP数据核字（2023）第179721号

组稿编辑：谢　妙
责任编辑：谢　妙
助理编辑：张　艺
责任印制：黄章平
责任校对：张晓燕

出版发行：经济管理出版社
　　　　　（北京市海淀区北蜂窝8号中雅大厦A座11层　100038）
网　　址：www.E-mp.com.cn
电　　话：（010）51915602
印　　刷：唐山玺诚印务有限公司
经　　销：新华书店
开　　本：720mm×1000mm/16
印　　张：19.75
字　　数：399千字
版　　次：2023年11月第1版　2023年11月第1次印刷
书　　号：ISBN 978-7-5096-9262-2
定　　价：98.00元

·版权所有　翻印必究·
凡购本社图书，如有印装错误，由本社发行部负责调换。
联系地址：北京市海淀区北蜂窝8号中雅大厦11层
电话：（010）68022974　邮编：100038

# 前　言

房地产投资信托基金（Real Estate Investment Trusts，REITs）于20世纪60年代起源于美国，初衷是促使小型投资者投资房地产相关产品，此后该模式被全球40多个国家和地区借鉴，其投资领域由最初的房地产拓宽到酒店、商场、工业地产、基础设施等，已成为专门投资不动产的成熟金融产品。

与其名称不同的是，房地产投资信托不是一种信托，而是一种纳税选择。房地产投资信托是在公开市场发行股份的公司，一般担任独栋楼盘或一个楼盘组合池的永久性所有权载体。为了维持其特殊纳税地位，房地产投资信托受到某些规定的限制。例如，房地产投资信托必须向投资者支付房地产经营所产生的权责发生制会计法利润的90%。作为遵守这些规定的回报，房地产投资信托的收入只需在投资者层次纳税，而不必在经营公司层次纳税。

为盘活存量资产、引导社会资金投向基础设施建设、降低地方政府财政风险，我国大陆于2021年6月正式引入房地产投资信托。结合这一时间节点，同时考虑到房地产投资信托在美国、英国、澳大利亚、加拿大等得到了蓬勃发展，并且全球房地产投资信托的信息传播以英语为主，辅以法语、日语及汉语等语言，因此，本书采用以汉语为主的形式介绍了全球房地产投资信托的发展情况，品评了各国和地区在发展房地产投资信托过程中成功的经验和失败的教训，既符合我国金融领域的发展需要，也方便国内读者阅读理解，具有丰富的现实意义。本书共分为5章：

第1章整体介绍了房地产投资信托基金，包括房地产投资信托的由来、资产特点、投资优势及分类。

第2章盘点了全球房地产投资信托的概况。首先介绍了全球各国和地区引入房地产投资信托的时间，其次分别盘点了美国、中国、新加坡、澳大利亚、英国、日本、法国、德国以及加拿大的房地产投资信托的发展历程、法律法规和市场规模，最后补充了其他发达国家房地产投资信托的概况。

第3章详尽列举了截至2022年8月重点国家和地区房地产投资信托公司的

具体信息，包括公司名称、物业类型、证券交易所、上市状态、股票代码、公司简介、总部地址等，方便读者全方位了解各国和地区房地产投资信托公司的情况。

第 4 章从交易所交易基金投资角度入手，介绍了截至 2022 年 8 月北美、欧洲、亚太及中国发行的房地产投资信托交易所交易基金的具体信息，包括基金名称、基金状态、基金代码、基金管理人、基金简介等。

第 5 章介绍了房地产投资信托的量化投资，包括实时跟踪房地产投资信托数据的信息渠道，分析房地产投资信托表现的重要指标和主要的量化投资分析模型，帮助有意愿投资房地产投资信托的投资者理清头绪。

# 目 录

1 房地产投资信托基金 / 1
   1.1 房地产投资信托（REITs）的由来 / 1
   1.2 REITs 资产的特点 / 1
   1.3 REITs 的投资优势 / 4
   1.4 REITs 分类 / 5

2 全球 REITs 盘点 / 12
   2.1 全球各国和地区引入 REITs 的时间表 / 13
   2.2 美国 REITs / 19
   2.3 中国 REITs / 20
   2.4 新加坡 REITs / 23
   2.5 澳大利亚 REITs / 24
   2.6 英国 REITs / 24
   2.7 日本 REITs / 25
   2.8 法国 REITs / 25
   2.9 德国 REITs / 26
   2.10 加拿大 REITs / 26
   2.11 其他发达国家 REITs / 27

3 全球 REITs 信息列表 / 35
   3.1 美国 REITs 列表 / 35
   3.2 中国 REITs 列表 / 115
   3.3 新加坡 REITs 列表 / 133
   3.4 澳大利亚 REITs 列表 / 148

3.5 英国 REITs 列表 / 169
3.6 日本 REITs 列表 / 193
3.7 法国 REITs 列表 / 219
3.8 德国 REITs 列表 / 232
3.9 加拿大 REITs 列表 / 235

# 4 全球 REITs 交易所交易基金 / 256

4.1 交易所交易基金投资 / 256
4.2 全球 REITs 交易所交易基金列表 / 258
4.3 北美 REITs 交易所交易基金列表 / 262
4.4 欧洲 REITs 交易所交易基金列表 / 268
4.5 亚太 REITs 交易所交易基金列表 / 270
4.6 中国 REITs 交易所交易基金列表 / 273

# 5 REITs 量化投资 / 276

5.1 REITs 实时数据跟踪 / 276
5.2 REITs 重要指标 / 291
5.3 量化投资分析模型 / 302

参考文献 / 306

后记 / 311

# 1 房地产投资信托基金

## 1.1 房地产投资信托（REITs）的由来

房地产投资信托基金起源于 20 世纪 60 年代的美国，初衷是使所有投资者，尤其是小型投资者获得产生收益的房地产相关产品，其经过多年的发展已成为专门投资不动产的成熟金融产品（Corgel et al., 1995）。在 1960~1993 年房地产投资信托基金发展的早期，REITs 被认为是一种全新的投资工具。相比需要一次性付出大量资金的房地产投资，房地产投资信托基金具有更高的流动性和透明度；相比股票类的传统投资标的，房地产投资信托基金的投资者不需要重复缴纳个人所得税，具有税收上的优势。因此，自诞生伊始房地产投资信托基金在美国便得到了较快的发展，此后该模式被全球许多国家和地区所借鉴，至今已有澳大利亚、日本、新加坡等 40 多个国家和地区发行了该类产品，为投资者提供了全球创收房地产投资组合的机会（Pagliari et al., 2005；NAREIT, 2022）。房地产投资信托基金的投资领域由最初的房地产拓宽到酒店、商场、工业地产、基础设施等，已成为专门投资不动产的成熟金融产品。

## 1.2 REITs 资产的特点

房地产投资信托基金为投资者提供了房地产投资的好处以及投资公开交易股票的便利。历史上，房地产投资信托基金为投资者提供了基于股息的收入、竞争性市场表现、透明度、流动性、通胀保护和投资组合多元化等优势。

### 1.2.1 税收优势

房地产投资信托基金的股息可以按不同的税率征税，因为这些股息可以分配到普通收入、资本收益和资本回报中。20%的最高资本收益税率（加上3.8%的医疗保险附加税）通常适用于房地产投资信托基金股票的销售。

#### 1.2.1.1 REITs分红的税务目的

对于房地产投资信托基金，用于税收目的的股息被分配到普通收入、资本收益和资本回报中，其中每一项都可能被征收不同的税率。所有上市公司，包括房地产投资信托基金，都被要求在年初向股东提供信息，阐明上一年的股息应如何分配，以达到税收目的。房地产投资信托公司收益在普通收入、资本回报和资本收益之间分配的部分历史记录可在行业数据中找到。

#### 1.2.1.2 REITs分红与最高税率

大部分房地产投资信托基金的分红股息作为普通收入征税，最高税率为37%（将在2026年恢复至39.6%），另外加上3.8%的投资收入附加税。纳税人通常还可以扣除20%的合并合格业务收入金额，其中包括截至2025年12月31日的合格房地产投资信托基金股息。考虑到20%的扣除额，合格房地产投资信托基金股息的最高有效税率通常为29.6%。

然而，在下列情况下，房地产投资信托基金股息将有资格适用较低的税率：

（1）当个体纳税人适用较低的预定所得税税率时；

（2）当房地产投资信托基金进行资本收益分配（20%的最高税率，加上3.8%的附加税）或资本分配回报时；

（3）当房地产投资信托基金分配从应税房地产投资信托基金子公司或其他公司收到股息时（20%的最高税率，加上3.8%的附加税）；

（4）当被允许时，房地产投资信托基金支付企业所得税并保留收益（20%的最高税率，加上3.8%的附加税）。

此外，最高20%的资本利得率（加上3.8%的附加税）通常适用于房地产投资信托基金股票的销售。公开交易的房地产投资信托基金受美国证券交易委员会监管，这些股票在主要的证券交易所交易。个人投资者可以在纽约证券交易所等公共证券交易所买卖公开交易的房地产投资信托基金的股票。

#### 1.2.1.3 获取信息的方法

由于公开交易的房地产投资信托基金是在证券交易所交易的，因此很容易获得关于公开的房地产投资信托基金的股票的相关信息。信息由拥有和交易房地产投资信托基金的公司以及积极分析房地产投资信托基金的独立公司提供。此外，房地产投资信托基金由美国证券交易委员会注册和监管，要求这些基金向监管机构提交经审计的财务报表。感兴趣的投资者可以在美国证券交易委员会的网站上查阅这些信息。

### 1.2.2 稳健透明的公司治理

公司想获得房地产投资信托基金的资格，必须满足美国国会制定的准则（U. S. News，2021）。简而言之，一个公司必须满足以下条件：
（1）根据美国国税局的税收法规，被视为一个公司；
（2）由董事会管理；
（3）由至少100名股东持有，其中不少于5名股东持有共50%的股份；
（4）将至少75%的资产投资于房地产、现金或美国国债；
（5）至少75%的总收入来自房地产，通过股息向股东支付至少90%的应税收入。

### 1.2.3 资产的高流动性

在证券交易所上市的房地产投资信托基金为所有投资者投资房地产提供了最简单、最有效的投资方式。上市房地产投资信托基金的股票每天都在美国的主要证券交易所买卖。

美国证券交易所有200多只房地产投资信托基金在交易，总股本超过1万亿美元，由机构、个人投资者以及房地产投资信托共同基金和交易所交易基金持有。

房地产投资信托基金提供了：
（1）一种经济有效的方式来拥有产生收入的房地产；
（2）一种消除流动性风险的方式；
（3）一种对房地产投资组合进行战术调整的有效方式；
（4）一种实现多元化的方式。

### 1.2.4 高额的季度分红

对于股票而言，由管理层决定是否支付股息或将利润再投资于公司，而房地产投资信托基金会将90%甚至更多的利润分配给投资者。然后，投资者可以决定如何处理得到的股息。如果投资者选择再投资，则会购买更多的股票。当然，投资者也可以选择用这些红利去改善生活。股息通常是稳定的，随着租金的上涨，房地产投资信托基金提供了增加股息的机会。升值也可以通过信托中财产的增值来实现。房地产投资信托基金是总回报投资，通常提供高股息以及适度的长期资本增值潜力。房地产投资信托基金股票的长期总回报往往与价值股相似，高于低风险债券的回报。

由于房地产投资信托基金提供了强劲的股息收入，对于养老储蓄者和需要持续收入流来满足生活支出的退休人员来说，这些基金是一项重要的投资。房地产投资信托基金的股息是可观的，因为被要求每年将至少90%的应税收入分配给股东。这些股息是由其房产稳定的合同租金流推动的。上市房地产投资信托基金股票回报与其他股票和固定收益投资回报的相关性较低，这也使房地产投资信托基金成为一个良好的投资组合多元化工具。当其他的投资回报"波动"时，房地产投资信托基金的回报也会"波动"，这有助于减缓投资组合的整体波动性，并提高给定风险水平下的回报。

## 1.3 REITs的投资优势

### 1.3.1 盘活存量资产

房地产投资信托基金为投资者带来了商业房地产投资的好处和投资公开交易股票的优势。创收型房地产的投资特性为房地产投资信托基金的投资者提供了具有历史竞争力的长期回报率，补充了其他股票和债券的回报。

房地产投资信托基金是总回报投资，通常提供高股息以及具有适度的长期资本增值潜力。房地产投资信托基金股票的长期总回报往往与价值股相似，高于低风险债券的回报。基于稳定的高股息收入和长期资本增值，房地产投资信托基金历来提供具有竞争力的总回报。

### 1.3.2 吸引机构投资者

机构投资者正转向房地产投资信托基金，这一趋势是客户的一个良好投资机会。金融机构购买房地产作为财富管理平台的一部分。摩根士丹利（Morgan Stanley）和美林（Merrill Lynch）等机构希望并允许分散其金融投资组合的客户汇集资金，投资于特定的房地产。这种房地产投资将允许个人资产随着房地产资产价值的增长而增加。保险机构购买不动产是为了管理其未来的负债。保险机构还向房地产投资集团提供贷款，帮助其购房融资。

总体而言，机构投资者和共同基金将房地产投资信托基金作为投资房地产的一种便捷和流动的方式，且具备快速退出策略。此外，这些投资者通过投资房地产投资信托基金（如手机信号塔、数据中心和网络物流物业）进入新经济领域，拓展了传统的物业类型。

### 1.3.3 多元化投资策略

多元化的投资组合可以降低投资者的风险，因为资金分散在不同的资产和行业中。投资房地产投资信托基金有助于分散个人投资组合。房地产投资信托基金不是股票、债券或货币市场，而是一个自成一体的类别。

房地产投资信托基金与其他资产类别的表现相关性较低，意味着这些基金的表现行为通常不同于股票或债券。因为房地产投资信托基金的股价表现与股票和其他投资类别的相关性较低，所以这些基金有利于投资组合的多元化。当股价下跌时，房地产投资信托基金通常表现得更好，从而可以平衡投资者的投资组合的表现。

### 1.3.4 国际化的优质资产

房地产投资信托基金是分散投资组合的好方法。房地产投资信托基金起源于美国，目前国际房地产投资信托基金已经在世界范围内兴起。

国际房地产投资信托基金与美国房地产市场不具有相关性，因此成为一个分散投资组合的好方法。国际房地产投资信托基金没有流动性，这可能会导致短期投资者在出售资产时面临挑战。投资国际房地产投资信托基金的最佳方式可能是通过交易所交易基金（ETF），因为交易所交易基金具有流动性，并且提供了资本收益再投资的选项。

## 1.4 REITs 分类

从全球范围来看，REITs 大体上可以分为权益 REITs、抵押 REITs、混合 REITs、专业 REITs 四类。

### 1.4.1 权益 REITs

权益房地产投资信托基金（Equity REITs）是一种间接投资工具，拥有或经营产生收入的商业房地产，如办公楼、购物中心、公寓和其他财产类型。权益房地产投资信托基金不同于抵押贷款型房地产投资信托基金，后者主要投资于住房抵押贷款支持的债券。这类基金是间接投资工具，因为有一个专业的资金管理团队代表房地产投资信托基金股东选择直接的房地产投资物业。

上市的权益房地产投资信托基金在美国证券交易委员会（SEC）等证券监管机构注册。大多数公募房地产投资信托基金在证券交易所的二级市场交易。这些公募房地产投资信托基金具有流动性，因为这些基金可以在市场交易日出售，在交易结算后的几天内就可以收到出售所得。一些公募房地产投资信托基金在美国证券交易委员会或其他证券监管机构注册，但不在证券交易所上市。

私募房地产投资信托基金没有在证券监管机构注册。大多数私募房地产投资信托基金是直接从房地产投资信托基金发起人那里购买的，股份必须由基金发起人回购，因此流动性不如公募房地产投资信托基金。一些私募房地产投资信托基金对每年可购买的流通股比例设定了限制。这一回购限额可低至已发行股份的5%。

权益房地产投资信托基金是最常见的房地产投资信托基金。这些基金收购、管理、建造、翻新和出售创收的房地产。其收入主要来自房地产的租金收入。股票型房地产投资信托基金可以广泛投资，也可以专注于某个特定的细分市场。

一般来说，权益类房地产投资信托基金提供了稳定的收益。由于这些房地产投资信托基金通过收取租金来创造收入，其收入相对容易预测，而且往往会随着时间的推移而增加。权益类房地产投资信托具有周期性，对经济增长放缓和经济衰退期非常敏感。对于权益类房地产投资信托基金，过多的供应，如酒店房间数量超过了市场的承受能力，会导致更高的空房率和更低的租金收入。

### 1.4.2　抵押REITs

抵押房地产投资信托基金（Mortgage REITs）投资于抵押贷款、抵押贷款支持证券（MBS）和相关资产。虽然权益类房地产投资信托基金通常通过租金产生收入，但抵押类房地产投资信托基金的收入来自其投资的利息。例如，假设ABC公司符合房地产投资信托基金的资格。该公司用投资者产生的资金购买一栋办公楼，并出租办公空间。ABC公司拥有并管理该房地产，每月向租户收取租金。因此，ABC公司属于权益房地产投资信托基金。再假设XYZ公司符合房地产投资信托基金的资格，并贷款给房地产开发商。与ABC公司不同，XYZ公司从贷款利息中获得收入。因此，XYZ公司属于抵押房地产投资信托基金。

与股票型房地产投资信托基金一样，抵押贷款型房地产投资信托基金的大部分利润是作为股息支付给投资者的。当利率上升时，抵押房地产投资信托基金往往比股票房地产投资信托基金表现得更好。利率的变化会影响抵押贷款房地产投资信托基金的收益。同样，较低的利率可能会导致更多的借款人再融资或偿还抵押贷款——房地产投资信托基金不得不以较低的利率进行再投资。房地产投资信托基金购买的大多数抵押贷款证券都是受联邦政府支持的，这限制了信用风险。

然而，某些抵押房地产投资信托可能面临更高的信贷风险，这取决于具体的投资。

抵押房地产投资信托基金通过发起和收购抵押贷款支持证券，以及通过有效管理利率风险，为股东带来回报。抵押贷款支持证券是由不动产抵押的创收资产。抵押房地产投资信托基金通过借款来收购抵押贷款支持证券，并通过管理借贷利差来产生回报。

抵押房地产投资信托基金由内部或外部管理。内部管理要求房地产投资信托基金组建一个在抵押贷款支持证券和利率风险管理方面具有丰富经验和专业知识的管理团队。外部管理允许抵押房地产投资信托基金利用全球投资管理公司的专业知识来管理资产和风险。但对于哪种方式最有效尚存在不同意见。

抵押房地产投资信托基金通常根据其主要的投资策略进行分类，根据其贷款的资产类型，分为商业房地产投资信托基金和住宅房地产投资信托基金。两者对整体经济都很重要，因为它们是投资资本与借款人之间的纽带。其中，住宅抵押贷款房地产投资信托基金的表现历来优于商业房地产投资信托基金。

### 1.4.3 混合 REITs

混合房地产投资信托基金（Hybrid REITs）是拥有房产的权益房地产投资信托基金和投资于抵押贷款或抵押贷款支持证券的抵押房地产投资信托基金的组合。通过分散两种投资，混合房地产投资信托基金旨在以比投资其中一种更低的风险获得两种投资的好处。

当投资者不确定想要投资的房地产投资信托基金的类型，或者，如果投资者希望房地产投资信托基金经理能够根据不断变化的经济状况、房地产价值和利率，自由改变房地产投资信托基金的投资组合时，就可以选择这种方式。

投资混合房地产投资信托基金的决定取决于投资者的投资组合和投资策略。对一些投资者来说，一只既能投资抵押贷款又能投资股票的房地产投资信托基金是很有吸引力的。混合房地产投资信托基金简化了一些投资者的决策过程，并信任基金经理来选择最佳投资以实现其目标。但不利的一面是，投资者对基金投资的内容以及资产如何融入其投资组合没有多少控制权。

一些投资者更喜欢抵押或权益房地产投资信托基金，这样投资者对基金的投资有更多的控制权。这可以最大限度地避免投资者在不知情的情况下投资某一基金。

### 1.4.4 专业 REITs

专业房地产投资信托基金（Specialized REITs）拥有并管理一系列独特的物

业类型，并向租户收取租金。专业房地产投资信托基金拥有不属于其他房地产投资信托基金的财产，包括电影院、赌场、农田和户外广告场地等。

许多美国人可能没有意识到，他们已经通过401（k）养老金、节俭储蓄计划（TSP）或其他面向退休的投资工具投资了房地产投资信托基金。包括养老金、捐赠基金、基金会、保险公司和银行部门在内的大型机构投资者也投资了房地产投资信托基金，将其作为获得房地产资产类别风险敞口的一种经济高效的方式。

富时/美国房地产投资信托协会美国房地产指数上有许多特殊的房地产投资信托基金。许多投资者通过房地产投资信托共同基金或交易所交易基金购买这些房地产投资信托的股份，但个人也可以在经纪人的帮助下直接投资办公房地产投资信托基金。专业房地产投资信托基金专注于可能不适合其他行业的房地产，然后拥有、管理并向租户收取租金。由于这些专业房地产投资信托基金通常处于更新和增长阶段，这些公司不仅拥有无限的利润和收益潜力，还拥有越来越大的竞争优势。

#### 1.4.4.1 专业房地产投资信托基金的好处

第一，抗衰退。虽然这在很大程度上取决于投资者正在寻找的房地产利基市场[①]，但许多专业房地产投资信托基金在一定程度上可以抵御衰退。例如，学生公寓是一个越来越受欢迎的细分市场。在经济衰退期间，许多人甚至会重返校园，这进一步扩大了对学生公寓的需求。

第二，强劲的需求。不仅学生住房的需求不断增长，而且老年住房的需求也在不断增长。随着老龄化社会的到来，每天都有越来越多的人需要并乐意建立老年住房。这越来越成为一种生活方式，而不是一种不情愿的举动。很多时候，这些设施很难从贷款人那里获得资金，这就是专业房地产投资信托基金的切入点。

#### 1.4.4.2 专业房地产投资信托基金的风险

第一，供过于求。当太多的新设施被建造，以满足特定利基市场日益增长的需求时，可能导致供过于求。快速、廉价、易于建造的设施是出于良好的意愿建造的，但最终会损害潜在的利润。供过于求导致低定价能力和不必要的空缺。

第二，经济下滑。一些特殊的房地产投资信托基金更容易受到经济衰退的影响。例如，电影院等其他休闲场所是消费者在艰难时期首先削减的项目。但总体来说，这些类型的行业很难应对经济危机，却在经济景气时发展蓬勃。

许多不同类型的专业房地产投资信托基金都有自己的风险和回报。然而，这类基金在过去几年里经历了巨大的增长。这绝对是一个值得关注的趋势，也是一

---

① 利基市场（Niche Market）是一个市场或产业的专业化子集，这个子集拥有特殊的需求和行为模式。

个独特的投资机会。

### 1.4.5 按底层资产分类

REITs 按照底层资产可以分为零售 REITs、办公 REITs、住宅 REITs、工业 REITs 等类型。

#### 1.4.5.1 零售 REITs

零售房地产投资信托基金（Retail REITs）拥有并管理中央商业区和高档区的零售物业（例如，西蒙房地产集团）。该类基金将零售空间出租给希望建立购物中心、杂货店、精品店等的租户。零售房地产投资信托基金通过向租户出租空间来赚钱，租户向房地产投资信托基金公司支付月度、季度或年度租金。

#### 1.4.5.2. 办公 REITs

办公房地产投资信托基金（Office REITs）是与拥有、管理、开发、经营和/或租赁写字楼相关的投资。繁忙的商业区是适合许多办公场所的所在地，如银行、律师事务所、投资公司、高端办公室、技术研究公司和主要的零售连锁店。办公房地产投资信托基金以 5~10 年的租期出租给大公司，即所谓的锚定租户，这有助于在一定年限内保持可预测的收入。

#### 1.4.5.3 住宅 REITs

住宅房地产投资信托基金（Residential REITs）拥有、开发和管理住宅房地产，再将这些房地产出租给租户。这些住宅可能包括独栋住宅、公寓楼、装配式住宅[①]、学生公寓和度假屋。这种类型的房地产投资信托可能拥有和管理从城市高层建筑到度假公寓，以及介于两者之间的任何物业。这些物业必须是住宅，而不涉及商业或工业用途。

住宅房地产投资信托基金的需求强劲。在大学期间需要住在学生公寓、工作期间需要住在公司附近的公寓，住宅房地产总是需要的。只要人们需要一个栖身之所，利润就会源源不断。此外，住宅房地产是抗衰退的。即使在经济不景气的时候，人们也会先付房租——因为不想流落街头。

#### 1.4.5.4 工业 REITs

工业房地产投资信托基金（Industrial REITs）是房地产投资信托基金，涉及工业物业的管理、所有权和租赁，用于设立工厂、配送中心、仓库或电子商务履行中心。通常，工业地产位于中央商业区之外，因为工业地产需要很大的空间来设置机械和装载轨道。工业地产可以作为工业园区内的一组工业建筑存在，也可以作为出租给个人或多个租户的独立建筑存在。一些制造和仓储公司也可能在其

---

① 不同于传统的在建筑所在地施工建造的房屋，装配式住宅（Manufactured Homes）指的是在工厂中装配制造好的住宅，是住宅领域的新兴事物。

建造的建筑物中运营。

过去十年，电子商务增长的较大受益者之一是工业房地产投资信托基金。随着越来越多的消费者在网上购物，电子商务公司正在大多数消费者居住的大都市附近建立仓库和履行中心。这意味着对仓储和物流服务的需求正在上升，投资于战略性工业地产的房地产投资信托基金将从中受益。

仓库和履行中心是工业房地产投资信托基金的基础资产，将房地产投资信托基金置于繁荣的中心地带。投资于地理位置优越、交通便利的仓库的产业类房地产投资信托基金将获益匪浅。这些公司能够将全球的制造商、分销商和履约公司的货物运送到最终消费者手中。潜在的租户希望将仓库建在靠近主要大都市的地方，这样就可以缩短从客户下订单到送货上门之间的订单履行时间。投资大都市附近的工业园区将有助于弥补目前市场上仓储空间的供应不足。

1.4.5.5 医疗保健 REITs

美国人口老龄化导致患有慢性疾病的人数大幅增加，这类疾病一般治疗费用较高。医疗保健系统的费用负担提高了医疗保健房地产子行业的估值，包括老年住房（1500 亿美元）、门诊护理（3500 亿美元）、急性护理医院（3100 亿美元）和熟练护理设施（2100 亿美元）（Seeking Alpha, 2016）。医疗保健房地产投资信托基金（Healthcare REITs）顺应了这一趋势，提供了专为满足老龄人口需求设计的设施。

1.4.5.6 酒店 REITs

酒店房地产投资信托基金（Hotel REITs）专注于更高质量、全方位服务的沿海城市市场或度假村。房地产投资信托基金的税务条款（26 U. S. Code § 856）禁止酒店房地产投资信托基金自行管理酒店。相反，房地产投资信托基金与酒店管理公司签订协议，将日常运营委托给酒店管理公司。复杂的业务结构加上酒店租赁的短期性质，使酒店房地产投资信托基金对不断变化的经济状况高度敏感。

1.4.5.7 自助存储 REITs

为了减轻经济负担，千禧一代和婴儿潮一代倾向于租赁公寓和自助存储单元。美国住房危机加速了这一趋势，并推动了自助存储房地产投资信托基金（Self-storage REITs）的发展。由于进入壁垒有限，这一细分行业经历了激烈的竞争。

1.4.5.8 抵押支持证券 REITs

抵押支持证券房地产投资信托基金（MBS REITs）专注于抵押贷款市场，提供了一个具有流动性和透明度的抵押贷款投资工具。一些抵押支持证券房地产投资信托基金由美国政府提供担保抵押贷款支付支持，而另一些提供更高的股息支付以补偿风险。金融危机后，抵押支持证券房地产投资信托基金迅速增长，占整个抵押支持证券市场的 7%，价值 3500 亿美元（Adrian et al., 2013）。

#### 1.4.5.9 高科技 REITs

通过管理数据中心、无线发射塔以及电力传输和分配资产，高科技房地产投资信托基金（High-tech REITs）的客户包括几乎所有的科技巨头。由于受到长期租赁合同的保护，高科技房地产投资信托基金对利率和经济风险的敏感度往往低于传统房地产投资信托基金，传统房地产投资信托基金更容易受到与市场相关的周期性变化的影响（Clayton & Mackinnon, 2001）。

#### 1.4.5.10 林业 REITs

自 20 世纪 80 年代以来，美国林地所有权发生了巨大的结构性变化。价值大约 280 亿美元的工业级林地被纵向一体化的林业产品公司剥离，其中大部分被证券化并由林业房地产投资信托基金（Timber REITs）管理（Sun, 2013）。

#### 1.4.5.11 基础设施 REITs

基础设施房地产投资信托基金（Infrastructure REITs）拥有并管理基础设施房地产，并向使用该房地产的租户收取租金。基础设施房地产投资信托基金的底层资产类型包括电力、天然气、自来水和高速公路等设施。

#### 1.4.5.12 多元化 REITs

多元化房地产投资信托基金（Diversified REITs）拥有并管理多种类型的房地产，并向租户收取租金。例如，多元化的房地产投资信托基金可能拥有由写字楼和工业地产组成的投资组合，这使其成为寻求投资于各种房地产资产类型的投资者的理想选择。

# 2　全球 REITs 盘点

根据美国房地产投资信托协会（NAREIT）委托威尔希尔投资咨询公司所做的研究，将全球上市房地产纳入多元化投资组合对回报有积极影响。在分析1976~2014年各种资产类别（股票、债券、房地产和现金）的风险和回报时，威尔希尔公司测试了各种投资期限的优化投资组合——包括和不包括全球上市房地产投资信托基金（NAREIT，2023a），研究发现，包含全球上市房地产投资信托基金的投资组合产生了较低的年化风险和6.5%的年化回报。尽管如此，拉尔夫·布洛克在其著作《投资房地产投资信托基金》中明确指出，与只代表一个国家的证券投资组合相比，管理全球房地产证券投资组合伴随着层层风险，这包括套期保值问题，以及这些股票以本国货币以外的货币计价的事实（Block，2011），还有不同的交易所要考虑。

为了提高效率，投资者要使用交易柜台，在那里可以找到订单流并执行想要进行的交易；或者买入围绕这些国际房地产投资信托基金的封闭式基金、共同基金和/或交易所交易基金。后者为投资者提供了简单有效的方式，将全球上市房地产头寸添加到其投资组合中。

全球上市房地产市场最常见的指数是富时 EPRA/NAREIT 全球房地产指数系列，由指数提供商富时罗素、美国房地产投资信托协会和欧洲公共房地产协会（EPRA）创建。这一指数被各种机构投资者、基金经理和基金用来管理全球范围内的房地产投资。该指数包含房地产投资信托基金和非房地产投资信托基金上市的房地产公司，并包括发达市场和新兴市场指数。

在全球行业分类标准中，房地产投资信托基金占整体房地产行业的98%，上市房地产投资信托基金占富时 EPRA/NAREIT 全球房地产发达市场指数总市值的79%。

## 2.1 全球各国和地区引入 REITs 的时间表[①]

### 2.1.1 七国集团（G7 成员国）

#### 2.1.1.1 美国（1960 年）

美国房地产投资信托基金（U.S. REITs）成立于 1960 年，是《雪茄法案》（*Cigar Act*）（《雪茄法案》中包含最初的联邦税收立法授权）的一部分，该法律旨在为个人投资者创造财富。无论投资规模大小，这一蓝图为数百万房地产投资信托基金投资者的资本投入创收型房地产铺平了道路。为了符合条件，每家公司必须以股息的形式支付至少 90% 的净收入。

#### 2.1.1.2 加拿大（1993 年）

加拿大房地产投资信托基金类似于美国的房地产投资信托基金，尽管这些基金按月支付股息，并不是美国通常的季度计划。1993 年 9 月，上市的第一只公开交易的房地产投资信托基金在多伦多证券交易所开始交易。

#### 2.1.1.3 日本（2000 年）

日本房地产投资信托基金（J-REITs）被要求向股东支付至少 90% 的收入，并且自 2008 年 9 月起，可以拥有基金在日本国内乃至全球的财产。日本建筑基金公司和日本房地产投资公司于 2001 年成为首批上市的日本房地产投资信托基金。

#### 2.1.1.4 法国（2003 年）

法国房地产投资信托基金被称为不动产投资协会（SIICs）。只要这些公司将 85% 的经常性收入支付给股东就可以免税。

#### 2.1.1.5 德国（2007 年）

德国是欧洲最大的房地产市场，这为房地产投资信托基金提供了很多机会。在德国，这些公司必须向股东支付至少 90% 的可分配利润，任何一个股东都不能拥有超过 10% 的股份。德国房地产投资信托基金（G-REITs）还必须公开表明其身份，在其公司名称的某处列出"房地产投资信托基金"。

#### 2.1.1.6 意大利（2007 年）

意大利房地产投资信托基金（SIIQs），必须从出租物业中获得至少 80% 的收

---

[①] 该时间表信息来自 Wide Moat Research 网站（2023）。

入,同时将至少85%的收入分配给股东,任何股东不得拥有超过51%的投票权。

#### 2.1.1.7　英国（2007年）

英国房地产投资信托基金（UK-REITs）仅限在英国投资,不能成为开放式投资公司。这些公司必须在公认的证券交易所上市,如伦敦证券交易所的主要市场,同时必须将至少90%的豁免租金收入分配给股东,以避免欠缴所得税。

### 2.1.2　其他国家和地区

#### 2.1.2.1　荷兰（1969年）

作为欧洲第一个通过房地产投资信托基金法律的国家,荷兰的房地产投资信托规则尤其严格。公司必须支付100%的应税利润才能获得资格,并且不允许从事土地和房地产开发。这里的房地产投资信托基金被称为财政债券,简称FBIs。

#### 2.1.2.2　新西兰（1969年）

新西兰的房地产投资信托基金令人困惑,因为这些公司既存在又不存在,这些公司被称为组合投资实体（PIE）,遵照非房地产投资信托基金法律却像房地产投资信托基金一样运作。这是这些公司唯一的选择,因为在新西兰没有房地产投资信托法律。

#### 2.1.2.3　中国台湾（1969年）

作为免缴所得税的正常房地产投资信托收益的回报,中国台湾的房地产投资信托基金必须每年支付正常收入的90%。这些基金中至少75%的资产必须是房地产资产,最多可以投资20%的短期商业票据、银行存款、债券等。

#### 2.1.2.4　澳大利亚（1971年）

截至2022年,接近50个房地产投资信托基金在墨尔本交易所上市,使澳大利亚成为第二大房地产投资信托基金持有国。澳大利亚房地产投资信托基金（A-REITs）也可以在本迪戈证券交易所、纽卡斯尔证券交易所和澳大利亚太平洋交易所上市。这些房地产投资信托基金大多将管理职责外包给第三方,并被允许进行全球投资。

#### 2.1.2.5　波多黎各（1972年）

波多黎各的房地产投资信托基金必须有至少50名股东或合伙人才能成立,且至少50%的已发行股票总值必须由5人以上持有。由于目前的立法导致房地产投资信托基金的形成对大多数企业没有吸引力,截至2022年波多黎各只有8家房地产投资信托基金公司。

#### 2.1.2.6　智利（1989年）

智利的房地产投资信托基金在西班牙语中称为FII,这些公司必须至少有50名股东,负债不超过其资产的50%。这些公司可以是公有的,也可以是私有的,但如果是前者，则必须由一家智利的公司管理。

#### 2.1.2.7 阿根廷（1995年）

现存的阿根廷房地产投资信托基金（Fideicomiso Financiero Inmobiliario）并不多。目前最大的公司是 Inversionesy Representaciones S. A.，其拥有写字楼、酒店、商场、公寓和土地。该公司也在纽约证券交易所上市。

#### 2.1.2.8 比利时（1995年）

与美国和许多其他国家和地区规定的分配90%的收入门槛不同，比利时房地产投资信托基金被要求分配至少80%的收入（扣除债务减免和资本利得），以避免支付公司税。但是每年分配一次，而不是每季度一次。

#### 2.1.2.9 土耳其（1995年）

土耳其的房地产投资信托基金以公司形式成立，在伊斯坦布尔证券交易所上市，并必须将至少50%的资本投入房地产。这些公司不能投资开发项目，必须每年支付股息，并需要在博拉伊斯坦布尔证券交易所注册。

#### 2.1.2.10 希腊（1999年）

由于希腊最初的法律存在问题，推进希腊房地产投资公司（REIC）的工作在刚开始时进展缓慢，但后来发生了变化，这些公司必须在雅典证券交易所上市，并将超过80%的资产投资于房地产。此外，任何单一财产投资都不能超过信托总资产价值的25%。

#### 2.1.2.11 新加坡（1999年）

新加坡房地产投资信托基金（S-REIT）至少25%的股票必须由至少500名公众股东持有。新加坡（和荷兰一起）的房地产投资信托基金是世界上支付100%现金流的房地产投资信托基金之一。2002年，第一家新加坡房地产投资信托基金——凯德商用房地产投资信托（Capital and Mall Trust）公司成立。

#### 2.1.2.12 韩国（2001年）

在韩国有三种房地产投资信托基金：自我管理的房地产投资信托基金、管理人委托的房地产投资信托基金、公司重组房地产投资信托基金，这些基金都必须得到运输和海洋事务部的批准。

#### 2.1.2.13 中国香港（2003年）

在中国香港公布其房地产投资信托基金规则后，第一个上市的是香港房屋委员会的领汇房地产投资信托基金，该基金市值规模超过1000亿元，是规模很大的房地产投资机构。香港房地产投资信托基金必须以股息形式支付至少90%的净利润，并在投资组合中拥有3处或更多房产。此外，管理必须是外部的。

#### 2.1.2.14 保加利亚（2005年）

保加利亚的特殊目的投资公司（SPICs）被限制只能拥有保加利亚的财产，

并且只能将总部设在本国。这些公司必须在财务期结束后的 12 个月内分配至少 90%的净利润。

#### 2.1.2.15 马来西亚（2005 年）

作为亚洲第一个通过房地产投资信托基金相关法律的国家，马来西亚的房地产投资信托基金被称为"上市房地产信托"，并以马来西亚注册信托的形式成立。目前，马来西亚正在完善法律，以更加符合国际标准，如提高开发限制和增加公司治理条款。

#### 2.1.2.16 迪拜（2006 年）

迪拜的房地产投资信托基金必须是封闭式的。这些公司必须在公认的交易所上市和交易，必须分配不少于 80%的年度净收入。这些公司也不能一次借入超过其净资产价值 70%的资金。目前，只有两只房地产投资信托基金在纳斯达克迪拜交易所（NASDAQ Dubai）上市。

#### 2.1.2.17 以色列（2006 年）

以色列至少 75%的房地产投资信托基金的资产必须是盈利的，且同样的基金金额必须投资于以色列境内的房地产。此外，在每年的 4 月 30 日之前，必须按年度向股东分配至少 90%的收入。以色列第一只上市的房地产投资信托基金简称为 REIT，由 Excellence Nessuah 发行。

#### 2.1.2.18 印度尼西亚（2007 年）

2007 年，印度尼西亚政府引入了房地产投资基金，给国际投资者提供了独一无二的投资印度尼西亚房地产资产的机会。目前印度尼西亚有两家房地产投资基金公司：一家经营商业和基础设施物业，另一家经营商场物业。

#### 2.1.2.19 巴基斯坦（2008 年）

巴基斯坦的房地产投资信托基金必须遵守受托人规则：必须由房地产投资信托基金管理公司（RMC）管理；房地产投资信托基金管理公司必须拥有该公司 20%~50%的股份，并且不能收取管理费；房地产投资信托基金只要把 90%的利润分给股东就不用缴税。

#### 2.1.2.20 哥斯达黎加（2009 年）

哥斯达黎加的房地产投资基金是投资于房地产和房地产相关机会的集合工具，通过长期租赁为投资者带来高额固定回报。这些公司由国家证券监管机构注册、许可和监督的行政法人管理。

#### 2.1.2.21 芬兰（2009 年）

芬兰的房地产投资信托基金要求将 90%的资金分配给股东。然而，出于某种原因，房地产投资信托基金的结构在芬兰并不受房地产公司欢迎。截至 2022 年，芬兰有两家房地产投资信托基金公司。

### 2.1.2.22 西班牙（2009年）

西班牙房地产投资信托基金被称为SOCIMIs。这些基金必须拥有约200万欧元的市值，至少将最初市值中的80%投资于城市房地产，并且至少将80%的租金收入分配给股东。

### 2.1.2.23 墨西哥（2010年）

墨西哥基础设施和工程信托公司（FIBRAs）必须将其应税收入的95%支付给投资者。虽然该公司没有限制最低股东人数，也没有限制任何个人可以拥有多少股份，但该公司必须向股东支付至少95%的应税收入。

### 2.1.2.24 菲律宾（2010年）

菲律宾房地产投资信托基金可以合法存在，但由于繁重的负担，需要对任何想要转换业务的房地产所有者征收12%的税，目前还没有任何菲律宾房地产投资信托基金成立。此外，其他规定包括在菲律宾证券交易所（PSE）上市，以及不少于1000名公共股东，每人拥有不少于50股。

### 2.1.2.25 匈牙利（2011年）

在某些条件下，匈牙利的房地产投资信托基金可以作为特殊形式的公司设立，然后以有限股份上市。不动产或投资必须至少占其资产负债表总资产的70%，并且代表其注册资本的至少25%的股份必须在受控的金融市场上交易。

### 2.1.2.26 爱尔兰（2013年）

尽管爱尔兰房地产投资信托基金不必持有爱尔兰资产，但这些基金必须在欧盟证券交易所上市，支付至少85%的财产收入（减去资本收益），并将贷款与市值比率保持在50%以下。这些基金还需要从房产租赁业务中获得至少75%的总收入和市值。

### 2.1.2.27 南非（2013年）

根据《南非收入税收法》（*South African Income Tax Act*），南非房地产投资信托基金（SA-REIT）必须拥有至少价值3亿兰特的财产，保持低于其总资产价值60%的债务水平，拥有一个积极监控风险的委员会，75%的收入来自租金支票，并向股东提供至少75%的应纳税收入。

### 2.1.2.28 印度（2014年）

根据Cushman和Wakefield的数据，商业市场中价值430亿~540亿美元的印度房地产可能成为"房地产投资信托基金的投资机会"。2019年3月，印度房地产投资信托基金首次上市，获得了市场非常积极的回应。

### 2.1.2.29 肯尼亚（2014年）

肯尼亚是第四个推出房地产投资信托基金的非洲国家，根据2013年颁布的《资本市场法》（*Capital Markets Act*），通过资本市场管理局（Capital Markets Authority）对其进行监管。其房地产投资信托基金分为三类：收益 REITs（I-RE-ITs）、开发 REITs（D-REITs）、伊斯兰 REITs。

2.1.2.30　泰国（2014 年）

泰国拥有一个相对发达的房地产投资信托基金市场。在泰国，房地产投资信托基金不只是投资于泰国本地的房地产，还广泛投资于世界各地的物业。截至 2023 年，泰国有 11 个房地产投资信托公司，经营的物业类型包括展览、酒店、工业、零售等。

2.1.2.31　巴林（2015 年）

BahrainBourse 网站显示，房地产投资信托基金的股息支付必须至少为其净收入的 90%，并且单位持有人可以预期获得稳定的分配。此外，房地产投资信托基金必须由巴林中央银行监管和授权，才能在巴林交易所上市。

2.1.2.32　越南（2015 年）

越南的房地产投资信托基金必须将其至少 90% 的应税收入投资于房地产，并且按照惯例，向投资者分配不低于 90% 的利润。虽然截至 2019 年 4 月 8 日，越南只有一只房地产投资信托基金，但该国正在积极寻求将其法律模式纳入主流，以鼓励更多的房地产投资信托基金上市。

2.1.2.33　沙特阿拉伯（2016 年）

截至 2019 年 3 月，有 4 只房地产投资信托基金在沙特证券交易所（Tadawul）上市，其他一些基金也将在未来进行公开募集。这些基金必须拥有至少 30% 的股份，其中至少 50% 属于公众投资者，并且不超过 25% 的总资产可以位于国外。

2.1.2.34　阿曼（2018 年）

阿曼的房地产投资信托基金必须有 1000 万阿曼里亚尔的最低实收资本，如果公开交易则向公众提供至少 40% 的单位，并以不低于 90% 的净利润作为股息。与外国持股比例不得超过 49% 的其他司法管辖区相比，国际投资者可以拥有阿曼房地产投资信托基金的全部股权。

2.1.2.35　中国大陆（2021 年）

2021 年 6 月 21 日，首批 9 个基础设施公募房地产投资信托基金试点项目在沪深证券交易所挂牌上市（万得金融数据，2023）。基础设施房地产投资信托基金是以基础设施项目产生的现金流为偿付来源，以基础设施资产支持专项计划为载体，向投资者发行的代表基础设施财产或财产权益份额的有价证券（上海证券交易所，2023）。基础设施项目主要包括仓储物流、收费公路、机场港口等交通设施，水电气热等市政设施，污染治理、信息网络、产业园区等其他基础设施。基础设施公募房地产投资信托基金的问世是中国资本市场重要的事件之一，被视为投资者、实体产业、宏观经济实现"共赢"的金融产品，并且发展前景广阔。资本市场对这一新投资品类反应良好，在接下来的时间里陆续有18家基础设施房地产投资信托公司上市。

2.1.2.36　其他考虑实施房地产投资信托的国家和地区

柬埔寨、加纳、马耳他、尼日利亚、波兰、葡萄牙、瑞典、坦桑尼亚。

## 2.2　美国 REITs

1960年9月14日，德怀特·戴维·艾森豪威尔签署了一项立法，创造了一种新的创收型房地产投资方式——这种方式结合了房地产和股票投资的最佳属性。

房地产投资信托基金第一次将商业房地产投资的好处带给了普通美国人（这些好处以前只能通过大型金融中介获得或富人专属）。1986年的《税收改革法案》奠定了现代房地产投资信托基金时代的基础，当时房地产投资信托基金被赋予经营和管理房地产的能力，而不仅仅是拥有房地产或为房地产融资。

最初的立法意图是房地产投资信托基金具有包容性，允许所有美国人享受投资高质量商业房地产的好处。房地产投资的信托基金方式在随后的几年里得到了完善和增强，但这种包容性的目标仍然是房地产投资信托基金模型的核心。美国房地产投资信托协会的研究表明，房地产投资信托基金已经实现了这一承诺。

房地产投资信托基金为美国经济做出了重要贡献：美国房地产投资信托基金（U.S. REITs）在2020年为经济贡献了相当于约290万个全职工作岗位，产生了1970亿美元的劳动收入。房地产投资信托活动在2020年分配了888亿美元的股息收入。房地产投资信托基金在2020年投入852亿美元的常规资本支出，以维护现有房产和新建筑。截至2020年底，公共房地产投资信托基金在美国拥有503000处房产。权益和抵押房地产投资信托基金总共拥有约2.5万亿美元的房地产资产。私募房地产投资信托基金拥有额外1万亿美元的总资产，使美国房地产投资信托基金的总所有权价值达到3.5万亿美元。上市房地产投资信托基金2022年底的股票市值约为1.3万亿美元（NAREIT，2022）。如今，大约1.45亿美国人生活在大约43%的美国家庭中，这些家庭直接或间接地通过共同基金、交易所交易基金或目标日期基金持有房地产投资信托基金股票。房地产投资信托行业也在继续发展，成为一个更加多元化和包容性的工作环境，其中包括更多的女性和更加多元化的董事会。

## 2.3 中国 REITs

### 2.3.1 大陆基础设施 REITs

2020年4月24日，中国证券监督管理委员会、中华人民共和国国家发展和改革委员会联合发布《关于推进基础设施领域不动产投资信托基金（REITs）试点相关工作的通知》（中国证监会，2020a）。2020年8月6日，中国证券监督管理委员会发布《公开募集基础设施证券投资基金指引（试行）》（中国证监会，2020b）。2021年6月21日，首批9只基础设施公募房地产投资信托基金试点项目在沪深证券交易所挂牌上市。这9只房地产投资信托基金分别是广河高速、首创水务、招商蛇口产业园、普洛斯仓储物流、盐田港仓储物流、沪杭甬高速、首钢生物质、张江光大园和苏州工业园区产业园。首批房地产投资信托基金的上市标志着中国大陆公募房地产投资信托基金的正式诞生，在我国资本市场发展历程中具有重要的里程碑意义。

我国公开募集基础设施证券投资基金（以下简称基础设施房地产投资信托基金）是指依法向社会投资者公开募集资金形成基金财产，通过基础设施资产支持证券等特殊目的载体持有基础设施项目，由基金管理人等主动管理运营上述基础设施项目，并将产生的绝大部分收益分配给投资者的标准化金融产品。基础设施资产支持证券是指依据《证券公司及基金管理公司子公司资产证券化业务管理规定》等有关规定，以基础设施项目产生的现金流为偿付来源，以基础设施资产支持专项计划为载体，向投资者发行的代表基础设施财产或财产权益份额的有价证券。基础设施项目主要包括仓储物流、收费公路、机场港口等交通设施，水电气热等市政设施，污染治理、信息网络、产业园区等其他基础设施。

基础设施房地产投资信托基金是国际通行的配置资产，具有流动性较高、收益相对稳定、安全性较强等特点，能有效盘活存量资产，填补当前金融产品空白，拓宽社会资本投资渠道，提升直接融资比重，增强资本市场服务实体经济的质效。公募房地产投资信托基金试点的推出，是贯彻落实中共中央、国务院关于防风险、去杠杆、稳投资、补短板决策部署的体现，有利于积极支持国家重大战略实施，深化金融供给侧结构性改革，强化资本市场服务实体经济能力，进一步创新投融资机制，有效盘活存量资产，促进基础设施高质量发展。

基础设施领域房地产投资信托基金以基础设施资产为支持、向社会投资者公开募集资金，形成基础设施项目，基金管理人运营基础设施项目，并将产生的绝大部分收益分配给投资者。简单来说，基础设施房地产投资信托基金中的基础设施项目的上市，意味着投资者可以通过购买基金份额来投资基础设施项目，从而分享项目的基础收益、资产升值及国家经济高质量发展的红利。

房地产投资信托基金的魅力在于，通过资金的集合，为中小投资者提供了投资利润丰厚的房地产业的机会；专业化的管理人员将募集的资金用于房地产投资组合，分散了房地产投资风险；投资人所拥有的股权可以转让，具有较好的变现性。

基础设施公募房地产投资信托基金的问世是中国资本市场重要的事件之一，被视为是投资者、实体产业、宏观经济实现共赢的金融产品，发展前景广阔。《中华人民共和国国民经济和社会发展第十四个五年规划和2035年远景目标纲要》指出："推动基础设施领域不动产投资信托基金（REITs）健康发展，有效盘活存量资产，形成存量资产和新增投资的良性循环。"（国家发展改革委，2022）

首批基础设施房地产投资信托基金项目坚持优中选优。发起人资质优良，主要来自央企、重点 AAA 国企和外资全球龙头品牌；项目选择上百里挑一，强调突出示范性和代表性，项目质量优越，经济和社会效益突出。首批试点项目在发行过程中获得了市场投资人的高度认可，为后续项目发行积累了大量宝贵经验。2021年12月，第二批2只基础设施房地产投资信托基金产品上市。截至2022年1月底，两批共11只基金产品均实现溢价，部分涨幅已经超过40%，市场表现良好。

### 2.3.2 香港 REITs

2003年8月香港证监会通过《房地产投资信托基金守则》（以下简称《守则》），明确了房地产投资信托基金的业务边界、运营方式、收益分配方式等，为推行房地产投资信托基金打下法治基础，是中国香港房地产投资信托基金最核心的监管依据（香港证监会，2003；Hong Kong Real Estate Investor，2023）。中国香港房地产投资信托基金发展始于2005年，以领展、越秀房产基金、泓富产业信托共同上市作为标志性事件。2007年，香港证监会修订《守则》解除香港房地产投资信托基金投资限制，允许在香港上市的房地产投资信托基金注入香港以外的地产项目。2005~2020年《守则》共经历5次修订，在投资区域、投资范围、杠杆率限制等方面渐近式地放宽要求，逐步"灵活化"。

香港目前仅允许房地产投资信托基金以契约型（信托）方式成立，同时采用外部管理模式。从各项制度来看，香港房地产投资信托基金在投资范围、资产结构、杠杆率等方面均向发达经济体靠拢（甚至更严格）。香港房地产投资信托基金在税收方面优惠力度较高：①购置处置阶段，卖方出售不动产的利得免征17.5%所得税，买方购入资产按类别征不同的印花税；②持有运营阶段，须征房产税和印花税，通过特殊目的机构（SPV）持有房产产生的分红免税，但项目公司的租金收入要正常缴纳企业所得税；③投资者分红阶段，房地产投资信托基金投资者的分红和资本利得均免税。与美国地区相比，中国香港税收优势较大，且投资者完全免税这一点具有很强的吸引力。

香港房地产投资信托基金的发展规模远不及内地股债和发达房地产投资信托基金市场。截至2022年8月，香港共有11只上市房地产投资信托基金，共计2238.3亿港币，但远不及股债，房地产投资信托基金仅相当于股市规模的0.6%、债市规模的9.3%。香港房地产投资信托基金发展速度也相对平稳，2005~2021年房地产投资信托基金市值年均复合增速10.6%，同期股市、债市扩容年均复合增速分别为10.8%和8.7%。从房地产投资信托基金底层资产来看，零售类不动产常年占据60%以上份额。

香港REITs的有三个投资特征（新浪财经，2022）[①]：①整体性价比优于股债。2005年至今，恒生房地产投资信托基金价格指数年化收益率为3.7%，同期恒生价格指数和10年期政府债券收益率分别为1.9%和2.1%。2008年至今，考虑派息率的全收益恒生房地产投资信托基金指数和全收益恒生指数年化收益率分别为16.7%和8.4%。房地产投资信托基金波动率也明显低于股市，2005年至今，恒生房地产投资信托基金指数和恒生指数分别为15.9%和23.7%。②流动性低于股票。香港房地产投资信托基金都是封闭式基金，且机构长期配置需求较强，因此流动性相对偏弱。全历史看领展和置富日均换手率在0.3%以上，对标恒生50指数成分的平均换手率0.32%来看不算低，但春泉、汇贤和富豪房地产投资信托基金换手率在0.1%以下、相对偏低。③与股债相关性不高。香港恒生房地产投资信托基金指数与恒生指数的相关性为0.57，与10年期政府债券收益率完全不相关，表明房地产投资信托基金具备一定分散风险的能力。

### 2.3.3 台湾REITs

台湾于2003年制定了《不动产证券化条例》，允许成立房地产投资信托并以房地产资产信托实现不动产证券化，"富邦1号"随即在2005年3月上市，成为台湾第一笔不动产投资信托基金，其后于同年10月与12月陆续有"国泰一号"

---

[①] 新浪财经在2022年发表了一篇题为《中国香港REITs发展的20年》的文章，总结了香港REITs的发展历程。

"新光一号"上市，2006年有4只房地产投资信托基金发行，分别为"富邦2号""三鼎""基泰之星""国泰2号"，2007年5月发行"骏马一号"（理财之路，2021）。

台湾房地产投资信托基金在出现之初，曾受到投资者的追捧，认购倍数平均为3.54倍，"富邦一号"认购倍数高达5倍，但是随着时间推移，认购倍数呈现向下修正趋势。

## 2.4 新加坡REITs

新加坡以东南亚顶级金融中心和市值最大的股票市场而闻名，目前新加坡是亚洲（日本除外）最大的房地产投资信托市场。第一家在新加坡上市的房地产投资信托基金是凯德商用房地产投资信托（CMT）公司，于2002年首次亮相。新加坡金融管理局颁布的《集体投资计划法》对房地产投资信托基金实施监管。

对于那些寻求提供稳定回报、高股息收益率和赚取资本利得潜力的中长期产品的人来说，新加坡房地产投资信托基金是一个有吸引力的选择。新加坡房地产投资信托基金是拥有房产的一种低成本的方式，能给投资者带来良好的被动收益。在新加坡上市的房地产投资信托基金通常分为办公、零售、工业、医疗保健、酒店、数据中心等。新加坡房地产投资信托基金也包括新加坡境外的房地产。有26个国家和地区的房地产在新加坡证券交易所被列为新加坡房地产投资信托基金，包括新加坡、澳大利亚、韩国、美国、德国、西班牙、英国、中国等。

投资新加坡房地产投资信托基金最直接的方式是在新加坡证券交易所购买，这种方式类似于购买股票，投资者需要一个经纪账户和中央储蓄账户。如果投资者喜欢更多元化的方法，也可以考虑在房地产投资信托交易所交易基金。这种基金可以直接从新加坡证券交易所购买，或者通过某些智能投资顾问[①]投资于房地产投资信托基金投资组合。2021年，新加坡房地产投资信托基金的平均股息率为6.1%，比新加坡储蓄债券的收益率高出约400个基点（4%），远远超过银行定期存款和储蓄账户的利息。

---

① 智能投资顾问（Robo-Advisor）是一种数据平台，提供几乎没有人类干预的自动的、算法驱动的财务策划和投资服务。

## 2.5 澳大利亚 REITs

澳大利亚是世界上较透明、较发达、较完善的房地产投资信托市场之一（Asian Property HQ，2020）其于1971年推出第一只房地产投资信托基金。如今，大约2/3的机构级资产在证券交易所公开发行并证券化，这是世界上最高的比率。一些房地产投资信托基金以表现出色而闻名，以前，投资者可以享受每年10%的涨幅。截至2022年，澳大利亚拥有接近50只房地产投资信托基金，是世界上规模较大的房地产投资信托基金市场之一。

公开交易的澳大利亚房地产投资信托基金（A-REITs）通常在主要证券交易所上市，可以在经纪人的帮助下购买。与越南等发展中国家相比，在澳大利亚购买房地产投资信托基金更容易。

澳大利亚没有具体的房地产投资信托规则，这些规则可以是公开和非公开上市的，也可以是特定行业的（如工业或零售）。从收入角度来看，房地产投资信托基金被归类为管理投资信托基金，要符合管理投资信托基金的条件，外国投资者不能直接或间接持有房地产投资信托基金的10%或以上。

根据澳大利亚的现行法律，对国外的投资者设置一定的门槛，而且对国外的信托或基金管理公司的控制是区别对待的。以下非房地产交易可能需要外国投资审查委员会（FIRB）的批准，并受《1975年外国收购和接管法案》的约束：①收购的信托基金价值超过2.52亿澳元，且对来自美国和新西兰的投资者具有10.94亿澳元的更高门槛；②来自外国政府相关投资者的直接投资。

## 2.6 英国 REITs

房地产投资信托制度与伦敦资本市场的传统优势相结合，为房地产投资行业的增长创造了机会。规定英国房地产投资信托基金规则的立法于2007年1月生效，在接下来的几年，许多大型上市房地产集团转换为英国房地产投资信托基金（UK REITs），许多初创英国房地产投资信托基金正在创建。房地产投资信托基金使房地产公司能够进入股票市场，并为最终投资者提供与基础房地产资产相关的业绩，而没有任何税收流失。因此，英国房地产投资信托为投资者提供了更广泛的机会来获得一个重要的替代资产类别。

一家公司要成为英国房地产投资信托基金，需要满足许多条件。由英国税务海关总署（HMRC）确定的这些条件分为三类：公司条件、财产租赁业务条件和平衡业务条件。特别是，潜在的英国房地产投资信托基金必须开展物业租赁业务，该业务可以是英国物业投资业务或海外物业投资业务，并且必须至少75%的集团利润来自该物业租赁业务，至少75%的集团总资产包括物业租赁业务中涉及的资产或现金。在伦敦证券交易所上市的房地产投资信托基金超过50只，市值超过700亿美元，投资于工业、办公、住宅、零售、专业、酒店和住宿房地产。

## 2.7 日本 REITs

日本房地产投资信托市场于2001年首次推出，截至2022年，拥有61只上市房地产日本投资信托基金（J-REITs）（Japan REIT for All Investors，2023）。这些房地产投资信托基金涵盖所有的房地产领域，从住宅和商业到物流、酒店、老年辅助生活甚至基础设施。许多大型公司覆盖两个或更多的领域，而其他中小型公司则专注于特定的、本地化的城市或地区，以满足所有投资者的需求。

日本房地产投资信托基金的吸引力在于提供了进入日本房地产投资市场的途径（尽管是有限的），日本拥有亚太地区最大的海外房地产投资市场，也是仅次于美国的全球第二大海外房地产投资市场。由于在商业界英语普及率很高，投资日本房地产不需要担心语言问题和文化障碍。

## 2.8 法国 REITs

法国房地产投资信托基金制度（SIIC）于2003年引入法国。法国是继荷兰（1969年）和比利时（2003年）之后，欧洲第三个效仿美国房地产投资信托基金模式的国家。自引入房地产投资信托基金税收透明制度以来，法国房地产投资信托基金行业一直在发展，具有三个具体特征：①法国房地产投资信托基金通常有核心股东，可能是公司的创始人或长期投资者。这些股东是董事会成员，参与公司治理。因此，这些上市公司的自由流通股比其他类似规模的欧洲房地产公司要少。②法国房地产投资信托基金是多元化的，在各个部门和地区都有房地产资产。③法国房地产投资信托基金是真正的房地产运营商,其不仅拥有资产,而且在物业规划、开发和管理(包括合作办公、酒店、会议等)方面拥有专业知识。

这三个特征在某种程度上是相互关联的,也符合法国房地产投资信托基金的目标,包括采取长期策略,分散风险,并通过自身的专业知识获得执行能力,从而不完全依赖其基础房地产市场的增长趋势。

人们也可以认为存在一种"法国式"的房地产模式:这种模式涉及核心股东、通常多元化的业务概况以及通过代表第三方开发和管理资产的"增值"维度。法国房地产投资信托基金制度提供了一个很好的折中方案,完全符合主要在法国市场进行的投资。由于其税收制度,法国房地产投资信托基金可以在法国市场上提供最具竞争力的报价。

## 2.9 德国 REITs

房地产投资信托基金于 2007 年在德国市场推出,当时地方当局强制执行了《创建公开上市的德国房地产股份公司法案》[①],该法案于 2007 年 1 月 1 日生效。成为德国房地产投资信托基金(G-REITs)的主要条件之一是要求其在受监管的市场上上市。此类公司必须将至少 75% 的资产投资于房地产市场。

如果德国的房地产投资信托基金主要关注房地产市场(如住宅或商业房地产),并且公司 90% 的利润以股息形式分配给投资者,则该基金可以享受完全免税,即公司税和贸易税免税。适用的法律还规定,德国房地产投资信托基金必须至少有 100 名股东。

由于 IPO 市场疲软,新推出的投资工具在初始阶段发展很困难。2019 年,欧盟推动的投资基金产品改革加强了房地产基金作为德国房地产投资产品市场的主要竞争者的地位。截至 2022 年,德国房地产投资信托基金的数量为 6 只,这些基金的市值达到 36.1 亿欧元。

## 2.10 加拿大 REITs

加拿大房地产投资信托基金是一类房地产公司,用投资者的资金购买和管理

---

① 法案英文为 The Act for the Creation of German Real Estate Stock Corporations with Publicly Listed Shares。

房地产,可能包括住宅、办公室、购物中心、工业建筑和医疗建筑,然后这些公司将收入分配给投资者。1993年加拿大房地产投资信托基金成立,目前已经发展壮大,为数百万加拿大人提供了稳定的房地产投资收入。加拿大公开交易的房地产投资信托基金拥有分红的历史记录,截至2022年,平均分配收益率为4.7%。加拿大房地产投资信托基金市值约800亿美元。

加拿大的许多房地产投资信托基金在多伦多证券交易所公开交易,这意味着投资者可以像买股票一样购买这些基金。多伦多证券交易所的房地产投资信托基金是收入信托,这意味着其股票被称为单位,房地产投资信托基金被要求将其大部分收入分配给单位持有人。

这就是为什么在多伦多证券交易所交易的大多数房地产投资信托基金的股票代码都包括".UN"或"-UN"。当投资者购买一个房地产投资信托基金单位时。由于收入直接流向基金单位持有人,房地产投资信托基金本身不缴纳任何企业所得税。但是,如果投资者在注册账户之外持有资产,如在免税储蓄账户中,投资者将需要支付资本利得税。并非所有房地产投资信托基金都公开交易,私人房地产投资信托只对合格投资者开放。

## 2.11 其他发达国家 REITs

### 2.11.1 荷兰 REITs

荷兰房地产投资信托基金(FBIs)的企业所得税税率为0%。荷兰房地产投资信托基金必须每年进行利润分配,并且要缴纳15%的股息预扣税。根据现行税收协定,股息预排扣税税率可能会降低。房地产投资信托基金受到某些要求的限制,如债务水平、治理要求和股东要求。

2017年10月,荷兰政府宣布计划在2020年废除荷兰房地产投资信托制度。原因是,随着股息预扣税的废除,荷兰房地产投资信托基金将不再受荷兰企业所得税或股息预扣税的约束。目前,各利益相关方对取消房地产投资信托基金制度的公告提出了反对意见,并提出了替代制度。由于荷兰股息和收入法的变化,荷兰房地产投资信托基金从长期来看可能相当不利。2022年底,荷兰财政部宣布废除房地产投资信托基金的计划将推迟到2025年1月执行。

### 2.11.2 新西兰 REITs

在新西兰,一些投资于不动产权益并符合标准的单位信托和公司可以选择加入

"组合投资实体"（PIE）制度，即新西兰房地产投资信托基金（NZX，2023）。新西兰组合投资实体产生的收入可以分配给个人，并对一些新西兰居民投资者在公司层面一次性征税，规定的投资者税率为 10.5%～28%，新西兰不再征收分配税。

新西兰组合投资实体制度的主要目的是为通过集体投资工具投资的新西兰居民投资者提供所得税待遇，类似于这些投资者直接投资时适用的待遇。分配给新西兰居民投资者的净应税收入通常将在公司级别征税，当税率低于其边际个人税率时，对其他收益分配或分配不再征税。

未上市的新西兰组合投资实体也可以选择成为"外资新西兰组合投资实体"。这些规则的目的是使非居民投资者在非上市新西兰组合投资实体中的新西兰税收成本不超过直接投资的新西兰税收成本，包括新西兰组合投资实体的国外来源收入的可能实现零税收成本。要符合这些规则，新西兰组合投资实体必须选择成为"外资新西兰组合投资实体"，投资者必须选择成为"指定外国投资者"。这两种"外资新西兰组合投资实体"都可以投资海外土地，但不能投资新西兰土地，"外资可变利率新西兰组合投资实体"可能在拥有新西兰土地的新西兰公司中持有有限的权益。

单位信托大多用于投资房地产（以及其他投资），主要是（但不必须）从公众那里寻求资金。对单位信托持有的资产类型或投资金额没有最低或最高限制。全权信托更适合私人投资，不会出现向公众募集资金的情况。新西兰的信托是根据信托法设立的，通常受信托契约条款的约束。1956 年的《受托人法案》适用于所有信托，1960 年的《单位信托法案》（*Unit Trusts Act 1960*）适用于向公众提供单位信托的情况。

海外投资者在新西兰投资土地或其他资产需要通过海外投资办公室的审核。在新西兰开展业务的海外公司必须在新西兰公司办公室注册，并且必须遵守年度申报表、财务报表和审计要求。

截至 2023 年，根据新西兰证券交易所的数据，共有 8 只房地产投资信托基金在新西兰股票市场上市（NZX，2023）。大多数新西兰人可以通过新西兰证券交易所购买房地产投资信托基金的股票，类似于其他公开交易的股票。投资者可以通过在线股票平台（如 Sharesies、Stake、Hatch、Jarden Direct 或 ASB Securities）购买股票，投资于公开交易的房地产投资信托基金——覆盖新西兰、澳大利亚和美国市场。这是投资房地产投资信托基金最简单的方法。或者，也可以通过基金经理直接投资（如 Smartshares、Kernel 和 AMP）。

### 2.11.3　比利时 REITs

比利时的房地产投资信托基金是一类商业公司，旨在让投资者获得专注于房地产投资的多元化投资组合。在比利时，这是以受监管的房地产公司制度（RREC）的形式实现的，然而，这相当于世界上许多其他司法管辖区常见的房地产投资信托。

比利时 2014 年 5 月 12 日颁布的《受监管的房地产公司法律》(The Regulated Real Estate Companies Law) 和 2014 年 7 月 13 日颁布的《皇家法令》是比利时房地产投资信托基金重要的两项法律。根据法律规定，受监管的房地产公司在比利时国内具有特设房地产投资信托基金的地位。

比利时房地产投资信托基金市场的创建主要是为了建立一个透明、专业管理和财政高效的市场，提供一条进入欧洲房地产市场的途径。作为欧洲第二古老的房地产投资信托市场，该市场多年来经历了许多发展变化，巩固了其作为一个复杂投资机会的可观地位。这包括近些年对医疗保健、护理设施和疗养院等社会基础设施房地产行业的关注，这与不断发展的投资要求相一致，要求在投资战略制定中加强环境、社会和公司治理（ESG）方面的整合。

由于租赁合同的约束，房地产投资信托基金在不稳定时期提供了稳定性。2019 年，有 18 只来自比利时的房地产投资信托基金在布鲁塞尔证券交易所上市，这些公司在 2019 年表现出色，其中 Aedifica 公司上涨超过 60%。美国国税局要求房地产投资信托基金向股东支付至少 90% 的应税收入。而在比利时，这些公司被要求支付至少 80% 的收入。2019 年，比利时房地产投资信托基金的净回报率为 3.2%。

### 2.11.4 希腊 REITs

随着希腊经济在 2013 年进入第 6 个负增长年，希腊房地产市场受到长期债务危机的严重影响。与其他经济体的情况相反，房地产市场和建筑行业过热并不是希腊债务危机的主要原因。希腊房地产市场进入一个长期的低迷时期，其特点是投资交易停滞。雅典及其周边地区的房地产行业都受到了影响，但唯一的例外是与旅游相关的房地产，这些房地产引起了国际投资者的兴趣，可以以低廉的价格在黄金地段寻找适合投资的资产。

截至 2018 年底，雅典股票交易所列出了 5 家房地产投资信托公司。尽管房地产投资信托基金在美国和英国已经存在了很长时间，但在希腊却相对较新。希腊法律要求房地产投资信托基金支付至少 50% 的净利润作为股息，这一要求低于美国，美国的房地产投资信托基金必须将至少 90% 的应税收入作为股息分配给股东。在希腊，房地产投资信托基金享有各种税收优惠，并免除许多税收，如财产交易税、资本利得税、股息税等。尽管如此，这些公司仍然有义务支付财产持有税（ENFIA），这是每个拥有财产的人都必须支付的税，以及对其全部可投资资产的征税（房地产投资信托税）。财产持有税取决于每处房产"客观"的价值，而房地产投资信托税率在 2016 年由希腊政府从 0.105%上调至 0.75%。这对所有房地产投资信托基金产生了戏剧性的影响，因为其税率达到了历史最高水平。

### 2.11.5　韩国 REITs

韩国于 2001 年引入房地产投资信托基金系统，该国拥有世界上较发达的房地产投资信托基金市场之一（JLL，2020）。《韩国房地产投资信托基金法案》于 2007 年 6 月修订，以鼓励建立更多的房地产投资信托基金。虽然韩国商业房地产市场正在蓬勃发展，但该国的上市房地产投资信托基金市场吸引了许多投资者的兴趣。

长期以来，机构投资者和公共机构主要使用该系统通过私人基金投资房地产或将其作为住房开发的政策。然而，个人获得这些投资的机会有限。尽管房地产投资信托基金的结构类似于房地产基金，但相对更严格的监管也是阻碍其市场复苏的因素。自 2019 年以来，政府一直在积极重组房地产投资信托基金体系，以鼓励间接房地产投资。

过去五年，韩国商业房地产市场一直在快速增长。运作中的房地产投资信托基金的规模和数量也在稳步增加。然而，上市房地产投资信托基金的市值迄今相当有限。在其他国家，如日本、澳大利亚和新加坡，房地产投资信托基金的市值约占其国内生产总值的 3%~7%，而韩国的房地产投资信托基金市场仅占其国内生产总值的 0.1%。这意味着上市房地产投资信托基金市场具有进一步增长的巨大潜力。

投资韩国股票和房地产投资信托基金与日本类似，外国人没有特别的所有权限制。投资者可以在这里直接拥有一家公司，而不必处理当地复杂的提名结构。值得一提的是，韩国有 192 只房地产投资信托基金，这确实是一个惊人的数字。外国人投资韩国房地产投资信托基金有两种选择：既可以投资于国际交易所的房地产投资信托基金单位，也可以通过韩国当地的经纪公司直接投资于房地产投资信托基金股票。

### 2.11.6　以色列 REITs

2006 年，房地产投资信托制度被引入以色列，目的是刺激以色列房地产市场。虽然购买房地产投资信托基金的股票与购买公司的股票类似，但税收会有所不同。房地产投资信托基金的成立必须满足各种要求，包括房地产投资信托基金必须是在以色列成立的公司，其业务必须由以色列控制和管理；其股票必须在公司成立后 12 个月内在特拉维夫证券交易所（TASE）上市和销售；至少 2 亿新以色列谢克尔（以色列货币）必须投资在房地产上——至少 75% 在以色列；至少 90% 的收入必须在每年的 4 月 30 日前分配，并且股东是在来源地而不是在房地产投资信托公司所在地对这种分配征税。以色列房地产投资信托是一种"流通"机制。因此，每个房地产投资信托公司的投资者都要为分配的房地产投资信托收入纳税。以色列房地产投资信托基金受《以色列税法》（*Israeli Tax Ordinance*）第 64A2-64A11 条管辖。

投资以色列房地产包括在特拉维夫证券交易所购买房地产公司或房地产投资信托公司的股票和/或债券。这种方法，投资者虽然并不拥有房产，但却享受着建造、出售和出租房产的公司的红利和现金流。这些股息在法律上与房地产投资信托基金 90% 以上的利润挂钩。自 2007 年以来，以色列房地产市场增长良好，许多资产的价格上涨接近甚至超过 100%，年回报率约为 7%（资产与资产之间的差异很大）。自 2016 年以来，以色列房价上涨明显放缓，最近的数据显示，随着房价下跌，房价趋势很可能发生变化，尽管现在下结论还为时过早。目前房地产市场存在一定程度的不确定性，但一些分析师已经确定投资者开始出售其房地产资产。

在以色列投资是分散投资组合的好方法，也是分享国家发展红利的好方法。几家以信托形式注册的外国房地产投资信托基金与特拉维夫证券交易所接洽，寻求在特拉维夫证券交易所双重上市。2019 年，特拉维夫证券交易所宣布允许外国房地产投资信托基金在《双重上市法》[*Securities Law* 1968（*Dual Listing Law*）]框架内上市交易。

### 2.11.7 意大利 REITs

上市房地产投资信托基金（SIIQs）是意大利的投资工具，具有类似于房地产投资基金的某些特征，尽管这些基金不具备集体投资企业的资格。意大利房地产投资信托公司必须符合以下特征：①房地产投资信托基金必须以股份公司的形式成立，其股票必须在欧盟成员国或欧洲经济区成员国的受监管证券交易所上市，前提是该国被列入允许充分交换信息的国家名单（所谓的"白名单国家"）；②房地产投资信托基金的投资者必须是意大利或另一个欧盟成员国或欧洲经济区成员国（白名单国家）的所得税居民；③任何股东都不能直接或间接拥有超过 60% 的投票权，或有权获得超过 60% 的公司利润；④至少 25% 的股份必须由不直接或间接拥有超过 2% 投票权的股东持有，也无权获得超过 2% 的公司利润；⑤意大利房地产投资信托基金的主要业务必须是根据法律规定的标准租赁房地产资产；⑥意大利房地产投资信托基金不需要获得意大利央行的许可，也不受意大利央行的监管。

意大利上市的房地产市场一直受到其规模（2016年初只有3只房地产投资信托基金）及对透明度和公司治理的担忧的困扰。2015年有两家房地产投资信托公司上市失败。从那时起，意大利当局改变了其监管制度，旨在使政策更具吸引力。

### 2.11.8 芬兰REITs

芬兰房地产投资信托基金在2010年5月欧盟委员会批准后，芬兰国务委员会发布了芬兰房地产投资信托制度的最终版本。然而，尽管商业房地产投资者进行了密集的游说，芬兰的房地产投资信托制度仍然仅限于住宅。因此，芬兰引入房地产投资信托基金旨在鼓励投资者对负担得起的租赁住房进行投资。

根据芬兰房地产投资信托基金制度，房地产投资信托基金必须在欧洲经济区内的公共证券交易所或多边交易机构上市，且没有单一股东直接或间接拥有超过9.99%的股本。芬兰房地产投资信托基金中至少80%的资产必须用于居住目的的房地产，并且房地产投资信托基金的活动仅限于出租物业（或与其密切相关的活动）。此外，芬兰房地产投资信托基金的资本结构必须保证其潜在债务融资不超过其资产负债表总额的80%。此外，芬兰房地产投资信托基金必须将其至少90%的年度利润作为股息分配给股东。芬兰房地产投资信托基金的任何利润都要缴纳股东层面的税。因此，对于非居民投资者（尤其是某些类型的投资基金），股息预扣税问题仍可能出现。克伦威尔房地产集团和Citycon（一家零售房地产投资信托基金公司）是两家有影响力的芬兰房地产投资信托基金公司。

### 2.11.9 西班牙REITs

西班牙于2009年引入房地产投资信托基金（SOCIMIs）。在西班牙宏观经济基本面和商业房地产市场不断改善的背景下，西班牙房地产投资信托基金成为一种重要的快速扩张的房地产投资工具。

西班牙房地产投资信托基金的最低股份资本为500万欧元，且必须全部缴足，除此之外不受股份转让方面的法律限制。西班牙房地产投资信托基金的股票必须在整个纳税期间不间断地在西班牙、欧盟或欧洲经济区的监管市场或多边交易系统上市，或者在与西班牙有效交换税务信息的国家或地区的监管市场上市。这一上市要求在最初的两年宽限期内不适用。

2012年西班牙房地产投资信托基金的监管变化为其发展提供支持环境方面发挥了关键作用。西班牙房地产投资信托基金现在是欧洲的一个重要市场。作为欧洲第三大房地产投资信托基金市场，西班牙房地产投资信托基金提供了获得重要的伊比利亚和欧洲房地产资产的途径，并具有较高透明度和流动性的额外好处。2014年8月至2018年2月，西班牙房地产投资信托基金与股票相比，实现了强劲的风险调整后回报，但投资组合多元化收益有限。与债券相比，西班牙房地产投资信托基金提供了具有竞争力的风险调整回报和出色的多元化收益。重要的是，西班牙房地产投资信托基金在整个投资组合风险范围内为西班牙混合资产投资组合做出了贡献。

2017年，4只主要的房地产投资信托基金——梅林物业、公理化遗产、西班牙不动产资产和守护神西班牙房地产投资信托基金已在西班牙的主要证券交易所上市，29只小型房地产投资信托基金已在其替代市场伯萨蒂尔上市。

**2.11.10 匈牙利 REITs**

2011年7月，匈牙利引入了房地产投资信托基金。为重振停滞不前的房地产市场活动，匈牙利的《房地产投资信托基金法》[*Act No. CII on Regulated Property Investment Companies（the "REIT Act"*）] 开始生效，其规定了受监管的房地产投资信托公司的设立要求、运营规则以及税收规则。

根据《房地产投资信托基金法》，匈牙利房地产投资信托基金可设立为在证券交易所上市的特殊形式的公司（如股份有限公司），符合《房地产投资信托基金法》规定的各种特殊要求，并在匈牙利税务局的相关登记处注册。匈牙利房地产投资信托基金的公司形式所附带的利益、权利和义务不得在公司注册处注册时行使，而只能在新的房地产投资信托基金实体在匈牙利税务机关的相关注册处注册时行使。有资格采用这种形式的公司必须在匈牙利管理其不动产。

2011~2017年，匈牙利房地产投资信托基金的引入没有达到预期效果，因此立法者决定对匈牙利市场投资者放宽一些过于烦琐的规则。匈牙利议会通过了关于房地产投资信托基金的新规则，支持建立更多此类实体。立法者规定了更优惠的税收条款和条件，以及更简单的成立和运作规则（例如，将最低注册资本要求从100亿匈牙利福林降至50亿匈牙利福林）。这一变化过程包括：澄清了房地产投资信托基金的活动；扩大了可发行股票类别的范围；使《房地产投资信托基金法》关于股息支付的规则与《匈牙利民法典》保持一致。

**2.11.11 爱尔兰 REITs**

爱尔兰房地产投资信托基金于2013年根据《金融法》（*Finance Act* 2013）成立，其主要目的是吸引外国投资者对爱尔兰房地产市场投资。这种类型的投资基金是一种在全球范围内都可以获得法律认可的实体，有兴趣在爱尔兰开设该领域公司的外国投资者必须将该公司在爱尔兰证券交易所上市。

在爱尔兰以房地产投资信托基金的形式组建新公司时，投资者必须向税务专员提交一套文件。符合地方当局规定的所有标准的公司将被免除适用于租金利润或财产收益的公司税。但是，爱尔兰对这种工具征收股息预扣税，税率为20%。从这个意义上来说，该法规规定代表养老基金和几个投资企业的专业投资者可以免缴股息预扣税。来自爱尔兰房地产投资信托基金的分配将被征收25%的公司税，以及股份处置税（适用的税率为33%）。重要的是，爱尔兰股东在房地产投资信托中也有纳税义务。如果股东是外国的纳税居民，可以受益于与该国签署的关于股息征税的双重征税条约的规定。

通过结构完善的移民投资者项目（IIP），爱尔兰作为外国投资目的地的受欢迎程度不断提高。这与爱尔兰"特有的"一些因素有很大关系：爱尔兰是一个讲英语的欧盟国家，不仅提供进入欧盟市场的机会，还为投资者的孩子提供世界一流的学校和教育。房地产投资信托基金于2015年作为移民投资者计划期权推出。截至2021年，只有3只爱尔兰房地产投资信托基金：希伯尼亚、爱尔兰住宅房地产和紫衫林，而且这3只基金都可在伦敦证券交易所和爱尔兰证券交易所进行交易。这3只爱尔兰房地产投资信托基金各有不同的侧重点：一家专注于都柏林的优质商业地产，另一家专注于爱尔兰最大的住宅业主，还有一家在都柏林中央商务区之外为跨国公司和政府机构执有办公室和工业资产。

# 3 全球 REITs 信息列表[①]

## 3.1 美国 REITs 列表[②]

### 3.1.1 公司名称：阿卡迪亚房地产信托

英文名称：Acadia Realty Trust
物业类型：零售房地产投资信托基金
公司类型：房地产投资信托基金
交易所：纽约证券交易所
上市状态：上市
股票代码：AKR
股价：15.61 美元
市值：0.725 亿美元
简介：阿卡迪亚房地产信托是一家完全整合的权益房地产投资信托基金公司，专注于零售物业的所有权、收购、开发和管理，该公司位于美国高准入门槛、供应受限、人口密集的地区。
地址：美国纽约州拉伊市

---

[①] 该列表提供了截至 2022 年 8 月全球重点国家和地区房地产投资信托公司的具体信息，包括公司名称、物业类型、证券交易所、上市状态、股票代码、股价、市值、公司简介、总部地址等信息，方便读者全方位了解各国和地区房地产投资信托公司的情况。

[②] 美国 REITs 列表信息来自 NAREIT 网站提供的全美房地产投资信托基金数据库（NAREIT，2023b）、纽约证券交易所（2023）、纳斯达克（2023）和美国纽约证券交易所（NYSE American, 2023）。

### 3.1.2　公司名称：阿克斯商业地产公司

英文名称：ACRES Commercial Realty Corporation
物业类型：抵押房地产投资信托基金
公司类型：房地产投资信托基金
交易所：纽约证券交易所
上市状态：上市
股票代码：ACR
股价：7.89 美元
市值：0.728 亿美元

简介：阿克斯商业地产公司是一家抵押房地产投资信托基金公司，主要专注于发起、持有和管理商业抵押贷款和其他商业房地产相关债务投资。该公司由 Exantas 资本管理公司进行外部管理。

地址：美国宾夕法尼亚州费城

### 3.1.3　公司名称：AGNC 投资公司

英文名称：AGNC Investment Corporation
物业类型：抵押房地产投资信托基金
公司类型：房地产投资信托基金
交易所：纳斯达克（NASDAQ）
上市状态：上市
股票代码：AGNC
股价：11.43 美元
市值：63.60 亿美元

简介：AGNC 投资公司是一家内部管理的房地产投资信托基金公司，主要投资住宅抵押贷款支持证券，其本金和利息支付由美国政府支持的企业或美国政府机构担保。

地址：美国马里兰州贝塞斯达

### 3.1.4　公司名称：同意房地产公司

英文名称：Agree Realty Corporation
物业类型：零售房地产投资信托基金
公司类型：房地产投资信托基金
交易所：纽约证券交易所

上市状态：上市

股票代码：ADC

股价：73.44 美元

市值：57.28 亿美元

简介：同意房地产公司是一家完全整合、自我管理和自我经营的房地产投资信托基金公司，专注于开发和收购美国各地的净租赁①零售物业。

地址：美国密歇根州布卢姆菲尔德山

### 3.1.5　公司名称：亚历山大和鲍德温有限公司

英文名称：Alexander & Baldwin, Inc.

物业类型：多元化房地产投资信托基金

公司类型：房地产投资信托基金

交易所：纽约证券交易所

上市状态：上市

股票代码：ALEX

股价：17.18 美元

市值：13.13 亿美元

简介：亚历山大和鲍德温有限公司是夏威夷首屈一指的房地产公司。该公司拥有、经营和管理夏威夷商业、工业和零售社区中心的本地物业。150 年来，公司一直在为夏威夷人民创造特别的地方和体验。

地址：美国夏威夷州檀香山

### 3.1.6　公司名称：亚历山大公司

英文名称：Alexander's, Inc.

物业类型：多元化房地产投资信托基金

公司类型：房地产投资信托基金

交易所：纽约证券交易所

上市状态：上市

股票代码：ALX

股价：232.31 美元

市值：11.68 亿美元

简介：亚历山大公司是一家从事房地产租赁、管理、开发和再开发的房地产

---

① 净租赁（Net Lease）是一类商业房地产租约，签订租约的租户在负担租金的同时还要支付一种以上的额外费用（如运营费、维修费）。

投资信托基金公司。该公司的活动通过沃纳多房地产信托公司（Vornado Realty Trust）进行。

地址：美国新泽西州帕拉默斯

### 3.1.7 公司名称：亚历山大房地产股票公司

英文名称：Alexandria Real Estate Equities, Inc.

物业类型：办公房地产投资信托基金

公司类型：房地产投资信托基金

交易所：纽约证券交易所

上市状态：上市

股票代码：ARE

股价：137.41美元

市值：241.24亿美元

简介：亚历山大房地产股票公司是最大的和领先的房地产投资信托基金公司，专注于城市创新集群中的合作科技园区。该公司于1994年开创了这一细分市场，并建立了主导市场地位。

地址：美国加利福尼亚州帕萨迪纳

### 3.1.8 公司名称：阿尔卑斯收入房地产信托

英文名称：Alpine Income Property Trust

物业类型：零售房地产投资信托基金

公司类型：房地产投资信托基金

交易所：纽约证券交易所

上市状态：上市

股票代码：PINE

股价：17.16美元

市值：2.12亿美元

简介：阿尔卑斯收入房地产信托于2019年成立，拥有并经营一系列高质量的单租户净租赁商业物业，所有这些物业都是长期租赁的，主要位于或靠近主要都会区[①]。该公司的投资组合包括29项资产，由19个市场和13个州的15个行业的23家租户占用。公司根据美国联邦所得税中的房地产投资信托基金税率进行纳税。

---

① 都会区（Metropolitan Statistical Areas，MSA）被美国政府管理预算局描述为拥有至少五万人口的城市区域。

地址：美国佛罗里达州代托纳海滩

### 3.1.9　公司名称：美国资产信托

英文名称：American Assets Trust
物业类型：多元化房地产投资信托基金
公司类型：房地产投资信托基金
交易所：纽约证券交易所
上市状态：上市
股票代码：AAT
股价：28.87美元
市值：18.24亿美元
简介：美国资产信托是一家全方位服务、垂直整合和自我管理的房地产投资信托基金公司，专注于收购、改善、开发和管理美国各地的顶级零售、办公和住宅物业，主要集中在南加州、北加州、俄勒冈州、华盛顿州和夏威夷。

地址：美国加利福尼亚州圣地亚哥

### 3.1.10　公司名称：美国校园社区有限公司

英文名称：American Campus Communities, Inc.
物业类型：住宅房地产投资信托基金
公司类型：房地产投资信托基金
交易所：纽约证券交易所
上市状态：上市
股票代码：ACC
股价：64.86美元
市值：90.94亿美元
简介：美国校园社区公司是美国高品质学生住宅社区的最大所有者、管理者和开发商。该公司是一家完全整合、自我管理和自我经营的房地产投资信托基金，在学生住宅物业的设计、金融、开发、建设管理和运营管理方面拥有专业知识。

地址：美国得克萨斯州奥斯汀

### 3.1.11　公司名称：美国租赁家园

英文名称：American Homes 4 Rent
物业类型：住宅房地产投资信托基金

公司类型：房地产投资信托基金
交易所：美国纽约证券交易所
上市状态：上市
股票代码：AMH
股价：35.52美元
市值：124.93亿美元
简介：美国租赁家园是独栋住宅租赁行业的领导者，正迅速成为美国公认的租赁房屋品牌，以高质量、高价值和租户满意度而闻名。其是一家内部管理的房地产投资信托基金公司，专注于收购、开发、翻新、租赁和经营有吸引力的独栋住宅作为租赁物业。
地址：美国加利福尼亚州卡拉巴萨斯

### 3.1.12 公司名称：美国塔公司

英文名称：American Tower Corporation
物业类型：高科技房地产投资信托基金
公司类型：房地产投资信托基金
交易所：纽约证券交易所
上市状态：上市
股票代码：AMT
股价：256.51美元
市值：1139.52亿美元
简介：美国塔公司是全球较大的房地产投资信托基金公司之一，是多租户通信房地产的领先独立所有者、运营商和开发商，拥有约219000个通信站点和高度互联的美国数据中心设施。
地址：美国马萨诸塞州波士顿

### 3.1.13 公司名称：美冷房地产信托

英文名称：Americold Realty Trust, Inc.
物业类型：工业房地产投资信托基金
公司类型：房地产投资信托基金
交易所：纽约证券交易所
上市状态：上市
股票代码：COLD
股价：31.08美元

市值：83.85 亿美元

简介：美冷房地产信托是全球最大的温控仓库所有者和运营商。该公司在美国、澳大利亚、新西兰、加拿大和阿根廷拥有并经营着 158 个温控仓库，储存量约为 9.34 亿立方英尺[①]。公司的设施是连接食品生产商、加工商、分销商和零售商与消费者的供应链的一个组成部分。该公司在全球范围内为大约 2400 家客户提供服务，并雇用了大约 11000 名员工。

地址：美国佐治亚州亚特兰大

**3.1.14 公司名称：天使橡树抵押贷款房地产投资信托公司**

英文名称：Angel Oak Mortgage REIT, Inc.

物业类型：抵押房地产投资信托基金

公司类型：房地产投资信托基金

交易所：纽约证券交易所

上市状态：上市

股票代码：AOMR

股价：14.23 美元

市值：3.724 亿美元

简介：天使橡树抵押贷款房地产投资信托公司是一家房地产金融公司，专注于在美国抵押贷款市场收购和投资初次抵押的非标准化贷款和其他抵押贷款相关资产。该公司还投资其他住宅抵押贷款、住房抵押贷款支持证券和其他抵押贷款相关资产。此外，当市场条件和资产价格有助于进行有吸引力的交易时，公司还可以通过二级市场确定和收购目标资产。

地址：美国佐治亚州亚特兰大

**3.1.15 公司名称：公寓收入房地产投资信托公司**

英文名称：Apartment Income REIT Corporation

物业类型：住宅房地产投资信托基金

公司类型：房地产投资信托基金

交易所：纽约证券交易所

上市状态：上市

股票代码：AIRC

股价：41.24 美元

---

① 1 英尺 = 0.3048 米。

市值：66.97 亿美元

简介：公寓收入房地产投资信托公司专注于位于美国特定市场的优质公寓社区的所有权和管理。该公司是美国较大的公寓业主和运营商之一。

地址：美国科罗拉多州丹佛

**3.1.16　公司名称：阿波罗商业房地产金融公司**

英文名称：Apollo Commercial Real Estate Finance, Inc.

物业类型：抵押房地产投资信托基金

公司类型：房地产投资信托基金

交易所：纽约证券交易所

上市状态：上市

股票代码：ARI

股价：10.44 美元

市值：16.10 亿美元

简介：阿波罗商业房地产金融公司是一家主要发起、投资、收购和管理商业一级抵押贷款、次级融资、商业抵押贷款支持证券和其他商业房地产相关债务投资的抵押房地产投资信托基金公司。

地址：美国纽约州纽约

**3.1.17　公司名称：苹果酒店房地产投资信托公司**

英文名称：Apple Hospitality REIT, Inc.

物业类型：酒店房地产投资信托

公司类型：房地产投资信托基金

交易所：纽约证券交易所

上市状态：上市

股票代码：APLE

股价：15.17 美元

市值：37.33 亿美元

简介：苹果酒店房地产投资信托公司拥有美国较大的高档精选服务酒店投资组合之一。

地址：美国弗吉尼亚州里士满

**3.1.18　公司名称：阿伯房地产信托公司**

英文名称：Arbor Realty Trust, Inc.

物业类型：抵押房地产投资信托基金
公司类型：房地产投资信托基金
交易所：纽约证券交易所
上市状态：上市
股票代码：ABR
股价：13.53 美元
市值：24.40 亿美元
简介：阿伯房地产信托公司是一家全国性的房地产投资信托基金和直接贷款机构，为多户家庭及独栋租赁、老年人住房和其他各种商业房地产资产提供贷款发放和服务。该公司管理着数十亿美元的服务组合，专门从事政府支持的企业产品。该公司是房利美 DUS 多户住房贷款机构、房地美 Optigo 多户住房服务机构，也是获得批准的联邦住宅管理局多户住房加速处理贷款机构。该公司的产品平台还包括商业抵押担保证券、过桥贷款、夹层贷款①和优先股权贷款。
地址：美国纽约州尤宁代尔

### 3.1.19　公司名称：阿瑞斯工业房地产收入信托

英文名称：Ares Industrial Real Estate Income Trust
物业类型：工业房地产投资信托基金
公司类型：房地产投资信托基金
交易所：纳斯达克证券交易所
上市状态：上市
股票代码：ZAIRIX
股价：15.26 美元
市值：87.00 亿美元
简介：阿瑞斯工业房地产收入信托基金是一个纯粹的工业房地产解决方案，旨在通过主要投资于机构质量的大宗分销、轻工业和最后一英里分销设施，实现资本增值和稳定的月收入。
地址：美国科罗拉多州丹佛

### 3.1.20　公司名称：阿马达·霍夫勒房地产公司

英文名称：Armada Hoffler Properties, Inc.
物业类型：多元化房地产投资信托基金

---

① 夹层贷款（Mezzanine Loan）是一种介于债务和股权融资之间的贷款，主要用于成熟公司的扩张而不是创新公司的融资。

公司类型：房地产投资信托基金
交易所：纽约证券交易所
上市状态：上市
股票代码：AHH
股价：12.52 美元
市值：9.08 亿美元
简介：阿马达·霍夫勒房地产公司是一家提供全方位服务的房地产公司，在开发、建设、收购、管理高质量的办公、零售和多户物业方面拥有丰富的经验，遍布大西洋中部和美国东南部市场。
地址：美国弗吉尼亚州弗吉尼亚海滩

### 3.1.21　公司名称：阿穆尔住宅房地产投资信托基金

英文名称：Armour Residential REIT，Inc.
物业类型：抵押房地产投资信托基金
公司类型：房地产投资信托基金
交易所：纽约证券交易所
上市状态：上市
股票代码：ARR
股价：6.76 美元
市值：7.41 亿美元
简介：阿穆尔住宅房地产投资信托基金主要投资由美国政府支持企业发行或担保，或由政府国家抵押贷款协会担保的固定利率住宅、可调利率和混合可调利率住房抵押贷款支持证券。
地址：美国佛罗里达州维罗海滩

### 3.1.22　公司名称：阿什福德酒店信托公司

英文名称：Ashford Hospitality Trust，Inc.
物业类型：酒店房地产投资信托
公司类型：房地产投资信托基金
交易所：纽约证券交易所
上市状态：上市
股票代码：AHT
股价：7.87 美元
市值：3.17 亿美元

简介：阿什福德酒店信托公司主要投资高端、提供全方位服务的酒店。
地址：美国得克萨斯州达拉斯

**3.1.23　公司名称：阿瓦隆湾社区有限公司**

英文名称：Avalonbay Communities，Inc.
物业类型：住宅房地产投资信托基金
公司类型：房地产投资信托基金
交易所：纽约证券交易所
上市状态：上市
股票代码：AVB
股价：189.14 美元
市值：272.13 亿美元
简介：阿瓦隆湾社区有限公司长期以来在美国市场开发、重新开发、收购和管理独特的公寓住宅，并向股东提供风险调整回报。
地址：美国弗吉尼亚州阿灵顿

**3.1.24　公司名称：黑石抵押信托公司**

英文名称：Blackstone Mortgage Trust，Inc.
物业类型：抵押房地产投资信托基金
公司类型：房地产投资信托基金
交易所：纽约证券交易所
上市状态：上市
股票代码：BXMT
股价：28.04 美元
市值：49.70 亿美元
简介：黑石抵押信托公司是一家房地产金融公司，在北美洲和欧洲提供以商业房地产为抵押的优先贷款。
地址：美国纽约州纽约

**3.1.25　公司名称：黑石房地产顾问公司（有限合伙）**

英文名称：Blackstone Real Estate Advisors（Limited Partnership）
物业类型：多元化房地产投资信托基金
公司类型：房地产投资信托基金
交易所：N/A

上市状态：上市

股票代码：N/A①

股价：N/A

市值：601.90亿美元

简介：黑石房地产顾问公司是一家房地产投资公司，专门从事房地产的直接股权投资、房地产担保的债务投资、私募房地产证券以及对房地产运营公司的合资经营或直接收购。

地址：美国纽约州纽约

**3.1.26 公司名称：蓝石住宅增长房地产投资信托公司**

英文名称：Bluerock Residential Growth REIT, Inc.

物业类型：住宅房地产投资信托基金

公司类型：房地产投资信托基金

交易所：纽约证券交易所

上市状态：上市

股票代码：BRG

股价：26.00美元

市值：7.84亿美元

简介：蓝石住宅增长房地产投资信托公司在美国具有人口吸引力的成长型市场收购位置优越的机构级公寓物业。

地址：美国纽约州纽约

**3.1.27 公司名称：布雷马酒店及度假村有限公司**

英文名称：Braemar Hotels & Resorts, Inc.

物业类型：酒店房地产投资信托

公司类型：房地产投资信托基金

交易所：纽约证券交易所

上市状态：上市

股票代码：BHR

股价：4.60美元

市值：3.82亿美元

简介：布雷马酒店及度假村有限公司专注于投资豪华酒店和度假村的房地产

---

① 这家公司属于上市的非交易（Non-Traded）房地产投资信托基金，所以没有确定的股价信息。

投资信托基金。

地址：美国得克萨斯州达拉斯

**3.1.28　公司名称：布兰迪维因房地产信托**

英文名称：Brandywine Realty Trust
物业类型：办公房地产投资信托基金
公司类型：房地产投资信托基金
交易所：纽约证券交易所
上市状态：上市
股票代码：BDN
股价：8.97 美元
市值：16.30 亿美元

简介：布兰迪维因房地产信托是一家公开交易、提供全方位服务的综合房地产公司，其核心业务集中在费城、华盛顿哥伦比亚特区和奥斯汀市场。该公司以房地产投资信托基金的形式拥有、开发、租赁和管理位于城市、镇中心和交通便捷地点的投资组合。

地址：美国宾夕法尼亚州费城

**3.1.29　公司名称：布莱特斯皮尔资本公司**

英文名称：BrightSpire Capital, Inc.
物业类型：抵押房地产投资信托基金
公司类型：房地产投资信托基金
交易所：纽约证券交易所
上市状态：上市
股票代码：BRSP
股价：7.44 美元
市值：10.76 亿美元

简介：布莱特斯皮尔资本公司是美国较大的公开交易商业房地产信贷房地产投资信托基金公司之一，专注于发起、收购、融资和管理多元化投资组合，主要包括美国商业房地产债务投资和净租赁物业。

地址：美国纽约州纽约

**3.1.30　公司名称：布利克斯摩尔房地产集团有限公司**

英文名称：Brixmor Property Group Inc.

物业类型：零售房地产投资信托基金

公司类型：房地产投资信托基金

交易所：纽约证券交易所

上市状态：上市

股票代码：BRX

股价：19.88美元

市值：65.36亿美元

简介：布利克斯摩尔房地产集团有限公司拥有并经营高质量的全国性露天购物中心投资组合。该公司的421个零售中心在已建立的贸易区中占据了大约7300万平方英尺的主要零售空间。

地址：美国纽约州纽约

### 3.1.31 公司名称：布罗德斯通净租赁有限公司

英文名称：Broadstone Net Lease, Inc.

物业类型：多元化房地产投资信托基金

公司类型：房地产投资信托基金

交易所：纽约证券交易所

上市状态：上市

股票代码：BNL

股价：21.40美元

市值：36.69亿美元

简介：布罗德斯通净租赁有限公司是一家内部管理的房地产投资信托基金公司，收购、拥有和管理主要为单租户的商业房地产，这些房地产长期以净租赁方式出租给多元化的租户群体。该公司采用的投资策略以强大的基本面信用分析和审慎的房地产承销为基础。公司的多元化净租赁房地产组合包括工业、医疗保健、餐厅、办公室和零售等物业类型。

地址：美国纽约州罗切斯特市

### 3.1.32 公司名称：BSR房地产投资信托

英文名称：BSR Real Estate Investment Trust

物业类型：住宅房地产投资信托基金

公司类型：房地产投资信托基金

交易所：多伦多证券交易所

上市状态：上市

股票代码：HOM.U

股价：14.75 美元

市值：5.96 亿美元

简介：BSR 房地产投资信托是美国阳光地带多户社区的主要拥有者和经营者。该公司的核心市场包括美国人口和就业增长率较高的都会区，包括奥斯汀、达拉斯、休斯敦和俄克拉何马城。

拉德里斯：美国阿肯色州小石城

**3.1.33　公司名称：波士顿房地产有限公司**

英文名称：Boston Properties，Inc.

物业类型：办公房地产投资信托基金

公司类型：房地产投资信托基金

交易所：纽约证券交易所

上市状态：上市

股票代码：BXP

股价：85.57 美元

市值：140.43 亿美元

简介：波士顿房地产有限公司是一个完全整合、自我管理和自我经营的房地产投资信托基金公司，从事开发、再开发、收购、管理、经营和拥有多元化的投资组合。该公司是美国较大的甲级写字楼业主和开发商之一，主要集中在五个市场，即波士顿、曼哈顿中城、华盛顿哥伦比亚特区、旧金山和新泽西州普林斯顿。

地址：美国马萨诸塞州波士顿

**3.1.34　公司名称：卡姆登房地产信托公司**

英文名称：Camden Property Trust，Inc.

物业类型：住宅房地产投资信托基金

公司类型：房地产投资信托基金

交易所：纽约证券交易所

上市状态：上市

股票代码：CPT

股价：130.50 美元

市值：142.66 亿美元

简介：卡姆登房地产信托公司是一家标准普尔 400 公司，属于房地产公司，从事多户公寓社区的拥有、管理、开发、再开发、收购和建设。

地址：美国得克萨斯州休斯敦

**3.1.35 公司名称：凯信房地产投资信托有限公司**

英文名称：CareTrust REIT, Inc.
物业类型：医疗保健房地产投资信托基金
公司类型：房地产投资信托基金
交易所：纽约证券交易所
上市状态：上市
股票代码：CTRE
股价：19.00 美元
市值：18.88 亿美元
简介：凯信房地产投资信托有限公司是一家自我管理的房地产投资信托基金公司，从事老年人住房和医疗保健相关物业的所有权、收购和租赁。该公司在全国范围内收购更多房产。
地址：美国加利福尼亚州圣克莱门特

**3.1.36 公司名称：凯奇马克林业信托有限公司**

英文名称：CatchMark Timber Trust, Inc.
物业类型：林业房地产投资信托基金
公司类型：房地产投资信托基金
交易所：纽约证券交易所
上市状态：上市
股票代码：CTT
股价：10.15 美元
市值：5.25 亿美元
简介：凯奇马克林业信托有限公司专注于在整个商业周期中最大化现金流，战略性地收获优质林地以产生持久的收入增长，并利用附近的木材市场，为适销库存提供可靠的出路。
地址：美国佐治亚州亚特兰大

**3.1.37 公司名称：CBL 房地产公司**

英文名称：CBL & Associates Properties, Inc.
物业类型：零售房地产投资信托基金
公司类型：房地产投资信托基金

交易所：纽约证券交易所
上市状态：上市
股票代码：CBL
股价：26.13 美元
市值：8.83 亿美元
简介：CBL 房地产公司管理其市场主导的零售郊区城镇中心的投资组合，为股东创造持久的价值。
地址：美国田纳西州查塔努加

**3.1.38 公司名称：中心空间公司**

英文名称：Centerspace，Inc.
物业类型：住宅房地产投资信托基金
公司类型：房地产投资信托基金
交易所：纽约证券交易所
上市状态：上市
股票代码：CSR
股价：78.64 美元
市值：12.52 亿美元
简介：中心空间公司是一家多户房地产投资信托基金公司，收购、开发、再开发和管理主要位于精选增长市场的多户社区。
地址：美国明尼苏达州明尼阿波利斯

**3.1.39 公司名称：查塔姆住宿信托**

英文名称：Chatham Lodging Trust
物业类型：酒店房地产投资信托
公司类型：房地产投资信托基金
交易所：纽约证券交易所
上市状态：上市
股票代码：CLDT
股价：10.97 美元
市值：5.58 亿美元
简介：查塔姆住宿信托是一家自我建议[①]的房地产投资信托基金公司，主要

---

[①] 自我建议指公司内部提出适合公司发展的投资建议，公开上市的房地产投资信托基金一般都是自我建议的。

投资高档、长住酒店和优质品牌、精选服务酒店。

地址：美国佛罗里达州西棕榈滩

**3.1.40　公司名称：克拉罗斯抵押贷款信托有限公司**

英文名称：Claros Mortgage Trust, Inc.
物业类型：抵押房地产投资信托基金
公司类型：房地产投资信托基金
交易所：纽约证券交易所
上市状态：上市
股票代码：CMTG
股价：16.70 美元
市值：26.10 亿美元
简介：克拉罗斯抵押贷款信托有限公司成立于 2015 年 4 月，旨在创建一个多元化的创收贷款组合，以机构优质商业房地产为抵押。

地址：美国纽约州纽约

**3.1.41　公司名称：快船房地产有限公司**

英文名称：Clipper Realty, Inc.
物业类型：住宅房地产投资信托基金
公司类型：房地产投资信托基金
交易所：纽约证券交易所
上市状态：上市
股票代码：CLPR
股价：8.08 美元
市值：1.38 亿美元
简介：快船房地产有限公司是一家自我管理和自我经营的房地产公司，收购、拥有、管理、经营和翻新纽约大都会地区的多户住宅和商业地产，在曼哈顿和布鲁克林拥有物业组合。

地址：美国纽约布鲁克林

**3.1.42　公司名称：哥伦比亚房地产信托有限公司**

英文名称：Columbia Property Trust, Inc.
物业类型：办公房地产投资信托基金
公司类型：房地产投资信托基金

交易所：纽约证券交易所

上市状态：退市

股票代码：CXP

股价：19.28 美元

市值：22.20 亿美元

简介：哥伦比亚房地产信托有限公司通过在高壁垒的美国写字楼市场（主要在纽约、旧金山和华盛顿特区）拥有、运营和开发甲级写字楼来创造价值。公司在交易、资产管理、建筑翻新、租赁和物业管理方面拥有丰富的经验，并利用这些能力来提高其高质量、租赁良好的投资组合的价值。该公司获得了穆迪和标准普尔的投资级评级。2021 年 12 月，公司被太平洋投资管理公司（PIMCO）收购，并从纽约证券交易所退市。

地址：美国纽约州纽约

**3.1.43　公司名称：社区医疗信托有限公司**

英文名称：Community Healthcare Trust，Inc.

物业类型：医疗保健房地产投资信托基金

公司类型：房地产投资信托基金

交易所：纽约证券交易所

上市状态：上市

股票代码：CHCT

股价：35.15 美元

市值：9.18 亿美元

简介：社区医疗信托有限公司是一家自我管理、完全整合的医疗保健房地产公司，为主要位于城市中心以外的医院或其他医疗保健服务提供商提供房地产收购和融资租赁业务等。

地址：美国田纳西州富兰克林

**3.1.44　公司名称：核心城镇公司**

英文名称：CoreCivic，Inc.

物业类型：专业房地产投资信托基金

公司类型：房地产经营公司

交易所：纽约证券交易所

上市状态：上市

股票代码：CXW

股价：10.73美元

市值：14.06亿美元

简介：核心城镇公司是一家多元化的政府解决方案公司，拥有以经济高效的方式解决棘手的政府挑战所需的规模和经验。该公司为政府合作伙伴提供广泛的解决方案，包括高质量的惩教和拘留管理、创新和节约成本的政府房地产解决方案、不断增加的重返社会居住中心。

地址：美国田纳西州布伦特伍德

### 3.1.45　公司名称：核心能源基础设施信托有限公司

英文名称：CorEnergy Infrastructure Trust, Inc.

物业类型：高科技房地产投资信托基金

公司类型：房地产投资信托基金

交易所：纽约证券交易所

上市状态：上市

股票代码：CORR

股价：2.23美元

市值：0.3645亿美元

简介：核心能源基础设施信托有限公司拥有重要的能源资产，如管道、储存终端以及输电和配电资产。该公司寻求从其资产运营商处获得长期合同收入，主要是签署三重净租赁合约[①]的租户。

地址：美国密苏里州堪萨斯城

### 3.1.46　公司名称：公司办公房地产信托

英文名称：Corporate Office Properties Trust

物业类型：办公房地产投资信托基金

公司类型：房地产投资信托基金

交易所：纽约证券交易所

上市状态：上市

股票代码：OFC

股价：25.80美元

市值：29.74亿美元

简介：公司办公房地产信托拥有、管理、租赁、开发并有选择地收购办公室

---

①　三重净租赁合约（Triple Net Lease）是一种房地产租约，签订租约的租户承诺支付关于不动产的所有费用，包括房地产税、建筑保险和维修费用。

和数据中心，公司的投资组合主要集中在支持美国政府及其承包商工作的物业，这些承包商大多从事国家安全、国防和信息技术相关活动。该公司还在华盛顿哥伦比亚特区、巴尔的摩等细分市场拥有一系列耐用的甲级写字楼物业。

地址：美国马里兰州哥伦比亚

### 3.1.47　公司名称：卡津斯不动产信托基金

英文名称：Cousins Properties，Inc.
物业类型：办公房地产投资信托基金
公司类型：房地产投资信托基金
交易所：纽约证券交易所
上市状态：上市
股票代码：CUZ
股价：28.18美元
市值：44.63亿美元
简介：卡津斯不动产信托基金是一家完全整合的、自我管理和自我经营的房地产投资信托基金公司，在甲级办公楼的开发、收购、租赁和物业管理方面拥有丰富的专业知识。

地址：美国佐治亚州亚特兰大

### 3.1.48　公司名称：创意媒体和社区信托

英文名称：Creative Media & Community Trust Corporction
物业类型：办公房地产投资信托基金
公司类型：房地产投资信托基金
交易所：纳斯达克证券交易所
上市状态：上市
股票代码：CMCT
股价：7.09美元
市值：1.666亿美元
简介：创意媒体和社区信托主要投资位于美国高密度、高准入门槛城市市场的稳定甲级和创意办公物业，如在旧金山湾区、华盛顿特区和洛杉矶的物业。

地址：美国得克萨斯州达拉斯

### 3.1.49　公司名称：皇冠城堡国际公司

英文名称：Crown Castle International Corporation

物业类型：高科技房地产投资信托基金

公司类型：房地产投资信托基金

交易所：纽约证券交易所

上市状态：上市

股票代码：CCI

股价：171.02 美元

市值：738.45 亿美元

简介：皇冠城堡国际公司为无线运营商提供保持人们联系和业务运营所需的基础设施。该公司是美国最大的共享无线基础设施提供商，在美国 100 强市场中占有重要地位。

地址：美国得克萨斯州休斯敦

**3.1.50　公司名称：CTO 房地产增长有限公司**

英文名称：CTO Realty Growth, Inc.

物业类型：多元化房地产投资信托基金

公司类型：房地产投资信托基金

交易所：纽约证券交易所

上市状态：上市

股票代码：CTO

股价：20.10 美元

市值：3.861 亿美元

简介：CTO 房地产增长有限公司是一家公开交易的多元化房地产投资信托基金公司，在美国拥有并经营一个多元化的收益性房地产投资组合，面积约为 220 万平方英尺。该公司还拥有艾乐派妮收入财产信托公司（Alpine Income Property Trust, Inc.）约 16% 的股权，这是一家公开交易的净租赁房地产投资信托公司（股票代码：PINE）。

地址：美国佛罗里达州代托纳海滩

**3.1.51　公司名称：立方体智慧公司**

英文名称：CubeSmart

物业类型：自助存储房地产投资信托

公司类型：房地产投资信托基金

交易所：纽约证券交易所

上市状态：上市

股票代码：CUBE

股价：41.34 美元

市值：96.71 亿美元

简介：立方体智慧公司是一家自我管理和自我经营的房地产投资信托基金公司，在美国拥有或管理超过 1200 家自助存储设施。根据 2020 年自助存储年鉴（Self-Storage Almanac），该公司是美国自助存储设施的三大所有者和运营商之一，其使命是通过为住宅和商业客户提供经济实惠、易于使用且在大多数位置具有气候控制的存储空间的设施，来简化客户的许多生活事件和业务需求所带来的组织和物流挑战。

地址：美国宾夕法尼亚州马尔文

**3.1.52 公司名称：钻石岩酒店公司**

英文名称：DiamondRock Hospitality Company

物业类型：酒店房地产投资信托

公司类型：房地产投资信托基金

交易所：纽约证券交易所

上市状态：上市

股票代码：DRH

股价：8.25 美元

市值：18.96 亿美元

简介：钻石岩酒店公司是一家自我建议的房地产投资信托基金公司，拥有领先的区域多元化酒店组合，集中在顶级门户市场[①]和度假胜地。

地址：美国马里兰州贝塞斯达

**3.1.53 公司名称：数字房地产公司**

英文名称：Digital Realty Trust, Inc.

物业类型：高科技房地产投资信托

公司类型：房地产投资信托基金

交易所：纽约证券交易所

上市状态：上市

股票代码：DLR

股价：121.03 美元

---

① 门户市场（Gateway Markets）是指美国的大都市区。这些地区同时受到大规模流入人口和寻求购买公寓楼、商业办公楼的投资者的高度关注。

市值：351.06亿美元

简介：数字房地产公司通过提供全面的数据中心、主机托管和互连解决方案，为全球领先的企业和服务提供商提供支持。该公司的全球数据中心平台为客户提供值得信赖的、可靠的普适数据中心架构（Pervasive Datacenter Architecture）解决方案，用于扩展数字业务和高效管理数据带来的挑战。该公司的全球数据中心覆盖六大洲24个国家/地区的49个城市，拥有290多处设施，让客户能够访问重要的互联网社区。

地址：美国得克萨斯州奥斯汀

### 3.1.54 公司名称：数字桥公司

英文名称：DigitalBridge Group, Inc.

物业类型：多元化房地产投资信托

公司类型：房地产经营公司（REOC）

交易所：纽约证券交易所

上市状态：上市

股票代码：DBRG

股价：4.94美元

市值：30.60亿美元

简介：数字桥公司是全球领先的数字基础设施房地产投资信托基金公司。公司团队拥有超过25年投资和运营数字生态系统（包括塔、数据中心、光纤、小型蜂窝和边缘基础设施）的经验，代表其有限合伙人和股东管理着价值320亿美元的数字基础设施资产组合。该公司在洛杉矶、纽约、伦敦和新加坡设有重要办事处。

地址：美国佛罗里达州博卡拉顿

### 3.1.55 公司名称：多元化医疗信托

英文名称：Diversified Healthcare Trust

物业类型：医疗保健房地产投资信托

公司类型：房地产投资信托基金

交易所：纳斯达克证券交易所

上市状态：上市

股票代码：DHC

股价：1.70美元

市值：4.45亿美元

简介：多元化医疗信托专注于在美国各地拥有高质量的医疗保健物业。该公司寻求保健服务领域的多元化，即按保健提供和实践类型、按科学研究学科、按财产类型和地点。截至 2021 年 12 月 31 日，公司超过 70 亿美元的投资组合包括 36 个州和华盛顿哥伦比亚特区的 390 处房产，有近 600 名租户居住，总面积约为 1000 万平方英尺的生命科学和医疗办公房产以及约 28000 个老年居住单元。该公司由 The RMR Group, Inc.（RMR 集团，股票代码：RMR）管理，截至 2021 年 12 月 31 日，管理的资产超过 330 亿美元，在购买、销售、融资和运营商业房地产方面拥有超过 35 年的机构经验。

地址：美国马萨诸塞州牛顿市

### 3.1.56　公司名称：杜克房地产公司

英文名称：Duke Realty Corporation
物业类型：工业房地产投资信托基金
公司类型：房地产投资信托基金
交易所：纽约证券交易所
上市状态：上市
股票代码：DRE
股价：55.59 美元
市值：225.33 亿美元

简介：杜克房地产公司为标准普尔的成员，是一家领先的工业物业业主、开发商和管理公司。该公司在全美的项目包括最先进的散装仓库和区域配送中心。

地址：美国印第安纳州印第安纳波利斯

### 3.1.57　公司名称：丹尼克斯资本有限公司

英文名称：Dynex Capital, Inc.
物业类型：抵押房地产投资信托基金
公司类型：房地产投资信托基金
交易所：纽约证券交易所
上市状态：上市
股票代码：DX
股价：16.25 美元
市值：9.5177 亿美元

简介：丹尼克斯资本有限公司是一家内部管理的抵押房地产投资信托基金公司，管理着一个多元化、高质量、杠杆化的固定收益投资组合。

地址：美国弗吉尼亚州格伦艾伦

**3.1.58　公司名称：东方政府房地产有限公司**

英文名称：Easterly Government Properties, Inc.
物业类型：办公房地产投资信托基金
公司类型：房地产投资信托基金
交易所：纽约证券交易所
上市状态：上市
股票代码：DEA
股价：19.10 美元
市值：17.79 亿美元
简介：东方政府房地产有限公司主要专注于租赁给美国政府的甲类商业地产的收购、开发和管理。该公司经验丰富的管理团队为美国政府机构提供专业服务。

地址：美国华盛顿特区

**3.1.59　公司名称：东方集团房地产有限公司**

英文名称：EastGroup Properties, Inc.
物业类型：工业房地产投资信托基金
公司类型：房地产投资信托基金
交易所：纽约证券交易所
上市状态：上市
股票代码：EGP
股价：151.98 美元
市值：66.36 亿美元
简介：东方集团房地产有限公司是一家标准普尔中盘 400 指数公司，也是一家自我管理的权益房地产投资信托公司，专注于开发、收购和经营美国主要阳光地带市场的工业物业，投资重点在佛罗里达州、得克萨斯州、亚利桑那州、加利福尼亚州和北卡罗来纳州。公司的目标是最大化股东价值，为位置敏感型客户提供功能性、灵活性和高质量的商业分销空间。该公司的增长战略是基于主要分销设施的所有权，这些设施通常聚集在供应受限的子市场的主要交通设施附近。

地址：美国密西西比州里奇兰

**3.1.60　公司名称：帝国房地产信托有限公司**

英文名称：Empire State Realty Trust, Inc.

物业类型：办公房地产投资信托基金
公司类型：房地产投资信托基金
交易所：纽约证券交易所
上市状态：上市
股票代码：ESRT
股价：7.23 美元
市值：12.99 亿美元
简介：帝国房地产信托有限公司拥有、管理、经营、收购和翻新位于曼哈顿和纽约地区的办公和零售物业，包括世界上最著名的建筑——帝国大厦。
地址：美国纽约州纽约

### 3.1.61　公司名称：EPR 房地产公司

英文名称：EPR Properties
物业类型：专业房地产投资信托基金
公司类型：房地产投资信托基金
交易所：纽约证券交易所
上市状态：上市
股票代码：EPR
股价：47.77 美元
市值：39.01 亿美元
简介：EPR 房地产公司投资需要独特行业知识的特定细分市场的房地产，同时提供稳定和有吸引力的回报潜力。该公司主要投资娱乐、休闲和教育领域。
地址：美国密苏里州堪萨斯城

### 3.1.62　公司名称：伊奎尼克斯有限公司

英文名称：Equinix, Inc.
物业类型：高科技房地产投资信托
公司类型：房地产投资信托基金
交易所：纳斯达克证券交易所
上市状态：上市
股票代码：EQIX
股价：611.93 美元
市值：580.15 亿美元
简介：伊奎尼克斯有限公司是一家在全球范围内提供数字基础设施的公司，

使数字领袖公司能够利用一个值得信赖的平台来整合和互联基础设施，从而推动其成功。该公司帮助一些企业灵活发展，加快推出数字服务，提供世界一流的体验。

地址：美国加利福尼亚州雷德伍德城

### 3.1.63　公司名称：公平联邦公司

英文名称：Equity Commonwealth
物业类型：办公房地产投资信托基金
公司类型：房地产投资信托基金
交易所：纽约证券交易所
上市状态：上市
股票代码：EQC
股价：27.50美元
市值：30.87亿美元
简介：公平联邦公司是一家内部管理和自我建议的房地产投资信托基金公司，投资美国的商业办公物业。

地址：美国伊利诺伊州芝加哥

### 3.1.64　公司名称：宜居生活资产信托有限公司

英文名称：Equity LifeStyle Properties, Inc.
物业类型：住宅房地产投资信托基金
公司类型：房地产投资信托基金
交易所：纽约证券交易所
上市状态：上市
股票代码：ELS
股价：72.44美元
市值：131.03亿美元
简介：宜居生活资产信托有限公司是北美装配式住宅社区、房车度假村和露营地的领先所有者和运营商。该公司提供住房选择和度假机会，以满足各种客户的需求。

地址：美国伊利诺伊州芝加哥

### 3.1.65　公司名称：公平住宅公司

英文名称：Equity Residential

物业类型：住宅房地产投资信托基金

公司类型：房地产投资信托基金

交易所：纽约证券交易所

上市状态：上市

股票代码：EQR

股价：70.05 美元

市值：271.39 亿美元

简介：公平住宅公司是标准普尔 500 指数成员，专注于在城市和高密度郊区沿海门户市场收购、开发和管理出租公寓物业，这些市场是当今富裕租户想要生活、工作和娱乐的地方。

地址：美国伊利诺伊州芝加哥

### 3.1.66　公司名称：重要房地产信托有限公司

英文名称：Essential Properties Realty Trust, Inc.

物业类型：零售房地产投资信托基金

公司类型：房地产投资信托基金

交易所：纽约证券交易所

上市状态：上市

股票代码：EPRT

股价：21.71 美元

市值：29.89 亿美元

简介：重要房地产信托有限公司收购、拥有和管理单租户物业，这些物业被净租赁给以服务为导向或基于体验的业务运营的中型市场公司。

地址：美国新泽西州普林斯顿

### 3.1.67　公司名称：埃塞克斯房地产信托有限公司

英文名称：Essex Property Trust, Inc.

物业类型：住宅房地产投资信托基金

公司类型：房地产投资信托基金

交易所：纽约证券交易所

上市状态：上市

股票代码：ESS

股价：261.28 美元

市值：175.20 亿美元

简介：埃塞克斯房地产信托有限公司是标准普尔500指数成员，也是一家完全整合的房地产投资信托基金公司，在美国西海岸市场收购、开发、重新开发和管理多户住宅物业。

地址：美国加利福尼亚州圣马特奥

**3.1.68　公司名称：额外空间存储有限公司**

英文名称：Extra Space Storage，Inc.
物业类型：自助存储房地产投资信托
公司类型：房地产投资信托基金
交易所：纽约证券交易所
上市状态：上市
股票代码：EXR
股价：167.47美元
市值：232.02亿美元

简介：额外空间存储有限公司是一家完全整合、自我管理、自我经营的房地产投资信托基金公司。该公司是美国第二大自助仓储物业所有者和/或运营商，也是美国最大的自助仓储管理公司。

地址：美国犹他州盐湖城

**3.1.69　公司名称：农地合伙有限公司**

英文名称：Farmland Partners，Inc.
物业类型：专业房地产投资信托基金
公司类型：房地产投资信托基金
交易所：纽约证券交易所
上市状态：上市
股票代码：FPI
股价：13.44美元
市值：7.144亿美元

简介：农地合伙有限公司是一家内部管理的房地产公司，拥有并寻求收购整个北美的优质农田，以满足全球对食品、饲料、纤维和燃料的需求。该公司成功的关键在于农民租户长期的合作。

地址：美国科罗拉多州丹佛市

**3.1.70　公司名称：联邦不动产投资信托公司**

英文名称：Federal Realty Investment Trust

物业类型：零售房地产投资信托基金

公司类型：房地产投资信托基金

交易所：纽约证券交易所

上市状态：上市

股票代码：FRT

股价：95.00 美元

市值：81.29 亿美元

简介：联邦不动产投资信托公司是高品质零售物业的所有权、运营和再开发领域的公认领导者，主要位于从华盛顿特区到波士顿以及旧金山和洛杉矶的主要沿海市场。该公司成立于1962年，其使命是通过投资零售需求超过供应的人口稠密的富裕社区来实现长期、可持续的增长。该公司的104处房产包括约2800个租户，占地约2400万平方英尺，包括2800多个住宅单元。公司已经连续53年增加了其股东的季度股息，这是房地产投资信托行业中最长的记录。

地址：美国马里兰州北贝塞斯达

### 3.1.71 公司名称：第一工业房地产信托有限公司

英文名称：First Industrial Realty Trust, Inc.

物业类型：工业房地产投资信托基金

公司类型：房地产投资信托基金

交易所：纽约证券交易所

上市状态：上市

股票代码：FR

股价：46.52 美元

市值：63.74 亿美元

简介：第一工业房地产信托有限公司是领先的工业房地产所有者、运营商和开发商，长期为跨国公司和地区客户提供行业领先的客户服务。该公司在美国的主要市场管理、租赁、购买和（再）开发批量和区域配送中心，以及轻工业设施。

地址：美国伊利诺伊州芝加哥

### 3.1.72 公司名称：新泽西第一房地产投资信托公司

英文名称：First Real Estate Investment Trust of New Jersey, Inc.

物业类型：多元化房地产投资信托基金

公司类型：房地产投资信托基金

交易所：场外交易

上市状态：上市

股票代码：FREVS

股价：23.38美元

市值：1.681亿美元

简介：自1961年以来，新泽西第一房地产投资信托公司一直以其投资组合而自豪。无论是公寓社区、购物中心和商业建筑，还是多用途开发，公司投资的每个项目都是长期的。

地址：美国新泽西州哈肯萨克

**3.1.73 公司名称：四角财产房地产信托有限公司**

英文名称：Four Corners Property Trust，Inc.

物业类型：零售房地产投资信托基金

公司类型：房地产投资信托基金

交易所：纽约证券交易所

上市状态：上市

股票代码：FCPT

股价：27.45美元

市值：22.41亿美元

简介：四角财产房地产信托有限公司是美国餐饮地产的主要所有者之一。凭借遍布44个州的500多家餐厅，该公司有望发展并进一步丰富其物业组合。

地址：美国加利福尼亚州磨坊谷

**3.1.74 公司名称：富兰克林BSP房地产信托公司**

英文名称：Franklin BSP Realty Trust，Inc.

物业类型：抵押房地产投资信托基金

公司类型：房地产投资信托基金

交易所：纽约证券交易所

上市状态：上市

股票代码：FBRT

股价：13.81美元

市值：12.600亿美元

简介：富兰克林BSP房地产信托公司，前身为福利街合伙房地产信托公司，是一家房地产投资信托公司，创立、收购和管理位于美国的商业房地产债务的多元化投资组合。

地址：美国得克萨斯州达拉斯

### 3.1.75 公司名称：富兰克林街房地产公司

英文名称：Franklin Street Properties Corp.
物业类型：办公房地产投资信托基金
公司类型：房地产投资信托基金
交易所：纽约证券交易所
上市状态：上市
股票代码：FSP
股价：3.58 美元
市值：3.90 亿美元

简介：富兰克林街房地产公司于1997年开始运营，并于2005年6月成为上市公司，其专注于投资美国主要市场的机构级写字楼物业。该公司主要在亚特兰大、达拉斯、丹佛、休斯敦和明尼阿波利斯投资办公物业。公司的主要房地产业务包括物业收购和处置、租赁、开发和资产管理。

地址：美国马萨诸塞州韦克菲尔德

### 3.1.76 公司名称：博彩和休闲房地产有限公司

英文名称：Gaming and Leisure Properties, Inc.
物业类型：专业房地产投资信托基金
公司类型：房地产投资信托基金
交易所：纳斯达克证券交易所
上市状态：上市
股票代码：GLPI
股价：48.06 美元
市值：132.01 亿美元

简介：博彩和休闲房地产有限公司是首个专注于博彩房地产的投资信托基金公司。该公司的主要业务包括收购、融资和拥有房地产，以三重净租赁协议出租给博彩运营商。

地址：美国宾夕法尼亚州怀奥米辛

### 3.1.77 公司名称：加齐特环球公司

英文名称：Gazit-Globe Ltd.

物业类型：多元化房地产投资信托基金

公司类型：房地产经营公司

交易所：纽约证券交易所

上市状态：上市

股票代码：GZT

股价：6.13美元

市值：12.60亿美元

简介：加齐特环球公司是位于北美、巴西、以色列、北欧、中欧和东欧城市增长市场的超市购物中心和零售型综合用途物业的所有者、开发商和运营商。

地址：美国佛罗里达州迈阿密

### 3.1.78　公司名称：盖蒂房地产公司

英文名称：Getty Realty Corp.

物业类型：零售房地产投资信托基金

公司类型：房地产投资信托基金

交易所：纽约证券交易所

上市状态：上市

股票代码：GTY

股价：26.53美元

市值：12.74亿美元

简介：盖蒂房地产公司是一家净租赁房地产投资信托基金公司，专门从事便利店、汽车和其他单租户零售房地产的收购、融资和开发。

地址：美国纽约州纽约

### 3.1.79　公司名称：格莱斯顿商业公司

英文名称：Gladstone Commercial Corporation

物业类型：多元化房地产投资信托基金

公司类型：房地产投资信托基金

交易所：纳斯达克证券交易所

上市状态：上市

股票代码：GOOD

股价：18.65美元

市值：7.41亿美元

简介：格莱斯顿商业公司专注于收购、拥有和运营全美的净租赁工业和办公物业。

地址：美国弗吉尼亚州麦克莱恩

### 3.1.80　公司名称：**格莱斯顿土地公司**

英文名称：Gladstone Commerical Corporation
物业类型：专业房地产投资信托基金
公司类型：房地产投资信托基金
交易所：纳斯达克证券交易所
上市状态：上市
股票代码：LAND
股价：23.00 美元
市值：8.330 亿美元
简介：格莱斯顿土地公司投资美国主要农业市场的农田，并出租给农民，每月向其股东支付股息。

地址：美国弗吉尼亚州麦克莱恩

### 3.1.81　公司名称：**环球医疗房地产投资信托**

英文名称：Global Medical REIT, Inc.
物业类型：医疗保健房地产投资信托基金
公司类型：房地产投资信托基金
交易所：纽约证券交易所
上市状态：上市
股票代码：GMRE
股价：11.15 美元
市值：7.43 亿美元
简介：环球医疗房地产投资信托寻求在全国范围内收购和支持核心医疗保健设施的发展。该公司在医疗保健市场上占主导地位，并且地位稳固。

地址：美国马里兰州贝塞斯达

### 3.1.82　公司名称：**环球净租赁有限公司**

英文名称：Global Net Lease, Inc.
物业类型：多元化房地产投资信托基金
公司类型：房地产投资信托基金
交易所：纽约证券交易所

上市状态：上市

股票代码：GNL

股价：14.62 美元

市值：15.50 亿美元

简介：环球净租赁有限公司专注于收购、拥有和管理一个高质量、关键任务、多元化的投资组合，主要是工业和办公物业，长期以净租赁的方式出租给位于美国和西欧的投资级且信誉良好的租户。

地址：美国纽约州纽约

### 3.1.83　公司名称：环球自助存储有限公司

英文名称：Global Self Storage, Inc.

物业类型：自助存储房地产投资信托

公司类型：房地产投资信托基金

交易所：纳斯达克证券交易所

上市状态：上市

股票代码：SELF

股价：5.76 美元

市值：0.61 亿美元

简介：环球自助存储有限公司是一家自我管理和自我经营的房地产投资信托基金公司，拥有、经营、管理、收购和重新开发自住仓储物业。该公司的自助存储物业旨在为住宅和商业客户提供经济实惠、易于使用且安全的存储空间。通过其全资子公司，该公司在康涅狄格州、伊利诺伊州、印第安纳州、纽约州、俄亥俄州、宾夕法尼亚州、南卡罗来纳州和俄克拉何马州拥有和/或管理13处自助存储物业。

地址：美国纽约州米尔布鲁克

### 3.1.84　公司名称：大埃贾克斯公司

英文名称：Great Ajax Corp.

物业类型：抵押房地产投资信托基金

公司类型：房地产投资信托基金

交易所：纽约证券交易所

上市状态：上市

股票代码：AJX

股价：9.89 美元

市值：2.404 亿美元

简介：大埃贾克斯公司是一家外部管理的房地产投资信托基金公司，收购、投资和管理由独栋住宅和独栋房产担保的抵押贷款组合。该公司还投资由多户住宅和商业混合用途零售和住宅物业担保的贷款。此外，公司持有因止赎、含有不良贷款或在市场上获得的回收房产（REO）。这些房产主要是独栋住宅，也包括较小的商业地产。公司会精明地决定是否出售回收房产，或向购买者提供抵押贷款融资，再或持有回收房产作为租赁财产。

地址：美国俄勒冈州泰格德

### 3.1.85 公司名称：医疗保健房地产信托

英文名称：Healthcare Realty Trust

物业类型：医疗保健房地产投资信托基金

公司类型：房地产投资信托基金

交易所：纽约证券交易所

上市状态：上市

股票代码：HR

股价：24.63 美元

市值：36.82 亿美元

简介：医疗保健房地产信托对创收房地产进行整合式拥有、管理、融资和开发。这些房地产主要是美国各地提供门诊医疗保健服务的场所。

地址：美国田纳西州纳什维尔

### 3.1.86 公司名称：美国医疗保健信托有限公司

英文名称：Healthcare Trust of America, Inc.

物业类型：医疗保健房地产投资信托基金

公司类型：房地产投资信托基金

交易所：纽约证券交易所

上市状态：上市

股票代码：HTA

股价：29.34 美元

市值：66.87 亿美元

简介：美国医疗保健信托有限公司是美国最大的医疗办公楼业主和运营商，拥有 2320 万平方英尺的可出租面积，价值 68 亿美元。该公司拥有一个整合的资产管理、租赁、建设和开发平台，以最大限度地提高所有部门和整个市场的效率。

地址：美国亚利桑那州斯科茨代尔

**3.1.87　公司名称：健康顶点房地产有限公司**

英文名称：Healthpeak Properties, Inc.
物业类型：医疗保健房地产投资信托基金
公司类型：房地产投资信托基金
交易所：纽约证券交易所
上市状态：上市
股票代码：PEAK
股价：26.22 美元
市值：142.01 亿美元
简介：健康顶点房地产有限公司是一家完全整合的房地产投资信托基金和标准普尔 500 指数公司。该公司拥有并开发生命科学、老年住房和医疗办公室三个私人支付医疗保健资产类别的高质量房地产，旨在为不可避免的行业周期提供稳定收益。

地址：美国科罗拉多州丹佛

**3.1.88　公司名称：赫莎酒店信托**

英文名称：Hersha Hospitality Trust
物业类型：酒店房地产投资信托
公司类型：房地产投资信托基金
交易所：纽约证券交易所
上市状态：上市
股票代码：HT
股价：9.51 美元
市值：4.11 亿美元
简介：赫莎酒店信托是一家酒店行业的自我建议的房地产投资信托基金公司，在城市门户市场拥有并经营高质量的高档酒店。

地址：美国宾夕法尼亚州费城

**3.1.89　公司名称：海伍兹房地产有限公司**

英文名称：Highwoods Properties, Inc.
物业类型：办公房地产投资信托基金

公司类型：房地产投资信托基金
交易所：纽约证券交易所
上市状态：上市
股票代码：HIW
股价：33.72 美元
市值：36.21 亿美元
简介：海伍兹房地产有限公司是标准普尔中盘 400 指数成员。该公司是一家完全整合的办公房地产投资信托公司，主要在亚特兰大、夏洛特、纳什维尔、奥兰多、匹兹堡、罗利、里士满和坦帕的最佳商业区拥有、开发、收购、租赁和管理物业。
地址：美国北卡罗来纳州罗利

**3.1.90　公司名称：豪斯特酒店有限公司**

英文名称：Host Hotels & Resorts, Inc.
物业类型：酒店房地产投资信托
公司类型：房地产投资信托基金
交易所：纳斯达克证券交易所
上市状态：上市
股票代码：HST
股价：15.96 美元
市值：123.94 亿美元
简介：豪斯特酒店有限公司是最大的酒店房地产投资信托基金公司，也是较大的豪华高档酒店所有者之一。截至 2022 年，该公司在美国拥有 73 处房产，在全球其他地区拥有 5 处房产。
地址：美国马里兰州贝塞斯达

**3.1.91　公司名称：哈德逊太平洋房地产有限公司**

英文名称：Hudson Pacific Properties, Inc.
物业类型：办公房地产投资信托基金
公司类型：房地产投资信托基金
交易所：纽约证券交易所
上市状态：上市
股票代码：HPP
股价：14.15 美元

市值：21.22 亿美元

简介：哈德逊太平洋房地产有限公司在全球创新、媒体和技术中心收购、重新开发和发展创意办公室和工作室物业。该公司是硅谷领先的办公空间公开交易所有者，洛杉矶较大的独立工作室所有者/运营商之一。公司的投资组合总面积超过 2000 万平方英尺，包括位于核心市场的开发用地。公司的顶级资产与其租赁和管理专业知识相结合培养出一流的蓝筹股和成长型公司，如谷歌和网飞。

地址：美国加利福尼亚州洛杉矶

### 3.1.92　公司名称：独立房地产信托

英文名称：Independence Realty Trust, Inc.

物业类型：住宅房地产投资信托基金

公司类型：房地产投资信托基金

交易所：纽约证券交易所

上市状态：上市

股票代码：IRT

股价：20.83 美元

市值：46.89 亿美元

简介：独立房地产信托在美国非门户市场拥有和经营多户公寓物业，具体位置包括亚特兰大、达拉斯、路易斯维尔、孟菲斯、罗利和坦帕。该公司的投资战略集中在主要的便利设施丰富的子市场中扩大规模，这些子市场提供良好的学区、高质量的零售中心和主要的就业中心。

地址：美国宾夕法尼亚州费城

### 3.1.93　公司名称：印第安座房地产信托有限公司

英文名称：INDUS Realty Trust, Inc.

物业类型：工业房地产投资信托基金

公司类型：房地产投资信托基金

交易所：纳斯达克证券交易所

上市状态：上市

股票代码：INDT

股价：59.87 美元

市值：6.13 亿美元

简介：印第安座房地产信托有限公司是一家房地产公司，主要从事开发、收购、管理和租赁工业/物流物业。该公司在康涅狄格州、宾夕法尼亚州、北卡罗来纳州和佛罗里达州拥有43栋建筑，总面积约530万平方英尺（包括33栋工业/物流建筑，总面积约490万平方英尺），此外还有超过3400英亩[①]的未开发土地。

地址：美国纽约州纽约

**3.1.94　公司名称：工业物流房地产信托**

英文名称：Industrial Logistics Properties Trust

物业类型：工业房地产投资信托基金

公司类型：房地产投资信托基金

交易所：纳斯达克证券交易所

上市状态：上市

股票代码：ILPT

股价：10.11美元

市值：6.39亿美元

简介：工业物流房地产信托在美国拥有和租赁工业及物流物业，包括夏威夷欧胡岛工业用地的长期土地租赁。

地址：美国马萨诸塞州牛顿市

**3.1.95　公司名称：因梵托拉斯房地产公司**

英文名称：InvenTrust Properties Corp.

物业类型：零售房地产投资信托基金

公司类型：房地产投资信托基金

交易所：纽约证券交易所

上市状态：上市

股票代码：IVT

股价：26.43美元

市值：18.22亿美元

简介：因梵托拉斯房地产公司是一家重要的阳光地带多租户基本零售房地产投资信托基金公司，拥有、租赁、重新开发、收购和管理以杂货铺和社区中心以及高质量的电力中心。作为一家值得信赖的本地运营商，该公司为其租户提供房地产专业知识，并通过其产品组合在市场参与者中建立了良好的声誉。公司还致力于引领环境、社会和治理实践，自2018年以来一直是全球房地产可持续发展

---

① 1000英亩=4.047平方千米。

基准成员。截至 2021 年 9 月 30 日，该公司拥有和管理 63 处零售物业，包括 1060 万平方英尺的零售空间。

地址：美国伊利诺伊州唐纳斯格罗夫

### 3.1.96　公司名称：景顺抵押资本有限公司

英文名称：Invesco Mortgage Capital，Inc.
物业类型：抵押房地产投资信托基金
公司类型：房地产投资信托基金
交易所：纽约证券交易所
上市状态：上市
股票代码：IVR
股价：14.73 美元
市值：5.23 亿美元

简介：景顺抵押资本有限公司是一家专注于住宅和商业抵押贷款支持证券及抵押贷款融资和管理的抵押房地产投资信托基金公司。该公司由景顺顾问公司（景顺有限公司的子公司）进行外部管理和建议。

地址：美国佐治亚州亚特兰大

### 3.1.97　公司名称：邀请之家公司

英文名称：Invitation Homes，Inc.
物业类型：住宅房地产投资信托基金
公司类型：房地产投资信托基金
交易所：纽约证券交易所
上市状态：上市
股票代码：INVH
股价：35.82 美元
市值：222.50 亿美元

简介：邀请之家是美国重要的独栋房屋租赁公司，通过提供高质量的最新房屋来满足不断变化的生活方式需求。这些房屋具有靠近工作地点和容易进入好学校的优点。该公司致力于不断提高居民的居住体验。

地址：美国得克萨斯州达拉斯

### 3.1.98　公司名称：铁山公司

英文名称：Iron Mountain，Inc.

物业类型：专业房地产投资信托基金

公司类型：房地产投资信托基金

交易所：纽约证券交易所

上市状态：上市

股票代码：IRM

股价：44.84 美元

市值：137.60 亿美元

简介：铁山公司是存储和信息管理服务的全球领导者。该公司的物业组合包括记录管理、数据管理、文档管理、数据中心、艺术品存储和物流，以及安全粉碎，以帮助机构降低存储成本及更好地使用信息。

地址：美国马萨诸塞州波士顿

### 3.1.99　公司名称：艾斯达公司

英文名称：IStar

物业类型：抵押房地产投资信托基金

公司类型：房地产投资信托基金

交易所：纽约证券交易所

上市状态：上市

股票代码：STAR

股价：14.25 美元

市值：13.80 亿美元

简介：艾斯达公司融资、投资和开发房地产和房地产相关项目，作为其完全整合的投资平台的一部分。该公司为商业房地产带来了创新，并使其投资策略适应不断变化的市场条件。

地址：美国纽约州纽约

### 3.1.100　公司名称：JBG 史密斯公司

英文名称：JBG SMITH Properties

物业类型：多元化房地产投资信托基金

公司类型：房地产投资信托基金

交易所：纽约证券交易所

上市状态：上市

股票代码：JBGS

股价：23.84 美元

市值：30.57 亿美元

简介：JBG 史密斯公司是标准普尔中盘 400 指数成员，其拥有、经营、投资和开发的资产主要集中在华盛顿特区及其周边主要的城市填充子市场。该公司的混合用途经营组合包括大约 2000 万平方英尺的高品质办公、多户和零售物业，其中 98% 的物业在地铁沿线。该公司对场所营造的重视旨在推动整个物业组合的协同作用，创造设施完善、适宜步行的社区。该公司的未来开发计划包括超过 1800 万平方英尺的物业。

地址：美国马里兰州贝塞斯达

### 3.1.101　公司名称：基尔罗伊房地产公司

英文名称：Kilroy Realty Corporation
物业类型：办公房地产投资信托基金
公司类型：房地产投资信托基金
交易所：纽约证券交易所
上市状态：上市
股票代码：KRC
股价：51.79 美元
市值：62.20 亿美元

简介：基尔罗伊房地产公司是公开交易的房地产投资信托公司和标准普尔中盘 400 指数成员。该公司在开发、收购和管理办公和混合用途房地产资产方面拥有超过 70 年的经验。其提供促进创造力和生产力的物理工作环境，并为众多充满活力、创新驱动的租户提供服务，包括技术、娱乐、数字媒体和医疗保健公司。

地址：美国加利福尼亚州洛杉矶

### 3.1.102　公司名称：金科房地产公司

英文名称：Kimco Realty Corporation
物业类型：零售房地产投资信托基金
公司类型：房地产投资信托基金
交易所：纽约证券交易所
上市状态：上市
股票代码：KIM
股价：20.12 美元
市值：132.32 亿美元

简介：金科房地产公司是标准普尔500指数成员，也是北美最大的公开交易所有者和运营商，经营露天、杂货为主的购物中心和混合用途资产。该公司的投资组合主要集中在进入壁垒高的沿海市场和快速扩张的阳光地带城市。该公司还致力于在环境、社会和治理问题上发挥领导作用，是这些领域公认的行业领导者。公司于1991年在纽约证券交易所上市，公司成立50多年来一直专注于购物中心所有权、管理、收购和价值提升再开发等活动。

地址：美国纽约州杰里科

### 3.1.103　公司名称：凯特地产信托集团

英文名称：Kite Realty Group Trust
物业类型：零售房地产投资信托基金
公司类型：房地产投资信托基金
交易所：纽约证券交易所
上市状态：上市
股票代码：KRG
股价：17.56美元
市值：41.00亿美元

简介：凯特地产信托集团是一家全方位服务、垂直整合的房地产投资信托基金公司，为美国精选市场的社区购物中心提供所有权、运营、管理、租赁、收购、建设、再开发和开发服务。

地址：美国印第安纳州印第安纳波利斯

### 3.1.104　公司名称：KKR房地产金融信托公司

英文名称：KKR Real Estate Finance Trust, Inc.
物业类型：抵押房地产投资信托基金
公司类型：房地产投资信托基金
交易所：纽约证券交易所
上市状态：上市
股票代码：KREF
股价：17.97美元
市值：12.8亿美元

简介：KKR房地产金融信托公司是一家房地产金融公司，主要专注于发放和收购由机构质量的商业房地产担保的优先贷款，这些商业房地产由经验丰富、资本充足的赞助商拥有和运营，位于具有强大基础基本面的流动性市场中。其目标资产还包括夹层贷款、优先股和其他具有这些特征的债务工具。

地址：美国纽约州纽约

**3.1.105　公司名称：拉马尔广告公司**

英文名称：Lamar Advertising Company
物业类型：专业房地产投资信托基金
公司类型：房地产投资信托基金
交易所：纳斯达克证券交易所
上市状态：上市
股票代码：LAMR
股价：91.69 美元
市值：97.60 亿美元
简介：拉马尔广告公司是美国领先的户外广告房地产提供商。该公司专注于户外广告，100 多年来一直为客户提供创新的解决方案。

地址：美国路易斯安那州巴吞鲁日

**3.1.106　公司名称：生命存储有限公司**

英文名称：Life Storage, Inc.
物业类型：自助存储房地产投资信托
公司类型：房地产投资信托基金
交易所：纽约证券交易所
上市状态：上市
股票代码：LSI
股价：112.80 美元
市值：98.03 亿美元
简介：生命存储有限公司是一家自我管理和自我经营的房地产投资信托基金公司，从事收购和管理自助存储设施的业务。

地址：美国纽约州布法罗

**3.1.107　公司名称：LTC 房地产公司**

英文名称：LTC Properties, Inc.
物业类型：医疗保健房地产投资信托基金
公司类型：房地产投资信托基金
交易所：纽约证券交易所

上市状态：上市

股票代码：LTC

股价：39.86美元

市值：15.45亿美元

简介：LTC房地产公司主要通过售后回租[①]交易、抵押贷款融资、合资企业、优先股和夹层贷款等方式投资老年人住房和医疗保健物业。

地址：美国加利福尼亚州西湖村

### 3.1.108　公司名称：莱星顿置业信托

英文名称：LXP Industrial Trust

物业类型：工业房地产投资信托基金

公司类型：房地产投资信托基金

交易所：纽约证券交易所

上市状态：上市

股票代码：LXP

股价：10.35美元

市值：29.81亿美元

简介：莱星顿置业信托公司是优质工业房地产的积极收购者、所有者、开发商和运营商。该公司的不动产主要是仓库/配送物业，位于美国阳光地带和中西部具有高增长潜力的主要物流市场。公司试图通过收购、开发、定制建造和售后回租交易来扩大其工业房地产组合。

地址：美国纽约州纽约

### 3.1.109　公司名称：MAA公司

英文名称：Mid-America Apartment Communities, Inc.

物业类型：住宅房地产投资信托基金

公司类型：房地产投资信托基金

交易所：纽约证券交易所

上市状态：上市

股票代码：MAA

股价：167.49美元

市值：197.89亿美元

---

① 　售后回租（Sale-Leaseback）是一种交易安排，即公司卖出物业后可以从其购买者手中租赁该物业。

简介：MAA 公司是标准普尔 500 指数成员，主要在美国阳光地带的优质公寓社区的所有权、管理、收购、开发和再开发为股东提供全周期和卓越的投资业绩。

地址：美国田纳西州日耳曼敦

### 3.1.110　公司名称：麦彻瑞公司

英文名称：The Macerich Company
物业类型：零售房地产投资信托基金
公司类型：房地产投资信托基金
交易所：纽约证券交易所
上市状态：上市
股票代码：MAC
股价：9.28 美元
市值：21.98 亿美元

简介：麦彻瑞公司是标准普尔 500 指数成员，是美国主要零售房地产的重要所有者、运营商和开发商之一。其投资组合包括在人口密集的且进入壁垒高的美国市场的物业。

地址：美国加利福尼亚州圣莫尼卡

### 3.1.111　公司名称：奖牌多元化房地产投资信托公司

英文名称：Medalist Diversified REIT, Inc.
物业类型：多元化房地产投资信托基金
公司类型：房地产投资信托基金
交易所：纳斯达克证券交易所
上市状态：上市
股票代码：MDRR
股价：0.86 美元
市值：0.138 亿美元

简介：奖牌多元化房地产投资信托公司成立的目的是收购、重新布置、翻新、租赁和管理创收物业，主要关注：商业物业、多户住宅物业，以及酒店物业。该公司投资主要集中在弗吉尼亚州、北卡罗来纳州、南卡罗来纳州、佐治亚州、佛罗里达州和亚拉巴马州的美国东南部二级和三级市场的房地产。公司由位于弗吉尼亚州的奖牌基金管理公司进行外部管理和建议。

地址：美国弗吉尼亚州里士满

### 3.1.112　公司名称：医疗房地产信托有限公司

英文名称：Medical Properties Trust, Inc.
物业类型：医疗保健房地产投资信托基金
公司类型：房地产投资信托基金
交易所：纽约证券交易所
上市状态：上市
股票代码：MPW
股价：15.77 美元
市值：96.74 亿美元
简介：医疗房地产信托有限公司，为美国和其他国家的医院提供资金。截至 2022 年，该公司是美国第二大非政府医院所有者。公司的融资模式允许医院所有者释放其基础房地产的价值，主要通过售后回租交易。
地址：美国阿拉巴马州伯明翰

### 3.1.113　公司名称：MFA 金融有限公司

英文名称：MFA Financial, Inc.
物业类型：抵押房地产投资信托基金
公司类型：房地产投资信托基金
交易所：纽约证券交易所
上市状态：上市
股票代码：MFA
股价：11.21 美元
市值：11.70 亿美元
简介：MFA 金融有限公司是一家自我建议的房地产投资信托基金公司，主要以杠杆方式投资住宅抵押贷款支持证券。此外，该公司还投资于居民整体贷款和与抵押服务权相关的资产。MFA 金融有限公司成立于 1997 年，总部位于纽约。
地址：美国纽约州纽约

### 3.1.114　公司名称：莫迪夫有限公司

英文名称：Modiv, Inc.
物业类型：多元化房地产投资信托基金
公司类型：房地产投资信托基金
交易所：纽约证券交易所

上市状态：上市

股票代码：MDV

股价：15.51美元

市值：1.16亿美元

简介：莫迪夫有限公司是一家公开交易的房地产投资信托基金公司，收购、拥有和管理美国各地的单租户净租赁工业、零售和办公房地产，关注具有重要战略意义和关键任务的房地产。在创新、投资者至上和经验丰富的管理团队的推动下，公司通过众筹创建了一只5亿美元的房地产基金，拥有230万平方英尺的创收房地产。

地址：美国加利福尼亚州纽波特比奇

### 3.1.115　公司名称：国家健康投资有限公司

英文名称：National Health Investors, Inc.

物业类型：医疗保健房地产投资信托基金

公司类型：房地产投资信托基金

交易所：纽约证券交易所

上市状态：上市

股票代码：NHI

股价：60.86美元

市值：27.98亿美元

简介：国家健康投资有限公司专门从事需求驱动和可自由支配的高级住房与医疗投资的售后回租、合资企业、抵押贷款和夹层融资。该公司的投资组合包括独立、辅助和记忆护理[①]社区、入场费社区[②]、专业护理机构、医疗办公楼和专科医院。

地址：美国田纳西州默弗里斯伯勒

### 3.1.116　公司名称：NNN房地产投资信托公司

英文名称：NNN REIT, Inc.

物业类型：零售房地产投资信托基金

公司类型：房地产投资信托基金

交易所：纽约证券交易所

上市状态：上市

---

① 记忆护理（Memory Care）指的是为阿兹海默症患者提供特殊护理的医疗服务。

② 入场费社区（Entrance-Fee Community）指的是收取入场费用的养老社区。

股票代码：NNN

股价：44.34 美元

市值：80.25 亿美元

简介：NNN 房地产投资信托公司是一家零售房地产投资信托基金公司，主要投资于拥有长期净租约的优质房地产。

地址：美国佛罗里达州奥兰多

**3.1.117　公司名称：国家存储附属公司**

英文名称：National Storage Affiliates Trust

物业类型：自助存储房地产投资信托

公司类型：房地产投资信托基金

交易所：纽约证券交易所

上市状态：上市

股票代码：NSA

股价：49.75 美元

市值：47.00 亿美元

简介：国家存储附属公司是一家自我管理、自我经营的房地产投资信托基金公司，致力于拥有、运营和收购位于高增长市场的优质区域自助仓储设施。

地址：美国科罗拉多州格林伍德村

**3.1.118　公司名称：NETST 房地产投资信托**

英文名称：NETSTREIT Corp.

物业类型：零售房地产投资信托基金

公司类型：房地产投资信托基金

交易所：纽约证券交易所

上市状态：上市

股票代码：NTST

股价：20.69 美元

市值：9.76 亿美元

简介：NETST 房地产投资信托专门收购全国范围内的单租户净租赁零售物业。该公司不断增长的投资组合包括高质量的单租户房地产，净租赁给具有健康资产负债表的线下商务租户。公司由经验丰富的商业房地产高管组成的强大管理团队领导，旨在创建该国最高质量的净租赁零售组合。

地址：美国得克萨斯州达拉斯

**3.1.119　公司名称：新住宅投资公司**

英文名称：New Residential Investment Corporation
物业类型：抵押房地产投资信托基金
公司类型：房地产投资信托基金
交易所：纽约证券交易所
上市状态：上市
股票代码：NRZ
股价：9.64 美元
市值：47.60 亿美元
简介：新住宅投资公司专注于投资并积极管理住宅房地产相关的金融资产。
地址：美国纽约州纽约

**3.1.120　公司名称：美国策略投资公司**

英文名称：American Strategic Investment Co.
物业类型：办公房地产投资信托基金
公司类型：房地产投资信托基金
交易所：纽约证券交易所
上市状态：上市
股票代码：NYC
股价：4.39 美元
市值：0.57 亿美元
简介：美国策略投资公司是一家公开发行但不在证券交易所交易的房地产投资信托基金公司，旨在收购纽约市五个区（尤其是曼哈顿）内的高质量商业房地产。
地址：美国纽约州纽约

**3.1.121　公司名称：激励点房地产金融公司**

英文名称：NexPoint Real Estate Finance, Inc.
物业类型：抵押房地产投资信托基金
公司类型：房地产投资信托基金
交易所：纽约证券交易所
上市状态：上市
股票代码：NREF

股价：21.16 美元

市值：3.15 亿美元

简介：激励点房地产金融公司是一家公开交易的抵押贷款房地产投资信托基金公司。该公司主要专注于房地产领域的投资，其高级管理团队拥有运营专业知识，主要运营独栋租赁和自助仓储物业。该公司专注于贷款或投资稳定/具有"轻度过渡"商业计划的物业。该公司由激励点房地产顾问公司进行外部管理，该顾问公司附属于一家拥有丰富的房地产和固定收益经验的，在美国证券交易委员会注册的投资顾问公司——激励点顾问公司。

地址：美国得克萨斯州达拉斯

**3.1.122　公司名称：激励点住宅信托有限公司**

英文名称：NexPoint Residential Trust, Inc.

物业类型：住宅房地产投资信托基金

公司类型：房地产投资信托基金

交易所：纽约证券交易所

上市状态：上市

股票代码：NXRT

股价：59.39 美元

市值：15.95 亿美元

简介：激励点住宅信托有限公司主要专注于收购、拥有和运营美国东南部和西南部大城市位置优越、中等收入、多户且具有增值潜力的房产。

地址：美国得克萨斯州达拉斯

**3.1.123　公司名称：办公房地产收入信托**

英文名称：Office Properties Income Trust

物业类型：办公房地产投资信托基金

公司类型：房地产投资信托基金

交易所：纳斯达克证券交易所

上市状态：上市

股票代码：OPI

股价：20.31 美元

市值：9.95 亿美元

简介：办公房地产收入信托专注于拥有、经营和租赁建筑物，主要出租给单租户和那些具有高信用特征的租户，如政府机构。

地址：美国马萨诸塞州牛顿

**3.1.124　公司名称：欧米茄医疗保健投资公司**

英文名称：Omega Healthcare Investors, Inc.
物业类型：医疗保健房地产投资信托基金
公司类型：房地产投资信托基金
交易所：纽约证券交易所
上市状态：上市
股票代码：OHI
股价：30.40 美元
市值：71.51 亿美元

简介：欧米茄医疗保健投资公司是一家三重净租赁房地产投资信托基金公司，也是融资和资本支持专业护理机构和辅助生活设施运营商。该公司与美国和英国超过 65 家关注未来和以增长为导向的运营商合作。

地址：美国马里兰州亨特谷

**3.1.125　公司名称：壹自由房地产公司**

英文名称：One Liberty Properties, Inc.
物业类型：多元化房地产投资信托基金
公司类型：房地产投资信托基金
交易所：纽约证券交易所
上市状态：上市
股票代码：OLP
股价：25.82 美元
市值：5.54 亿美元

简介：壹自由房地产公司是一家自我管理和自我经营的房地产投资信托基金公司。该公司收购、拥有和管理零售、工业、餐饮、健康和健身以及剧院物业组成的地理多元化投资组合。

地址：美国纽约州大颈镇

**3.1.126　公司名称：猎户座办公房地产投资信托公司**

英文名称：Orion Office REIT, Inc.
物业类型：办公房地产投资信托基金
公司类型：房地产投资信托基金

交易所：纽约证券交易所

上市状态：上市

股票代码：ONL

股价：10.26 美元

市值：6.19 亿美元

简介：猎户座办公房地产投资信托公司专注于拥有、收购和管理公司总部办公楼的多元化投资组合。该公司的投资组合主要以单租户净租赁的方式租赁给信誉良好的租户。

地址：美国亚利桑那州凤凰城

**3.1.127　公司名称：坦率媒体公司**

英文名称：Outfront Media, Inc.

物业类型：专业房地产投资信托基金

公司类型：房地产投资信托基金

交易所：纽约证券交易所

上市状态：上市

股票代号：OUT

股价：16.86 美元

市值：28.70 亿美元

简介：坦率媒体公司通过北美最大和最多元化的广告牌、交通和移动资产将品牌与消费者联系起来。通过智能媒体平台，该公司实施数字技术从根本上改变广告商吸引移动用户的方式。

地址：美国纽约州纽约

**3.1.128　公司名称：派拉蒙集团有限公司**

英文名称：Paramount Group, Inc.

物业类型：办公房地产投资信托基金

公司类型：房地产投资信托基金

交易所：纽约证券交易所

上市状态：上市

股票代码：PGRE

股价：7.15 美元

市值：16.43 亿美元

简介：派拉蒙集团有限公司是一家完全一体化的房地产投资信托公司，拥有、经营、管理、收购和重新开发位于纽约、华盛顿哥伦比亚特区和旧金山的精选中央商务区子市场的高质量甲级办公物业。该公司专注于最大化其投资组合的价值，利用其资产的抢手位置及成熟的物业管理能力来吸引和留住高质量的租户。

地址：美国纽约州纽约

### 3.1.129　公司名称：公园酒店及度假村

英文名称：Park Hotels & Resorts, Inc.
物业类型：酒店房地产投资信托
公司类型：房地产投资信托基金
交易所：纽约证券交易所
上市状态：上市
股票代码：PK
股价：13.86 美元
市值：34.20 亿美元
简介：公园酒店及度假村是一家领先的住宿房地产投资信托基金公司，拥有多元化的酒店和度假村投资组合。

地址：美国弗吉尼亚州泰森斯

### 3.1.130　公司名称：卵石溪酒店信托

英文名称：Pebblebrook Hotel Trust
物业类型：酒店房地产投资信托
公司类型：房地产投资信托基金
交易所：纽约证券交易所
上市状态：上市
股票代码：PEB
股价：17.61 美元
市值：25.00 亿美元
简介：卵石溪酒店信托是一家公开交易的房地产投资信托基金公司，旨在抓住机会收购和投资主要门户城市市场的高端、全方位服务酒店。

地址：美国马里兰州贝塞斯达

### 3.1.131　公司名称：菲利普斯·爱迪生公司

英文名称：Phillips Edison & Company, Inc.

物业类型：零售房地产投资信托基金
公司类型：房地产投资信托基金
交易所：纳斯达克证券交易所
上市状态：上市
股票代码：PECO
股价：59.39 美元
市值：38.66 亿美元

简介：菲利普斯·爱迪生公司是美国较大的以杂货为主的全渠道社区购物中心的所有者和经营者之一。该公司成立于 1991 年，专注于创造全渠道连锁超市的购物体验，通过其垂直整合的运营平台和遍布全国的购物中心，取得了良好的业绩。该公司购物中心的特点是拥有全国性和地区性的零售商，在全美基本面强劲的市场上提供必需品和服务。该公司的顶级连锁超市包括克罗格（Kroger）、帕布利斯（Publix）、艾伯特森和阿豪德尔海泽。

地址：美国俄亥俄州辛辛那提

### 3.1.132 公司名称：医师不动产信托

英文名称：Physicians Realty Trust
物业类型：医疗保健房地产投资信托基金
公司类型：房地产投资信托基金
交易所：纽约证券交易所
上市状态：上市
股票代码：DOC
股价：16.83 美元
市值：37.51 亿美元

简介：医师不动产信托是一家医疗保健房地产投资信托基金公司，该公司致力于提供专业的医疗保健技术。公司利用其长期的行业关系来寻找和维持行业内高质量的物业和租户。

地址：美国威斯康星州密尔沃基

### 3.1.133 公司名称：皮埃蒙特办公房地产信托公司

英文名称：Piedmont Office Realty Trust, Inc.
物业类型：办公房地产投资信托基金
公司类型：房地产投资信托基金
交易所：纽约证券交易所

上市状态：上市

股票代码：PDM

股价：12.89 美元

市值：16.61 亿美元

简介：皮埃蒙特办公房地产信托公司是一家完全整合和自我管理的房地产投资信托基金公司，专注于拥有和管理美国七大写字楼市场（即亚特兰大、波士顿、达拉斯、明尼阿波利斯、纽约、奥兰多和华盛顿哥伦比亚特区）中精选子市场的高质量甲级写字楼。

地址：美国佐治亚州亚特兰大

### 3.1.134 公司名称：普利茅斯工业房地产投资信托公司

英文名称：Plymouth Industrial REIT, Inc.

物业类型：工业房地产投资信托基金

公司类型：房地产投资信托基金

交易所：纽约证券交易所

上市状态：上市

股票代码：PLYM

股价：17.53 美元

市值：7.28 亿美元

简介：普利茅斯工业房地产投资信托公司是一家全方位服务的房地产投资公司，是垂直整合、自我管理和自我经营的房地产投资信托基金，专注于单租户和多租户工业物业的收购、所有权和管理，包括主要位于美国二级市场和精选一级市场的配送中心、仓库和轻工业物业。该公司致力于收购物业，通过物业翻新、资本改善和重组租户租约来提供当前运营收入和提高股东价值的机会。

地址：美国马萨诸塞州波士顿

### 3.1.135 公司名称：邮政房地产信托公司

英文名称：Postal Realty Trust, Inc.

物业类型：专业房地产投资信托基金

公司类型：房地产投资信托基金

交易所：纽约证券交易所

上市状态：上市

股票代码：PSTL

股价：15.21 美元

市值：2.93 亿美元

简介：邮政房地产信托公司是一家内部管理的房地产投资信托公司，拥有并管理大约1400处租赁给美国邮政管理局（USPS）的物业。公司的投资组合由位于49个州的1004个邮政物业组成，可出租的内部净面积约为4567000平方英尺。该公司通过其纳税的房地产投资信托基金的子公司，还为租赁给美国邮政管理局的397处邮政物业提供收费的第三方管理服务，这些邮政物业由该公司首席执行官的家庭成员及其合伙人拥有。

地址：美国纽约州西达赫斯特

### 3.1.136　公司名称：波特拉奇三角公司

英文名称：PotlatchDeltic Corp.
物业类型：林业房地产投资信托基金
公司类型：房地产投资信托基金
交易所：纳斯达克证券交易所
上市状态：上市
股票代码：PCH
股价：44.88 美元
市值：32.44 亿美元

简介：波特拉奇三角公司在亚拉巴马州、阿肯色州、爱达荷州、路易斯安那州、明尼苏达州和密西西比州拥有近190万英亩林地。公司是可持续森林实践的领导者，致力于通过长期管理其森林资源为股东提供卓越的回报。

地址：美国华盛顿州斯波坎市

### 3.1.137　公司名称：首选公寓社区公司

英文名称：Preferred Apartment Communities, Inc.
物业类型：住宅房地产投资信托基金
公司类型：房地产投资信托基金
交易所：纽约证券交易所
上市状态：上市
股票代码：APTS
股价：25.00 美元
市值：58.00 亿美元

简介：首选公寓社区公司是一家差异化的房地产投资信托基金公司，专注于创造股息增长和股东总回报，为美国增长市场中的甲级多户物业、杂货零售、办公楼和学生住宅物业的投资组合提供支持。

地址：美国佐治亚州亚特兰大

### 3.1.138　公司名称：PREIT 公司

英文名称：PREIT
物业类型：零售房地产投资信托基金
公司类型：房地产投资信托基金
交易所：纽约证券交易所
上市状态：上市
股票代码：PEI
股价：4.10 美元
市值：0.25 亿美元

简介：PREIT 公司的零售物业包含超过 1960 万平方英尺的零售空间，集中在两个美国前十的都会区。自 2012 年以来，该公司通过强调由严格的资本支出驱动的投资组合质量和资产负债表结构，推动了转型。

地址：美国宾夕法尼亚州费城

### 3.1.139　公司名称：安博有限公司

英文名称：Prologis, Inc.
物业类型：工业房地产投资信托基金
公司类型：房地产投资信托基金
交易所：纽约证券交易所
上市状态：上市
股票代码：PLD
股价：119.20 美元
市值：992.15 亿美元

简介：安博有限公司是物流房地产的全球领导者，专注于高壁垒、高增长的市场。该公司向大约 5200 名多元化的客户出租现代分销设施。这些客户主要分为两大类：企业对企业（B2B）和零售/线上电子商务（B2C）。

地址：美国加利福尼亚州旧金山

### 3.1.140　公司名称：PS 商业园有限公司

英文名称：PS Business Parks, Inc.
物业类型：工业房地产投资信托基金

公司类型：房地产投资信托基金

交易所：纽约证券交易所

上市状态：上市

股票代码：PSB

股价：187.38 美元

市值：51.79 亿美元

简介：PS 商业园有限公司专注于在美国加利福尼亚州、佛罗里达州、马里兰州、得克萨斯州、弗吉尼亚州和华盛顿州提供商业多租户办公室/仓库、办公室和工业空间的租赁服务。

地址：美国加利福尼亚州格伦代尔

### 3.1.141　公司名称：公共存储公司

英文名称：Public Storage

物业类型：自助存储房地产投资信托

公司类型：房地产投资信托基金

交易所：纽约证券交易所

上市状态：上市

股票代码：PSA

股价：308.96 美元

市值：554.69 亿美元

简介：公共存储公司是标准普尔 500 指数和英国《金融时报》全球 500 强的成员，是一家完全整合、自我管理和自我经营的房地产投资信托基金公司，主要收购、开发、拥有和运营自助存储设施。

地址：美国加利福尼亚州格伦代尔

### 3.1.142　公司名称：瑞安有限公司

英文名称：Rayonier, Inc.

物业类型：林业房地产投资信托基金

公司类型：房地产投资信托基金

交易所：纽约证券交易所

上市状态：上市

股票代码：RYN

股价：34.41 美元

市值：52.92 亿美元

简介：瑞安有限公司是一家领先的林业房地产投资信托基金公司，资产位于美国和新西兰一些最具生产力的软木木材种植区。

地址：美国佛罗里达州维尔德莱特

### 3.1.143　公司名称：房地产收入公司

英文名称：Realty Income Corporation
物业类型：零售房地产投资信托基金
公司类型：房地产投资信托基金
交易所：纽约证券交易所
上市状态：上市
股票代码：O
股价：69.47 美元
市值：422.62 亿美元

简介：房地产收入公司是标准普尔 500 指数成员，其主要业务目标是产生可靠的每月现金分红，并随着时间的推移而增加。该公司月度股息由分布在美国 49 个州、波多黎各和英国的多元化资产组合的现金流支撑。

地址：美国加利福尼亚州圣地亚哥

### 3.1.144　公司名称：摄政中心公司

英文名称：Regency Centers Corporation
物业类型：零售房地产投资信托基金
公司类型：房地产投资信托基金
交易所：纳斯达克证券交易所
上市状态：上市
股票代码：REG
股价：60.68 美元
市值：108.85 亿美元

简介：摄政中心公司是位于最具吸引力的美国市场的主要杂货零售中心的所有者、运营商和开发商。

地址：美国佛罗里达州杰克逊维尔

### 3.1.145　公司名称：雷克斯工业地产公司

英文名称：Rexford Industrial Realty, Inc.
物业类型：工业房地产投资信托基金

公司类型：房地产投资信托基金

交易所：纽约证券交易所

上市状态：上市

股票代码：REXR

股价：58.84 美元

市值：101.57 亿美元

简介：雷克斯工业地产公司是一家领先的南加州工业房地产投资公司，专注于通过收购、管理和翻新填充工业地产来创造价值。

地址：美国加利福尼亚州洛杉矶

**3.1.146　公司名称：RLJ 住宿信托**

英文名称：RLJ Lodging Trust

物业类型：酒店房地产投资信托

公司类型：房地产投资信托基金

交易所：纽约证券交易所

上市状态：上市

股票代码：RLJ

股价：11.62 美元

市值：20.24 亿美元

简介：RLJ 住宿信托是一家自我建议、公开交易的房地产投资信托公司，主要拥有优质品牌、高利润、专注服务和紧凑型全方位服务的酒店。

地址：美国马里兰州贝塞斯达

**3.1.147　公司名称：RPT 房地产公司**

英文名称：RPT Realty

物业类型：零售房地产投资信托基金

公司类型：房地产投资信托基金

交易所：纽约证券交易所

上市状态：上市

股票代码：RPT

股价：1.595 美元

市值：9.09 亿美元

简介：RPT 房地产公司是一家公开交易的房地产投资信托基金公司，拥有并经营位于美国顶级市场的全国露天购物广场投资组合。该公司在美国当地策划的消费者体验反映了不同社区的生活方式，并符合其零售合作伙伴的现代期望。

地址：美国纽约州纽约

### 3.1.148 公司名称：瑞曼酒店房地产公司

英文名称：Ryman Hospitality Properties, Inc.
物业类型：酒店房地产投资信托
公司类型：房地产投资信托基金
交易所：纽约证券交易所
上市状态：上市
股票代码：RHP
股价：80.33 美元
市值：46.96 亿美元
简介：瑞曼酒店房地产公司专注于城市和度假市场中面向团体的目的地酒店资产。该公司拥有的资产包括由万豪国际有限公司以盖洛德酒店（Gaylord Hotel）品牌管理的高档会议度假酒店网络。该公司还拥有和经营媒体和娱乐资产，包括大奥普里剧院。

地址：美国田纳西州纳什维尔

### 3.1.149 公司名称：萨布拉医疗保健房地产投资信托公司

英文名称：Sabra Health Care REIT, Inc.
物业类型：医疗保健房地产投资信托基金
公司类型：房地产投资信托基金
交易所：纳斯达克证券交易所
上市状态：上市
股票代码：SBRA
股价：14.46 美元
市值：33.79 亿美元
简介：萨布拉医疗保健房地产投资信托公司是一家自我管理、自我经营的房地产投资信托基金公司，其子公司拥有并投资医疗保健行业服务的房地产。

地址：美国加利福尼亚州欧文市

### 3.1.150 公司名称：安全持有公司

英文名称：Safehold, Inc.
物业类型：专业房地产投资信托基金

公司类型：房地产投资信托基金

交易所：纽约证券交易所

上市状态：上市

股票代码：SAFE

股价：39.40美元

市值：25.20亿美元

简介：安全持有公司是第一家专注于获取、拥有、管理和资本化土地租赁的上市公司。该公司通过建立高质量土地租赁的多元化投资组合，为股东提供安全的、不断增长的收入和资本增值。该公司由其最大股东艾斯达公司（iStar Inc.）管理。

地址：美国纽约州纽约

### 3.1.151 公司名称：索尔中心有限公司

英文名称：Saul Centers, Inc.

物业类型：零售房地产投资信托基金

公司类型：房地产投资信托基金

交易所：纽约证券交易所

上市状态：上市

股票代码：BFS

股价：47.28美元

市值：11.59亿美元

简介：索尔中心有限公司是一家自我管理、自我经营的房地产投资信托基金公司，经营和管理社区购物中心及社区办公物业的房地产投资组合。该公司约80%的现金流来自华盛顿哥伦比亚特区和巴尔的摩郊区的房产。

地址：美国马里兰州贝塞斯达

### 3.1.152 公司名称：SBA通信公司

英文名称：SBA Communications Corporation

物业类型：高科技房地产投资信托基金

公司类型：房地产投资信托基金

交易所：纳斯达克证券交易所

上市状态：上市

股票代码：SBAC

股价：313.51美元

市值：339.51亿美元

简介：SBA通信公司是北美洲、中美洲、南美洲和南非共和国无线通信基础设施的所有者和运营商。该公司专注于根据长期租赁合同，将其多租户塔上的天线空间租赁给各种无线服务提供商。

地址：美国佛罗里达州波卡拉顿

### 3.1.153  公司名称：塞利塔奇增长房地产公司

英文名称：Seritage Growth Properties
物业类型：零售房地产投资信托基金
公司类型：房地产经营公司（REOC）
交易所：纽约证券交易所
上市状态：上市
股票代码：SRG
股价：12.00美元
市值：5.53亿美元

简介：塞利塔奇增长房地产公司是一家自我管理、自我经营的零售房地产投资信托基金公司，拥有230个全资物业和28个合资物业，总面积超过4000万平方英尺。

地址：美国纽约州纽约

### 3.1.154  公司名称：服务房地产信托

英文名称：Service Properties Trust
物业类型：酒店房地产投资信托
公司类型：房地产投资信托基金
交易所：纳斯达克证券交易所
上市状态：上市
股票代码：SVC
股价：6.30美元
市值：11.06亿美元

简介：服务房地产信托投资超过120亿美元于酒店和以服务为重点的零售净租赁物业两个资产类别。该公司在美国等地拥有300多家酒店，超过48000间客房，其中大多数提供长期入住和精选服务。该公司在美国拥有近800个以零售服务为主的净租赁物业，总面积超过1300万平方英尺。该公司由RMR集团的运营子公司管理，管理着超过320亿美元的资产，在购买、销售、融资和运营商业房地产方面拥有超过35年的机构经验。

地址：美国马萨诸塞州牛顿

**3.1.155　公司名称：七山房地产信托**

英文名称：Seven Hills Realty Trust
物业类型：抵押房地产投资信托基金
公司类型：房地产投资信托基金
交易所：纳斯达克证券交易所
上市状态：上市
股票代码：SEVN
股价：10.79美元
市值：1.60亿美元

简介：七山房地产信托是一家房地产金融公司，提供并投资由中间市场和过渡商业房地产担保的第一按揭贷款。该公司由RMR集团有限责任公司的全资子公司特里蒙特房地产资本（Tremont Realty Capital）管理。RMR集团有限责任公司是一家另类资产管理公司，由RMR集团公司控股。

地址：美国马萨诸塞州牛顿

**3.1.156　公司名称：西蒙房地产集团有限公司**

英文名称：Simon Property Group, Inc.
物业类型：零售房地产投资信托基金
公司类型：房地产投资信托基金
交易所：纽约证券交易所
上市状态：上市
股票代码：SPG
股价：98.64美元
市值：339.98亿美元

简介：西蒙房地产集团有限公司拥有顶级购物、餐饮、娱乐和综合用途目的地的所有权，是标准普尔100指数成员。该公司不仅拥有陶布曼房地产集团（The Taubman Realty Group）80%的股份，陶布曼房地产集团在美国和亚洲拥有24个区域、超级区域和折扣商场；还拥有克莱皮埃尔公司22.4%的股权，克莱皮埃尔（Klépierre）是一家总部位于巴黎的上市房地产公司，在15个欧洲国家拥有购物中心。该公司遍布北美洲、欧洲和亚洲的物业，每天为数百万人提供社区聚会场所，年销售额达数十亿美元。

地址：美国印第安纳州印第安纳波利斯

### 3.1.157　公司名称：塞特中心公司

英文名称：SITE Centers Corp.
物业类型：零售房地产投资信托基金
公司类型：房地产投资信托基金
交易所：纽约证券交易所
上市状态：上市
股票代码：SITC
股价：13.43美元
市值：29.91亿美元
简介：塞特中心公司是一家总部位于美国的自我管理的房地产投资信托基金公司，也是一家完全整合的房地产公司。该公司是露天购物中心的所有者和管理者，为零售合作伙伴和消费者提供引人注目的购物体验和商品组合。
地址：美国俄亥俄州比奇伍德

### 3.1.158　公司名称：SL格林不动产公司

英文名称：SL Green Realty Corp.
物业类型：办公房地产投资信托基金
公司类型：房地产投资信托基金
交易所：纽约证券交易所
上市状态：上市
股票代码：SLG
股价：46.44美元
市值：31.32亿美元
简介：SL格林不动产公司是纽约市最大的写字楼业主，是一家完全整合的房地产投资信托基金公司，主要专注于收购、管理曼哈顿商业地产并实现其价值最大化。
地址：美国纽约州纽约

### 3.1.159　公司名称：索瑟利酒店有限公司

英文名称：Sotherly Hotels, Inc.
物业类型：酒店房地产投资信托
公司类型：房地产投资信托基金

交易所：纳斯达克证券交易所
上市状态：上市
股票代码：SOHO
股价：1.96 美元
市值：0.36 亿美元
简介：索瑟利酒店有限公司是一家自我管理、自我经营的住宿房地产投资信托基金公司，专注于美国南部高档至超高档全方位服务酒店的收购、翻新、品牌升级和重新布置。
地址：美国弗吉尼亚州威廉斯堡

**3.1.160　公司名称：斯皮瑞特地产资本**

英文名称：Spirit Realty Capital，Inc.
物业类型：零售房地产投资信托基金
公司类型：房地产投资信托基金
交易所：纽约证券交易所
上市状态：上市
股票代码：SRC
股价：40.83 美元
市值：56.4 亿美元
简介：斯皮瑞特地产资本是美国较大的三重净租赁房地产投资信托基金公司之一。该公司投资于单租户、精简运营的独立房地产设施。公司的租户在这些设施中开展对发展有利的活动。
地址：美国得克萨斯州达拉斯

**3.1.161　公司名称：雄鹿工业公司**

英文名称：Stag Industrial，Inc.
物业类型：工业房地产投资信托基金
公司类型：房地产投资信托基金
交易所：纽约证券交易所
上市状态：上市
股票代码：STAG
股价：29.53 美元
市值：55.75 亿美元
简介：雄鹿工业公司专注于收购和经营美国各地的单租户工业物业。通过瞄准这类物业，该公司制定了一项投资战略，帮助投资者找到收入与增长之间的平衡。

地址：美国马萨诸塞州波士顿

### 3.1.162　公司名称：喜达屋房地产信托公司

英文名称：Starwood Property Trust, Inc.
物业类型：抵押房地产投资信托基金
公司类型：房地产投资信托基金
交易所：纽约证券交易所
上市状态：上市
股票代码：STWD
股价：21.60 美元
市值：69.30 亿美元

简介：喜达屋房地产信托公司是全球私人投资公司喜达屋资本集团的子公司，是美国最大的商业抵押房地产投资信托基金公司。该公司专注于发起、收购、融资和管理商业抵押贷款以及其他商业房地产债务和股权投资，该公司也是美国最大的商业抵押贷款专门服务商。自成立以来，公司的总资本超过 370 亿美元，未来需要继续巩固其作为美国重要房地产金融公司的地位。

地址：美国康涅狄格州格林威治

### 3.1.163　公司名称：商店资本公司

英文名称：Store Capital Corporation
物业类型：零售房地产投资信托基金
公司类型：房地产投资信托基金
交易所：纽约证券交易所
上市状态：上市
股票代码：STOR
股价：26.65 美元
市值：76.59 亿美元

简介：商店资本公司是一家内部管理的净租赁房地产投资信托基金公司，在单租户经营性房地产的收购、投资和管理方面处于领先地位。单租户经营性房地产既是其目标市场，也是其公司名称的灵感来源。

地址：美国亚利桑那州斯科茨代尔

### 3.1.164　公司名称：草莓地房地产投资信托

英文名称：Strawberry Fields REIT

物业类型：医疗保健房地产投资信托基金
公司类型：房地产投资信托基金
交易所：纳斯达克证券交易所
上市状态：放弃上市
股票代码：STRW
股价：未知
市值：0.372 亿美元
简介：草莓地房地产投资信托是一家自我管理和自我经营的公司，专门从事专业护理设施和其他急性期后护理，以及①医疗保健物业的收购、拥有和三重净租赁。该公司的物业组合由 79 处医疗保健物业组成，共有 10426 张注册床位。该公司拥有其中 78 处房产的所有权和一处长期租赁的房产。这些房产位于阿肯色州、伊利诺伊州、印第安纳州、肯塔基州、密歇根州、俄亥俄州、俄克拉何马州、田纳西州和得克萨斯州。公司的 79 处物业由 85 个医疗设施组成，包括 74 家独立的专业护理机构、四个两用设施（既用作专业护理设施，也用作长期急症治疗医院）和三个疗养院。
地址：美国印第安纳州南本德

### 3.1.165　公司名称：**峰会酒店房地产有限公司**

英文名称：Summit Hotel Properties, Inc.
物业类型：酒店房地产投资信托
公司类型：房地产投资信托基金
交易所：纽约证券交易所
上市状态：上市
股票代码：INN
股价：7.55 美元
市值：8.43 亿美元
简介：峰会酒店房地产有限公司是一家专注于拥有优质品牌酒店的房地产投资信托基金公司，主要在酒店业的高端领域进行高效的运营。
地址：美国得克萨斯州奥斯汀

### 3.1.166　公司名称：**太阳社区有限公司**

英文名称：Sun Communities, Inc.

---

① 急性期后护理（Post-Acute Care）是一种针对急性病患者的医疗辅助护理，为出院后的急性病患者提供辅助性质的医疗保健服务。

物业类型：住宅房地产投资信托基金

公司类型：房地产投资信托基金

交易所：纽约证券交易所

上市状态：上市

股票代码：SUI

股价：159.17 美元

市值：190.92 亿美元

简介：太阳社区有限公司是一家完全整合的房地产投资信托基金公司。该公司自1975年以来一直从事收购、运营、开发和扩大装配式住宅和房车社区的业务，自2020年以来开始从事游艇码头的业务。

地址：美国密歇根州绍斯菲尔德

### 3.1.167　公司名称：太阳石酒店投资公司

英文名称：Sunstone Hotel Investors, Inc.

物业类型：酒店房地产投资信托

公司类型：房地产投资信托基金

交易所：纽约证券交易所

上市状态：上市

股票代码：SHO

股价：10.01 美元

市值：23.72 亿美元

简介：太阳石酒店投资公司是一家住宿房地产投资信托基金公司，其物业主要位于城市和度假区的超高档地段，该公司的酒店都是全国知名品牌，如万豪、希尔顿等。

地址：美国加利福尼亚州欧文市

### 3.1.168　公司名称：坦格尔直销中心有限公司

英文名称：Tanger Factory Outlet Centers, Inc.

物业类型：零售房地产投资信托基金

公司类型：房地产投资信托基金

交易所：纽约证券交易所

上市状态：上市

股票代码：SKT

股价：14.82 美元

市值：16.34 亿美元

简介：坦格尔直销中心有限公司是高档露天直销中心的领先运营商，拥有或部分拥有36个直销中心的投资组合。该公司的经营物业位于美国20个州和加拿大，总面积约1360万平方英尺，租赁给500多家不同品牌公司经营的2500多家商店。该公司在奥特莱斯行业拥有超过40年的经验，是一家公开交易的房地产投资信托基金公司。

地址：美国北卡罗来纳州格林斯博罗

### 3.1.169　公司名称：泰雷诺房地产公司

英文名称：Terreno Realty Corporation

物业类型：工业房地产投资信托基金

公司类型：房地产投资信托基金

交易所：纽约证券交易所

上市状态：上市

股票代码：TRNO

股价：55.75 美元

市值：34.84 亿美元

简介：泰雷诺房地产公司在美国6个主要沿海市场收购、拥有和经营工业地产。该公司投资于具有功能性、灵活性、填充性的房地产，其资产位于美国最大的消费群体与最大的配送点交汇的地方。

地址：美国加利福尼亚州旧金山

### 3.1.170　公司名称：霍华德·休斯公司

英文名称：The Howard Hughes Corporation

物业类型：多元化房地产投资信托基金

公司类型：房地产经营公司

交易所：纽约证券交易所

上市状态：上市

股票代码：HHC

股价：66.84 美元

市值：35.40 亿美元

简介：霍华德·休斯公司在全美拥有、管理和开发商业、住宅和多用途房地产。其投资组合包括总体规划社区、运营物业、战略开发和其他独特资产，横跨美国6个州的8个社区。

地址：美国得克萨斯州伍德兰兹

### 3.1.171　公司名称：必需品零售房地产投资信托公司

英文名称：The Necessity Retail REIT, Inc.
物业类型：零售房地产投资信托基金
公司类型：房地产投资信托基金
交易所：纳斯达克证券交易所
上市状态：上市
股票代码：RTL
股价：7.55美元
市值：10.24亿美元
简介：必需品零售房地产投资信托公司是卓越的公开交易房地产投资信托基金公司，专注于"美国购物"。该公司位于美国48个州的1000多个物业组合，包括单租户净租赁资产和露天通电的、锚定的杂货中心。
地址：美国纽约州纽约

### 3.1.172　公司名称：TPG房地产金融信托公司

英文名称：TPG RE Finance Trust, Inc.
物业类型：抵押房地产投资信托基金
公司类型：房地产投资信托基金
交易所：纽约证券交易所
上市状态：上市
股票代码：TRTX
股价：9.75美元
市值：7.90亿美元
简介：TPG房地产金融信托公司是一家商业房地产金融公司，主要专注于发起、收购和管理第一按揭贷款和其他商业房地产相关债务工具，这些工具由位于美国一级市场和精选二级市场的高质量机构物业担保。该公司由TPG房地产金融信托管理公司进行外部管理。TPG房地产金融信托管理公司是TPG房地产公司的一部分，是TPG全球有限责任公司的房地产投资平台。
地址：美国纽约州纽约

### 3.1.173　公司名称：UDR有限公司

英文名称：UDR, Inc.

物业类型：住宅房地产投资信托基金

公司类型：房地产投资信托基金

交易所：纽约证券交易所

上市状态：上市

股票代码：UDR

股价：44.60 美元

市值：144.62 亿美元

简介：UDR 有限公司是标准普尔 500 指数成员，也是领先的多户房地产投资信托基金公司。该公司在美国的目标市场成功地管理、购买、销售、开发和重新开发有吸引力的房地产。

地址：美国科罗拉多州高地牧场

**3.1.174　公司名称：UMH 房地产公司**

英文名称：UMH Properties, Inc.

物业类型：住宅房地产投资信托基金

公司类型：房地产投资信托基金

交易所：纽约证券交易所

上市状态：上市

股票代码：UMH

股价：19.30 美元

市值：10.71 亿美元

简介：UMH 房地产公司成立于 1968 年，在大约 23400 个已开发的住宅基地上拥有并经营 124 个装配式住宅社区。这些社区位于新泽西州、纽约州、俄亥俄州、宾夕法尼亚州、田纳西州、印第安纳州、密歇根州和马里兰州。此外，该公司拥有一个房地产投资信托基金证券组合。

地址：美国新泽西州福里霍德

**3.1.175　公司名称：联合集团有限公司**

英文名称：Uniti Group, Inc.

物业类型：高科技房地产投资信托基金

公司类型：房地产投资信托基金

交易所：纳斯达克证券交易所

上市状态：上市

股票代码：UNIT

股价：9.25美元

市值：23.02亿美元

简介：联合集团有限公司是一家内部管理的房地产投资信托基金公司，从事关键任务通信基础设施的收购和建设，是通信行业无线基础设施解决方案的领先提供商。

地址：美国阿肯色州小石城

**3.1.176　公司名称：城市边缘房地产公司**

英文名称：Urban Edge Properties

物业类型：零售房地产投资信托基金

公司类型：房地产投资信托基金

交易所：纽约证券交易所

上市状态：上市

股票代码：UE

股价：14.88美元

市值：18.40亿美元

简介：城市边缘房地产公司是一家专注于管理、收购、开发和再开发城市社区零售房地产的投资信托基金公司，主要在纽约大都会地区经营。

地址：美国纽约州纽约

**3.1.177　公司名称：优士达不动产公司**

英文名称：Urstadt Biddle Properties, Inc.

物业类型：零售房地产投资信托基金

公司类型：房地产投资信托基金

交易所：纽约证券交易所

上市状态：上市

股票代码：UBA

股价：16.89美元

市值：7.00亿美元

简介：优士达不动产公司是一家自我管理的权益房地产投资信托基金公司，拥有或部分拥有主要零售购物中心的股权。自1970年在美国纽约证券交易所上市以来，该公司为投资者提供了一种参与创收财产所有权的方式。

地址：美国康涅狄格州格林威治

## 3.1.178　公司名称：本塔斯有限公司

英文名称：Ventas, Inc.
物业类型：医疗保健房地产投资信托基金
公司类型：房地产投资信托基金
交易所：纽约证券交易所
上市状态：上市
股票代码：VTR
股价：50.35 美元
市值：205.88 亿美元
简介：本塔斯有限公司是标准普尔 500 指数成员，也是一家领先的房地产投资信托基金公司。其在美国、加拿大和英国的多元化投资组合包括养老院、医疗办公楼、生命科学、研究和创新中心、卫生系统和急性期后护理设施。
地址：美国伊利诺伊州芝加哥

## 3.1.179　公司名称：韦里斯住宅有限公司

英文名称：Veris Residential, Inc.
物业类型：多元化房地产投资信托基金
公司类型：房地产投资信托基金
交易所：纽约证券交易所
上市状态：上市
股票代码：VRE
股价：13.11 美元
市值：12.33 亿美元
简介：韦里斯住宅有限公司是一家前瞻性的房地产投资信托基金公司，主要拥有、运营、收购和开发受整体启发的甲级多户物业，满足当今居民绿色环保的生活方式需求，同时寻求对其服务的社区和整个地球产生积极影响。
地址：美国新泽西州泽西城

## 3.1.180　公司名称：VICI 房地产公司

英文名称：VICI Properties, Inc.
物业类型：专业房地产投资信托基金
公司类型：房地产投资信托基金
交易所：纽约证券交易所

上市状态：上市

股票代码：VICI

股价：32.20 美元

市值：317.79 亿美元

简介：VICI 房地产公司是一流的博彩、酒店和娱乐目的地的主要所有者和开发商，提供卓越的客户体验。该公司与致力于通过优质服务、优质产品和不断创新来提升客户忠诚度和价值的领先品牌合作。公司的战略是创建全国最高质量和最具生产力的体验性房地产投资组合。

地址：美国纽约州纽约

### 3.1.181 公司名称：沃纳多房地产信托

英文名称：Vornado Realty Trust

物业类型：多元化房地产投资信托基金

公司类型：房地产投资信托基金

交易所：纽约证券交易所

上市状态：上市

股票代码：VNO

股价：28.99 美元

市值：57.16 亿美元

简介：沃纳多房地产信托是标准普尔 500 指数成员，也是一家大型的房地产投资信托基金公司。该公司集中了优质资产，并专注于发展其在纽约的办公室和曼哈顿街的零售市场。

地址：美国纽约州纽约

### 3.1.182 公司名称：W·P·凯利公司

英文名称：W.P. Carey, Inc.

物业类型：多元化房地产投资信托基金

公司类型：房地产投资信托基金

交易所：纽约证券交易所

上市状态：上市

股票代码：WPC

股价：83.16 美元

市值：159.79 亿美元

简介：W·P·凯利公司是一家领先的内部管理的净租赁房地产投资信托基

金公司，主要为美国和欧洲的公司提供基于房地产的融资解决方案。

地址：美国纽约州纽约

### 3.1.183　公司名称：沃什房地产投资信托

英文名称：Wash REIT

物业类型：住宅房地产投资信托基金

公司类型：房地产投资信托基金

交易所：纽约证券交易所

上市状态：上市

股票代码：WRE

股价：20.63 美元

市值：18.53 亿美元

简介：沃什房地产投资信托在华盛顿特区市场拥有并经营独特定位的房地产资产。凭借数十年的经验和专业知识，该公司通过将洞察力转化为战略并将战略转化为行动来创造价值。其 43 个物业组合包括超过 340 万平方英尺的商业空间和 6863 个多户公寓单元。

地址：美国华盛顿特区

### 3.1.184　公司名称：井塔有限公司

英文名称：Welltower, Inc.

物业类型：医疗保健房地产投资信托基金

公司类型：房地产投资信托基金

交易所：纽约证券交易所

上市状态：上市

股票代码：WELL

股价：80.79 美元

市值：369.48 亿美元

简介：井塔有限公司正在推动医疗保健基础设施的转型。该公司与领先的养老院运营商、急性期后护理提供商和卫生系统一起投资房地产基础设施。这些基础设施是扩展创新型护理模式和改善人们的健康及整体医疗保健体验所必需的。

地址：美国俄亥俄州托莱多

### 3.1.185　公司名称：西方资产抵押资本公司

英文名称：Western Asset Mortgage Capital Corporation

物业类型：抵押房地产投资信托基金

公司类型：房地产投资信托基金

交易所：纽约证券交易所

上市状态：上市

股票代码：WMC

股价：13.46美元

市值：0.800亿美元

简介：西方资产抵押资本公司专注于投资、融资和管理多元化的房地产相关资产组合，主要包括代理商业抵押贷款支持证券、非代理住房抵押贷款支持证券、非代理商业抵押贷款支持证券、住宅和商业整体贷款以及其他金融资产。

地址：美国加利福尼亚州帕萨迪纳

### 3.1.186　公司名称：惠好公司

英文名称：Weyerhaeuser

物业类型：林业房地产投资信托基金

公司类型：房地产投资信托基金

交易所：纽约证券交易所

上市状态：上市

股票代码：WY

股价：34.32美元

市值：264.40亿美元

简介：惠好公司是世界上较大的林地私人所有者之一，于1900年开始运营。该公司在美国拥有或控制1220万英亩林地，并使用长期许可证在加拿大管理其他林地。

地址：美国华盛顿州西雅图

### 3.1.187　公司名称：白石房地产投资信托

英文名称：Whitestone REIT

物业类型：零售房地产投资信托基金

公司类型：房地产投资信托基金

交易所：纽约证券交易所

上市状态：上市

股票代码：WSR

股价：10.58美元

市值：5.36亿美元

简介：白石房地产投资信托是一家以社区为中心的购物中心房地产投资信托基金公司，主要在阳光地带收购、拥有、管理、开发和重新开发高质量的社区中心。为其租户提供日常必需品、服务、娱乐和体验。该公司在超过15年的时间里一直向其股东支付月度股息。该公司的强大平衡和管理的资本结构为增长提供了稳定性和灵活性，并使其在经济周期中表现良好。

地址：美国得克萨斯州休斯敦

### 3.1.188 公司名称：森雅酒店及度假村有限公司

英文名称：Xenia Hotels & Resorts, Inc.

物业类型：酒店房地产投资信托

公司类型：房地产投资信托基金

交易所：纽约证券交易所

上市状态：上市

股票代码：XHR

股价：15.31美元

市值：18.45亿美元

简介：森雅酒店及度假村有限公司是一家自我建议、自我管理的房地产投资信托基金公司，投资于独特定位的豪华和超高档酒店及度假村，重点关注美国主要的住宿市场和休闲目的地。该公司在14个州拥有34家酒店，共9814间客房。其酒店属于豪华型和超高档型酒店，由行业领导者，如万豪（Marriott）、凯悦（Hyatt）、金普顿（Kimpton）、费尔蒙特（Fairmont）、洛斯（Loews）和希尔顿经营和/或授权。

地址：美国佛罗里达州奥兰多

## 3.2 中国REITs列表

### 3.2.1 大陆基础设施REITs列表[①]

3.2.1.1 公司名称：平安广州广河REIT

物业类型：基础设施房地产投资信托

---

① 中国大陆基础设施REITs列表信息来自万得金融数据（2023）。

公司类型：房地产投资信托基金

交易所：深圳证券交易所

上市状态：上市

股票代码：180201.SZ

股价：10.417元

市值：72.919亿元

简介：平安广州广河REIT是中国大陆第一批上市的房地产投资信托公司，底层资产为高速公路基础设施。该公司资产为广州至河源高速公路广州段项目，运营管理机构为广州交通投资集团有限公司。

地址：广东省广州市

3.2.1.2 公司名称：浙商沪杭甬REIT

物业类型：基础设施房地产投资信托

公司类型：房地产投资信托基金

交易所：上海证券交易所

上市状态：上市

股票代码：508001.SH

股价：8.737元

市值：43.685亿元

简介：浙商沪杭甬REIT是中国大陆第一批上市的房地产投资信托公司，底层资产为高速公路基础设施。该公司资产为杭徽高速公路（浙江段）昌昱段、汪昌段、留汪段，运营管理机构为浙江沪杭甬高速公路股份有限公司。

地址：浙江省杭州市

3.2.1.3 公司名称：中航首钢绿能REIT

物业类型：基础设施房地产投资信托

公司类型：房地产投资信托基金

交易所：深圳证券交易所

上市状态：上市

股票代码：180801.SZ

股价：14.09元

市值：14.093亿元

简介：中航首钢绿能REIT是中国大陆第一批上市的房地产投资信托公司，底层资产包括北京首钢餐厨垃圾收运处一体化项目（一期）、北京首钢鲁家山残渣暂存场项目、北京首钢生物质能源项目。其运营管理机构为北京首钢生态科技有限公司。

地址：北京市

3.2.1.4　公司名称：中金普洛斯REIT

物业类型：基础设施房地产投资信托

公司类型：房地产投资信托基金

交易所：上海证券交易所

上市状态：上市

股票代码：508056.SH

股价：4.718元

市值：70.77亿元

简介：中金普洛斯REIT是中国大陆第一批上市的房地产投资信托公司，运营仓储物流资产。该公司经营7个普洛斯物流园，分别位于北京、淀山、广州、顺德、通州、增城和苏州，建筑面积合计约704988平方米，平均出租率约98.72%，合同租金及管理费平均约40.04元/月/平方米。其运营管理机构为普洛斯投资（上海）有限公司。

地址：上海市

3.2.1.5　公司名称：富国首创水务REIT

物业类型：基础设施房地产投资信托

公司类型：房地产投资信托基金

交易所：上海证券交易所

上市状态：上市

股票代码：508006.SH

股价：4.242元

市值：21.21亿元

简介：富国首创水务REIT是中国大陆第一批上市的房地产投资信托公司。公司经营合肥市十五里河污水处理厂PPP项目、深圳市福永水质净化厂、深圳市公明水质净化厂、深圳市松岗水质净化厂。其运营管理机构为北京首创生态环保集团股份有限公司。

地址：北京市

3.2.1.6　公司名称：东吴苏园产业REIT

物业类型：基础设施房地产投资信托

公司类型：房地产投资信托基金

交易所：上海证券交易所

上市状态：上市

股票代码：508027.SH

股价：4.412元

市值：39.708亿元

简介：东吴苏园产业REIT是中国大陆第一批上市的房地产投资信托公司。公司的底层资产为工业园区，包括位于苏州工业园区的2.5产业园一期和二期项目、国际科技园五期B区项目。园区建立了以电子信息、机械制造为主导产业，以生物医药、人工智能、纳米技术应用为辅的产业布局。其运营管理机构为苏州工业园区建屋产业园开发有限公司和苏州工业园区科技发展有限公司。

地址：江苏省苏州市

3.2.1.7　公司名称：博时蛇口产园REIT

物业类型：基础设施房地产投资信托

公司类型：房地产投资信托基金

交易所：深圳证券交易所

上市状态：上市

股票代码：180101.SZ

股价：2.741元

市值：24.669亿元

简介：博时蛇口产园REIT是中国大陆第一批上市的房地产投资信托公司，底层资产为位于深圳蛇口片区的万海大厦和万融大厦。深圳蛇口片区是中国（广东）自由贸易试验区的一部分，享受各种政策优惠。其运营管理机构是深圳市招商创业有限公司。

地址：广东省深圳市

3.2.1.8　公司名称：红土创新盐田港REIT

物业类型：基础设施房地产投资信托

公司类型：房地产投资信托基金

交易所：深圳证券交易所

上市状态：上市

股票代码：180301.SZ

股价：2.956元

市值：23.648亿元

简介：红土创新盐田港REIT是中国大陆第一批上市的房地产投资信托公司，底层资产为邻近深圳盐田港码头的现代物流中心项目。项目包括4座仓库、1栋综合办公楼及1座气瓶站，各仓库通过连廊和行车道相互连通，均为高标准多层坡道库。公司的运营管理机构为深圳市盐田港物流有限公司。

地址：广东省深圳市

3.2.1.9　公司名称：华安张江光大REIT
物业类型：基础设施房地产投资信托
公司类型：房地产投资信托基金
交易所：上海证券交易所
上市状态：上市
股票代码：508000.SH
股价：3.992元
市值：19.96亿元
简介：华安张江光大REIT是中国大陆第一批上市的房地产投资信托公司，底层资产为位于中国（上海）自由贸易试验区的国家级高科技产业园区张江光大园项目。园区总建筑面积50947.31平方米，吸引了集成电路、先进制造业、在线经济、金融科技等行业的优质企业入驻。其运营管理机构为上海集挚咨询管理有限公司。

地址：上海市

3.2.1.10　公司名称：华夏越秀高速REIT
物业类型：基础设施房地产投资信托
公司类型：房地产投资信托基金
交易所：深圳证券交易所
上市状态：上市
股票代码：180202.SZ
股价：7.537元
市值：22.61亿元
简介：华夏越秀高速REIT的底层资产为汉孝高速公路主线路和机场北连接线。汉孝高速公路是国家规划银川—武汉大通道的重要组成部分。该公司的运营管理机构为广州越通公路运营管理有限公司。

地址：广东省广州市

3.2.1.11　公司名称：建信中关村REIT
物业类型：基础设施房地产投资信托
公司类型：房地产投资信托基金
交易所：上海证券交易所
上市状态：上市
股票代码：508099.SH
股价：3.277元
市值：29.493亿元

简介：建信中关村REIT的底层资产为北京市海淀区中关村软件园的孵化加速器项目、互联网创新中心5号楼项目以及协同中心4号楼项目。公司的资产组合对应的土地使用权总面积为80231.49平方米，总建筑面积为166780.48平方米。该公司具备良好持续的经营能力，不依赖第三方补贴等非经常性收入，2020年获取的租金收入20240.91万元。其运营管理机构为北京中关村软件园发展有限责任公司。

地址：北京市

3.2.1.12　公司名称：华夏中国交建REIT

物业类型：基础设施房地产投资信托

公司类型：房地产投资信托基金

交易所：上海证券交易所

上市状态：上市

股票代码：508018.SH

股价：7.903元

市值：79.03亿元

简介：华夏中国交建REIT的底层资产为武汉至深圳高速公路嘉鱼至通城段及其附属设施。该高速公路主线全长90.975千米，设互通式立交8处和匝道收费站5处。该公司的运营管理机构为中交投资有限公司。

地址：北京市

3.2.1.13　公司名称：国金中国铁建REIT

物业类型：基础设施房地产投资信托

公司类型：房地产投资信托基金

交易所：上海证券交易所

上市状态：上市

股票代码：508008.SH

股价：8.834元

市值：44.17亿元

简介：国金中国铁建REIT是一家经营高速公路资产的房地产投资信托公司。其资产组合包括合川—璧山—江津高速公路、合川—潼南至安岳（重庆境）高速公路。该高速公路于2007年底建成全线通车营运。其运营管理机构为重庆铁发双合高速公路有限公司。

地址：重庆市

3.2.1.14　公司名称：鹏华深圳能源REIT

物业类型：基础设施房地产投资信托

公司类型：房地产投资信托基金

交易所：深圳证券交易所

上市状态：上市

股票代码：180401.SZ

股价：7.972元

市值：47.832亿元

简介：鹏华深圳能源REIT的底层资产为深圳能源东部电厂（一期）项目，包括天然气发电机组及不动产建筑，地上建筑面积共计约3.16万平方米，宗地面积约3.96万平方米。其运营管理机构为深圳能源集团股份有限公司。

地址：广东省深圳市

3.2.1.15　公司名称：华夏合肥高新REIT

物业类型：基础设施房地产投资信托

公司类型：房地产投资信托基金

交易所：深圳证券交易所

上市状态：上市

股票代码：180102.SZ

股价：2.454元

市值：17.178亿元

简介：华夏合肥高新REIT是一家基础设施房地产投资信托公司。其资产组合为安徽省合肥高新区的"合肥创新产业园一期项目"所有权及对应范围内的国有建设用地使用权，土地使用权面积为146759.30平方米，总建筑面积35.68万平方米，包括22栋房屋和3个地下车库，分别由合肥高新睿成科技服务有限公司和合肥高新君道科技服务有限公司持有。该公司的运营管理机构为合肥高创股份有限公司。

地址：安徽省合肥市

3.2.1.16　公司名称：华夏和达高科REIT

物业类型：基础设施房地产投资信托

公司类型：房地产投资信托基金

交易所：深圳证券交易所

上市状态：上市

股票代码：180103.SZ

股价：3.018元

市值：15.09亿元

简介：华夏和达高科REIT经营生物医药产业园，其资产组合包括和达药谷一期项目和孵化器项目。该公司的运营管理机构为杭州和达高科技发展集团有限公司。

  地址：浙江省杭州市

  3.2.1.17 公司名称：红土创新深圳安居REIT

  物业类型：基础设施房地产投资信托

  公司类型：房地产投资信托基金

  交易所：深圳证券交易所

  上市状态：上市

  股票代码：180501.SZ

  股价：2.785元

  市值：13.925亿元

  简介：红土创新深圳安居REIT是一家经营保障性租赁住房的房地产投资信托公司，其资产组合包括位于深圳的安居百泉阁、安居锦园、保利香槟苑、凤凰公馆项目，建筑面积合计134261.07平方米，共1830套住宅。该公司的运营管理机构为深圳市房屋租赁运营管理有限公司。

  地址：广东省深圳市

  3.2.1.18 公司名称：中金安徽交控REIT

  物业类型：基础设施房地产投资信托

  公司类型：房地产投资信托基金

  交易所：上海证券交易所

  上市状态：上市

  股票代码：508009.SH

  股价：9.732元

  市值：97.32亿元

  简介：中金安徽交控REIT是一家经营高速公路基础设施的房地产投资信托公司，其底层资产为沿江高速公路芜湖（张韩）至安庆（大渡口）段公路收费权及对应公路资产，不含高速公路内服务区、停车区等配套资产。该公司的运营管理机构为安徽省交通控股集团有限公司。

  地址：安徽省合肥市

  3.2.1.19 公司名称：国泰君安临港创新产业园REIT

  物业类型：基础设施房地产投资信托

  公司类型：房地产投资信托基金

  交易所：上海证券交易所

  上市状态：上市

股票代码：508021.SH

股价：5.156元

市值：10.321亿元

简介：国泰君安临港创新产业园REIT是一家经营创新产业园的房地产投资信托公司，其底层资产是上海的临港奉贤智造园三期和临港奉贤智造园一期项目。该公司的运营管理机构为上海临港奉贤经济发展有限公司。

地址：上海市

3.2.1.20 公司名称：中信建投国家电投新能源REIT

物业类型：基础设施房地产投资信托

公司类型：房地产投资信托基金

交易所：上海证券交易所

上市状态：上市

股票代码：508028.SH

股价：9.872元

市值：78.976亿元

简介：中信建投国家电投新能源REIT是一家经营海上风力发电资产的房地产投资信托公司。其资产组合包括国家电投集团滨海北H1#海上风电运维驿站工程项目、中电投滨海北区H1#100MW海上风电工程和中电投滨海北区H2#400MW海上风电工程。该公司的运营管理机构为国家电投集团江苏海上风力发电有限公司。

地址：江苏省盐城市

3.2.1.21 公司名称：中金厦门安居REIT

物业类型：基础设施房地产投资信托

公司类型：房地产投资信托基金

交易所：上海证券交易所

上市状态：上市

股票代码：508058.SH

股价：2.823元

市值：14.115亿元

简介：中金厦门安居REIT是一家经营保障性住房的房地产投资信托公司，其资产组合包括珩琦公寓和园博公寓项目，由12栋钢混结构建筑物组成，建筑面积合计198553.97平方米，共计4665套住宅。该公司的运营管理机构为厦门安居保障性住房运营管理有限公司。

地址：福建省厦门市

3.2.1.22　公司名称：华泰江苏交控 REIT

物业类型：基础设施房地产投资信托

公司类型：房地产投资信托基金

交易所：上海证券交易所

上市状态：上市

股票代码：508066.SH

股价：7.545 元

市值：30.18 亿元

简介：华泰江苏交控 REIT 是一家经营高速公路基础设施的房地产投资信托公司，其底层资产为沪苏浙高速公路（即 G50 沪渝高速江苏段）及其附属设施。该公司的运营管理机构为江苏沿江高速公路有限公司。

地址：江苏省南京市

3.2.1.23　公司名称：华夏北京保障房 REIT

物业类型：基础设施房地产投资信托

公司类型：房地产投资信托基金

交易所：上海证券交易所

上市状态：上市

股票代码：508068.SH

股价：2.825 元

市值：14.125 亿元

简介：华夏北京保障房 REIT 是一家经营保障性住房的房地产投资信托公司，其资产组合为位于北京的文龙家园和熙悦尚郡项目，总建筑面积 112796.30 平方米。其运营管理机构为北京保障房中心有限公司。

地址：北京市

3.2.1.24　公司名称：华夏基金华润有巢 REIT

物业类型：基础设施房地产投资信托

公司类型：房地产投资信托基金

交易所：上海证券交易所

上市状态：上市

股票代码：508077.SH

股价：2.595 元

市值：12.975 亿元

简介：华夏基金华润有巢 REIT 是一家经营住房租赁的房地产投资信托公司，其资产组合为坐落于上海市松江区的有巢东部经开区项目和有巢泗泾项目，包括对应的房屋所有权及其占用范围内的国有建设用地使用权。其运营管理机构为有巢住房租赁（深圳）有限公司。

地址：广东省深圳市

3.2.1.25　公司名称：国泰君安东久新经济REIT

物业类型：基础设施房地产投资信托

公司类型：房地产投资信托基金

交易所：上海证券交易所

上市状态：上市

股票代码：508088.SH

股价：3.788元

市值：18.94亿元

简介：国泰君安东久新经济REIT是一家经营高科技产业园区的房地产投资信托公司，其资产组合包括位于上海市、常州市、昆山市和无锡市的四个东久智造园。其运营管理机构为东久（上海）投资管理咨询有限公司。

地址：上海市

3.2.1.26　公司名称：中航京能光伏REIT

物业类型：基础设施房地产投资信托

公司类型：房地产投资信托基金

交易所：上海证券交易所

上市状态：上市

股票代码：508096.SH

股价：10.85元

市值：32.55亿元

简介：中航京能光伏REIT是一家经营光伏发电的房地产投资信托公司，其资产组合包括湖北随州100MWp光伏发电项目和榆林市榆阳区300MWp光伏发电项目，包括用于光伏发电的多晶硅电池组件、升压站等建筑物及其占地范围的用地和相关设施设备。其运营管理机构为内蒙古京能新能源科技有限公司。

地址：内蒙古自治区呼和浩特市

3.2.1.27　公司名称：嘉实京东仓储基础设施REIT

物业类型：基础设施房地产投资信托

公司类型：房地产投资信托基金

交易所：上海证券交易所

上市状态：上市

股票代码：508098.SH

股价：3.948 元

市值：19.74 亿元

简介：嘉实京东仓储基础设施 REIT 是电商巨头京东资助的房地产投资信托公司，其资产组合包括京东商城亚洲 1 号仓储华中总部建设项目、京东亚洲一号廊坊经开物流园、京东重庆电子商务基地项目（中转配送中心）一期，合计建筑面积 350995.49 平方米。其运营管理机构为北京京东东鸿管理咨询有限公司。

地址：北京市

### 3.2.2 香港 REITs 列表[①]

3.2.2.1 公司名称：汇贤产业信托

英文名称：Hui Xian Real Estate Investment Trust

物业类型：多元化房地产投资信托

公司类型：房地产投资信托基金

交易所：香港交易及结算所有限公司

上市状态：上市

股票代码：87001.HK

股价：0.88 元

市值：54.39 亿元

简介：汇贤产业信托为首家在香港上市的以人民币计价的房地产投资信托基金公司，主营业务为持有及投资优质商业物业。该公司的资产构成包括43%的写字楼、39%的商场、约11%的酒店以及7%的服务式公寓。

地址：香港皇后大道中 2 号长江集团中心 303 室

3.2.2.2 公司名称：冠君产业信托

英文名称：Champion Real Estate Investment Trust

物业类型：办公房地产投资信托

公司类型：房地产投资信托基金

交易所：香港交易及结算所有限公司

上市状态：上市

股票代码：02778.HK

股价：3.48 元

市值：207.24 亿元

简介：冠君产业信托拥有及投资于提供租金收入的写字楼及零售物业，是一

---

① 香港 REITs 列表信息来自香港交易及结算所有限公司（HKEK，2023）和万得金融数据（2023）。

家在亚洲地区市值很大的房地产投资信托公司。该公司主要投资位于优越地点的甲级商用物业，包括花旗银行广场及朗豪坊两幢地标级物业，分别坐落于维多利亚港两岸，总楼面面积27.2万平方米。

地址：香港湾仔港湾道23号鹰景中心30楼3008室

3.2.2.3　公司名称：顺丰房地产投资信托基金

英文名称：SF Real Estate Investment Trust

物业类型：办公房地产投资信托

公司类型：房地产投资信托基金

交易所：香港交易及结算所有限公司

上市状态：上市

股票代码：02191.HK

股价：3.11元

市值：24.88亿元

简介：顺丰房地产投资信托基金的初始投资组合包括位于中国香港、佛山及芜湖的三处物业，均为现代物流地产，可出租总面积为307617.5平方米。这些物业配备自动分拣及供应链支持设施的分拨中心，战略性地位于香港及主要物流枢纽内，毗邻主要机场、海港、铁路、高速公路及交通枢纽。公司收益以租金收入为主，此外还收取一定的管理服务费。

地址：香港铜锣湾礼顿道111号利园六期20楼2002室

3.2.2.4　公司名称：富豪产业信托

英文名称：Regal Real Estate Investment Trust

物业类型：酒店房地产投资信托

公司类型：房地产投资信托基金

交易所：香港交易及结算所有限公司

上市状态：上市

股票代码：01881.HK

股价：1.28元

市值：41.70亿元

简介：富豪产业信托是一家经营酒店物业投资组合的房地产投资信托公司。其大多数收益来自内地的酒店及物业租金收入。公司专注于酒店营运及提升品牌知名度，为投资人提供收入及资产增长机会。

地址：香港铜锣湾怡和街68号20楼2001室

3.2.2.5　公司名称：招商局商业房地产投资信托基金

英文名称：China Merchants Commercial Real Estate Investment Trust

物业类型：多元化房地产投资信托

公司类型：房地产投资信托基金

交易所：香港交易及结算所有限公司

上市状态：上市

股票代码：01503.HK

股价：2.51元

市值：28.31亿元

简介：招商局商业房地产投资信托基金是由在深圳证券交易所上市的知名央企招商局蛇口工业区控股股份有限公司发起，并由招商局置地资管有限公司担任房托管理人。其物业组合为五栋位于深圳市南山区蛇口片区的物业，包括一栋甲级写字楼、三栋写字楼综合体及一栋购物中心，可租赁总面积为249990.8平方米。

地址：香港干诺道中168-200号信德中心招商局大厦26楼2603-2606室

3.2.2.6　公司名称：春泉产业信托

英文名称：Spring Real Estate Investment Trust

物业类型：办公房地产投资信托

公司类型：房地产投资信托基金

交易所：香港交易及结算所有限公司

上市状态：上市

股票代码：01426.HK

股价：2.65元

市值：39.20亿元

简介：春泉产业信托主要经营亚洲地区的优质房地产资产。其绝大多数收益来自租金收入。该公司的主要目标是向单位持有人提供稳定分派及持续的长线增长机会，并提升房地产资产价值。

地址：香港德辅道中68号万宜大厦28楼2801室

3.2.2.7　公司名称：领展房地产投资信托基金

英文名称：Link Real Estate Investment Trust

物业类型：零售业房地产投资信托

公司类型：房地产投资信托基金

交易所：香港交易及结算所有限公司

上市状态：上市

股票代码：00823.HK

股价：63.3元

市值：1335.75亿元

简介：领展房地产投资信托基金是香港首家房地产投资信托公司，也是亚洲地区市值较大的房地产投资信托基金之一。该公司从香港物业投资中获得超过60%的收入，其物业组合包括零售及停车场物业。该公司通过资产提升工程，提高物业的价值，同时为基金单位持有人带来更理想的回报。

地址：香港中环遮打道3A号香港会所大厦9楼901室

3.2.2.8 公司名称：泓富产业信托

英文名称：Prosperity Real Estate Investment Trust

物业类型：办公房地产投资信托

公司类型：房地产投资信托基金

交易所：香港交易及结算所有限公司

上市状态：上市

股票代码：00808.HK

股价：2.39元

市值：35.77亿元

简介：泓富产业信托为投资者提供了参与香港非核心商业区的写字楼、商业综合体及工业地产物业的机会。该公司的绝大多数收益来自租金收入和停车场业务。该公司由ARA泓富资产管理有限公司管理。

地址：香港九龙红磡都会道6号置富都会9楼901室

3.2.2.9 公司名称：置富产业信托

英文名称：Fortune Real Estate Investment Trust

物业类型：零售业房地产投资信托

公司类型：房地产投资信托基金

交易所：香港交易及结算所有限公司

上市状态：上市

股票代码：00778.HK

股价：6.55元

市值：129.85亿元

简介：置富产业信托于2003年8月在新加坡证券交易所有限公司上市，随后于2010年4月在香港联合交易所有限公司上市。公司目前在香港持有18个零售及住宅物业，包括约30.4万平方米的零售空间及2756个车位。该公司的主要收益来自经营租赁收入。其管理人为置富资产管理有限公司。

地址：新加坡淡马锡大道5号新达大厦#12-01

3.2.2.10 公司名称：阳光房地产投资信托基金

英文名称：Sunlight Real Estate Investment Trust

物业类型：多元化房地产投资信托

公司类型：房地产投资信托基金

交易所：香港交易及结算所有限公司

上市状态：上市

股票代码：00435.HK

股价：3.71元

市值：62.39亿元

简介：阳光房地产投资信托基金是一家多元化房地产投资信托公司。其物业组合包括位于香港的优质写字楼及零售物业。公司的主要收益来自租金收入，为投资者提供投资于旗下多元化物业组合的机会。

地址：香港湾仔皇后大道东248号大新金融中心30楼

3.2.2.11　公司名称：越秀房地产投资信托基金

英文名称：Yuexiu Real Estate Investment Trust

物业类型：零售业房地产投资信托

公司类型：房地产投资信托基金

交易所：香港交易及结算所有限公司

上市状态：上市

股票代码：00405.HK

股价：2.98元

市值：139.22亿元

简介：越秀房地产投资信托基金专注于办公楼、零售、酒店、服务式公寓及其他商业用途的物业的经营管理，为基金单位持有人带来长远稳定的投资收益。该公司的一半收益来自写字楼租赁，1/4来自批发及购物中心，1/4来自酒店拥有及管理。

地址：香港湾仔骆克道160号越秀大厦17楼B室

### 3.2.3　台湾REITs列表[①]

3.2.3.1　基金名称：富邦一号

物业类型：多元化房地产投资信托基金

交易所：台湾证券交易所（TWSE）

上市状态：上市

股票代码：01001T

---

① 台湾REITs列表信息来自台湾证券交易所（TWSE，2023）和万维百科（2023）。

股价：4.25 元

市值：13.09 亿元

简介：富邦一号是富邦建设股份有限公司、明东实业股份有限公司、道盈实业股份有限公司担任发起人的房地产投资信托公司，成立于 2005 年 3 月。收益分配日为每年六月第十个营业日。富邦一号拥有四栋大楼：富邦人寿大楼、富邦中山大楼、天母富邦大楼及润泰中仑大楼商场部分。

3.2.3.2　基金名称：国泰一号

物业类型：多元化房地产投资信托基金

交易所：台湾证券交易所

上市状态：上市

股票代码：01002T

股价：4.20 元

市值：31.29 亿元

简介：国泰一号是国泰人寿保险股份有限公司担任发起人的房地产投资信托公司，成立于 2005 年 9 月。收益分配日为每年 6 月第 15 个营业日。国泰一号拥有 3 栋大楼：台北喜来登大饭店、台北西门大楼、台北中华大楼。

3.2.3.3　基金名称：新光一号

物业类型：多元化房地产投资信托基金

交易所：台湾证券交易所

上市状态：上市

股票代码：01003T

股价：3.39 元

市值：25.38 亿元

简介：新光一号是新光人寿保险公司担任发起人的房地产投资信托公司，成立于 2005 年 12 月。收益分配日为每会计年度结束后 6 个月内。新光一号拥有 6 栋大楼：新光天母杰仕堡大楼、新光国际商业大楼、台证金融大楼、台南新光三越百货大楼、新光信义华厦及新光人寿中山大楼。

3.2.3.4　基金名称：富邦二号

物业类型：多元化房地产投资信托基金

交易所：台湾证券交易所

上市状态：上市

股票代码：01004T

股价：3.48 元

市值：16.40 亿元

简介：富邦二号是台湾力积电（PSMC）、忠兴集团、台北富邦商业银行、富邦人寿保险股份有限公司、富邦财产保险有限公司担任发起人的房地产投资信托公司，成立于2006年4月。收益分配日为每年5月及11月第10个营业日。富邦二号拥有3栋大楼：富邦民生大楼、富邦内湖大楼及润泰中仑大楼商用办公部分。

3.2.3.5　基金名称：国泰二号

物业类型：办公房地产投资信托基金

交易所：台湾证券交易所

上市状态：上市

股票代码：01007T

股价：4.47元

市值：16.17亿元

简介：国泰二号是国泰人寿保险股份有限公司担任发起人的房地产投资信托公司，成立于2006年10月。收益分配日为每年6月和12月第15个营业日。国泰二号拥有3栋大楼：民生商业大楼、世界大楼及安和商业大楼。

3.2.3.6　基金名称：圆满一号

物业类型：多元化房地产投资信托基金

交易所：台湾证券交易所

上市状态：上市

股票代码：01009T

股价：2.37元

市值：6.74亿元

简介：圆满一号是高青开发股份有限公司、鼎晟不动产开发股份有限公司及新东北电力高压设备有限公司担任发起人的房地产投资信托公司，成立于2018年6月。收益分配日为每半个会计年度结束后4个月内。圆满一号拥有板信银行家大楼和台南Focus时尚流行馆。

3.2.3.7　基金名称：乐富一号

物业类型：多元化房地产投资信托基金

交易所：台湾证券交易所

上市状态：上市

股票代码：01010T

股价：2.36元

市值：23.58亿元

简介：乐富一号是新台茂环球公司等机构及投资人担任发起人的房地产投资

信托公司，成立于 2018 年 12 月。收益分配日为每年的 6 月 30 日和 12 月 31 日前。乐富一号拥有台茂购物中心、大都市国际中心及国内外房地产投资信托基金股票；预计投资标的包括 NASA 科技总署大楼及松麟企业大楼。

## 3.3 新加坡 REITs 列表[①]

### 3.3.1 公司名称：大和房屋物流信托

英文名称：Daiwa House Logistics Trust
物业类型：工业房地产投资信托
公司类型：房地产投资信托基金
交易所：新加坡证券交易所（SGX）
上市状态：上市
股票代码：DHLU.SG
股价：0.67 新加坡元
市值：4.52 亿新加坡元
简介：大和房屋物流信托主要投资亚洲各地的创收物流和工业房地产资产组合。该公司的初始投资组合包括位于日本的 14 处现代物流物业。其保荐人大和房屋工业公司在东京证券交易所上市，是日本较大的建筑和房地产开发公司之一。
地址：新加坡亚洲广场 1 号楼 14-09 号滨海景观 8 号

### 3.3.2 公司名称：数字核心房地产投资信托

英文名称：Digital Core REIT
物业类型：多元化房地产投资信托
公司类型：房地产投资信托基金
交易所：新加坡证券交易所
上市状态：上市
股票代码：DCRU

---

[①] 新加坡 REITs 列表信息来自新加坡证券交易所（2023）和万得金融数据（2023）。一些新加坡 REITs 拥有相同的名字但是不同的股票代码，如克伦威尔欧洲房地产投资信托基金。这类 REITs 被当作不同的股票在证券市场上进行交易。

股价：0.745 新加坡元
市值：8.40 亿新加坡元
简介：数字核心房地产投资信托直接或间接投资多元化的稳定创收房地产资产组合。这些资产主要是数据中心物业，以及支持数字经济的相关物业。该公司的管理人是数字核心房地产投资信托管理私人有限公司。
地址：新加坡海洋金融中心 42-06 号科利尔码头 10 号

### 3.3.3 公司名称：力宝购物中心印度尼西亚零售信托

英文名称：Lippo Malls Indonesia Retail Trust
物业类型：零售业房地产投资信托
公司类型：房地产投资信托基金
交易所：新加坡证券交易所
上市状态：上市
股票代码：D5IU
股价：0.05 新加坡元
市值：3.85 亿新加坡元
简介：力宝购物中心印度尼西亚零售信托成立于 2007 年 8 月，从事提供房地产投资服务。该公司为投资者提供了一个参与东南亚经济的机会。其投资组合包括位于苏门答腊、爪哇、巴厘岛和苏拉威西岛的物业。
地址：新加坡 OUE 市中心 2 区 12-08 号申顿路 6 号

### 3.3.4 公司名称：克伦威尔欧洲房地产投资信托[①]

英文名称：Cromwell European REIT
物业类型：办公房地产投资信托
公司类型：房地产投资信托基金
交易所：新加坡证券交易所
上市状态：上市
股票代码：CWCU.SG、CWBU.SG
股价：2.83 新加坡元、1.98 新加坡元
市值：35.80 亿新加坡元、15.68 亿新加坡元
简介：克伦威尔欧洲房地产投资信托直接或间接投资整个欧洲的创收性商业房地产。公司的投资组合包括位于荷兰、意大利、法国、波兰、德国、芬兰、丹

---

① 克伦威尔欧洲房地产投资信托在新加坡证券交易所上市了两只股票，因而拥有两个股票代码、股价和市值。

麦、斯洛伐克、捷克共和国和英国的主要门户城市及其附近的113处物业。这些物业主要为永久产权物业，评估价值约为24.67亿欧元，总可出租面积约为180万平方米，拥有800多名租户客户。该公司由克伦威尔欧洲房地产投资信托管理私人有限公司管理。公司的保荐人为克伦威尔地产集团，该集团是一家全球房地产基金管理公司，在14个国家开展业务，并且在澳大利亚证券交易所上市。

地址：新加坡华联海湾大厦科利尔码头50号07-02室

### 3.3.5 公司名称：砂之船房地产投资信托

英文名称：Sasseur REIT
物业类型：多元化房地产投资信托
公司类型：房地产投资信托基金
交易所：新加坡证券交易所
上市状态：上市
股票代码：CRPU.SG
股价：0.675新加坡元
市值：9.37亿新加坡元

简介：砂之船房地产投资信托主要直接或间接投资零售购物中心在内的收入型房地产多元化投资组合。砂之船资产管理私人有限公司是该公司的经理。公司的初始投资组合包括位于中国的4个物业，总评估价值约29.8亿新加坡元。

地址：新加坡置地大厦32-01号莱佛士广场50号

### 3.3.6 公司名称：吉宝KBS美国房地产投资信托

英文名称：Kep-KBS REIT USD
物业类型：零售业房地产投资信托
公司类型：房地产投资信托基金
交易所：新加坡证券交易所
上市状态：上市
股票代码：CMOU.SG
股价：0.70新加坡元
市值：7.31亿新加坡元

简介：吉宝KBS美国房地产投资信托主要投资多元化创收商业和房地产资产组合。其投资组合由位于美国7个主要增长市场的11处办公物业组成，该公司拥有多元化的租户群，如技术、金融和保险、专业服务及医疗保健公司。

地址：新加坡维多利亚街230号

### 3.3.7 公司名称：嘉茂商产信托

英文名称：Capitamall Trust
物业类型：零售业房地产投资信托
公司类型：房地产投资信托基金
交易所：新加坡证券交易所
上市状态：上市
股票代码：C38U
股价：2.08 新加坡元
市值：137.89 亿新加坡元
简介：嘉茂商产信托拥有并投资新加坡的零售资产。其投资组合包括位于新加坡郊区和市中心的 14 个零售物业，以及与当地和国际零售商签订的 2300 多份租赁合同。该公司还拥有嘉茂零售中国信托约 19.70%的股权。
地址：新加坡罗宾逊路 39 号罗宾逊角 18-01 号

### 3.3.8 公司名称：百汇生命产业信托

英文名称：Parkway Life Trust
物业类型：医疗保健地产投资信托
公司类型：房地产投资信托基金
交易所：新加坡证券交易所
上市状态：上市
股票代码：C2PU.SG
股价：4.66 新加坡元
市值：28.19 亿新加坡元
简介：百汇生命产业信托是亚洲较大的上市医疗保健房地产投资信托基金之一，主要投资医疗保健物业。截至 2022 年 3 月 31 日，其物业组合包括 56 个物业，总值约 22.9 亿新加坡元。
地址：新加坡罗宾逊路 80 号

### 3.3.9 公司名称：欧共体世界房地产投资信托

英文名称：EC World REIT
物业类型：工业房地产投资信托
公司类型：房地产投资信托基金
交易所：新加坡证券交易所

上市状态：上市
股票代码：BWCU. SG
股价：0.52 新加坡元
市值：4.20 亿新加坡元
简介：欧共体世界房地产投资信托投资电子商务、供应链管理和物流房地产投资组合，以及房地产相关资产。其投资组合由位于中国杭州的 6 个物业组成。欧共体世界资产管理私人有限公司是公司的经理。
地址：新加坡华联市中心 1 区申顿路 6 号 41-03

### 3.3.10 公司名称：星狮物流工业信托

英文名称：Frasers Logistics & Industrial Trust
物业类型：工业房地产投资信托
公司类型：房地产投资信托基金
交易所：新加坡证券交易所
上市状态：上市
股票代码：BUOU. SG
股价：1.34 新加坡元
市值：49.16 亿新加坡元
简介：星狮物流工业信托为投资者提供了投资 50 多个澳大利亚物流和工业房地产资产的机会，这些资产集中在澳大利亚的墨尔本、悉尼和布里斯班，总可出租面积约为 120 万平方米。该公司的管理人是星狮物流工业资产管理私人有限公司。
地址：新加坡亚历山德拉角 21-00 号亚历山德拉路 438 号

### 3.3.11 公司名称：宏利美国房地产投资信托

英文名称：Manulife US REIT
物业类型：办公房地产投资信托
公司类型：房地产投资信托基金
交易所：新加坡证券交易所
上市状态：上市
股票代码：BTOU. SG
股价：0.56 新加坡元
市值：8.86 亿新加坡元
简介：宏利美国房地产投资信托直接或间接投资美国市场的创收办公房地产

以及房地产相关资产。其投资组合包括位于美国洛杉矶和亚特兰大的 3 处办公物业，可出租净面积约为 16.6 万平方米。

地址：新加坡十字街 8 号宏利大厦 16-03 号

### 3.3.12　公司名称：北京华联零售信托

英文名称：BHG Retail REIT

物业类型：零售业房地产投资信托

公司类型：房地产投资信托基金

交易所：新加坡证券交易所

上市状态：上市

股票代码：BMGU.SG

股价：0.52 新加坡元

市值：2.66 亿新加坡元

简介：北京华联零售信托是一家零售房地产投资信托公司。该公司直接或间接投资多元化的房地产投资组合，其投资组合包括 5 个位于中国的零售物业。北京华联零售信托管理有限公司是该公司的管理人。

地址：新加坡海滩路 100 号逸夫大厦 25-11 号

### 3.3.13　公司名称：第一房地产投资信托

英文名称：First REIT

物业类型：医疗保健房地产投资信托

公司类型：房地产投资信托基金

交易所：新加坡证券交易所

上市状态：上市

股票代码：AW9U.SG

股价：0.27 新加坡元

市值：5.54 亿新加坡元

简介：第一房地产投资信托由船首精神资本有限公司（Bowsprit Capital Corporation Limited）作为管理人与由汇丰机构信托服务（新加坡）有限公司作为受托人于 2006 年签订的信托契约组成。该公司是新加坡首个医疗保健房地产投资信托，旨在投资位于亚洲的医疗保健物业及相关资产的多元化投资组合。

地址：新加坡华联海湾大厦 06-01 号科利尔码头 50 号

### 3.3.14　公司名称：凯德中国信托

英文名称：Capitaland China Trust

物业类型：零售业房地产投资信托
公司类型：房地产投资信托基金
交易所：新加坡证券交易所
上市状态：上市
股票代码：AU8U.SG
股价：1.15新加坡元
市值：17.32亿新加坡元

简介：凯德中国信托是一家购物中心房地产投资信托基金公司，主要投资一个零售业的创收房地产组合。该公司在中国拥有很多商场物业和五个子公司，包括凯德 MALL 西直门、凯德 MALL 望京、凯德 MALL 大峡谷、凯德 MALL 太阳宫等物业。

地址：新加坡首都大厦 30-01 号罗宾逊路 168 号

### 3.3.15 公司名称：吉宝数据中心房地产投资信托

英文名称：Keppel DC REIT
物业类型：专业房地产投资信托
公司类型：房地产投资信托基金
交易所：新加坡证券交易所
上市状态：上市
股票代码：AJBU.SG
股价：1.96新加坡元
市值：32.02亿新加坡元

简介：吉宝数据中心房地产投资信托专注于直接或间接投资在新加坡、马来西亚、澳大利亚和欧洲的数据中心以及房地产相关资产。其分公司包括主机代管、完全安装及外壳和核心分公司。该公司拥有超过 10 个数据中心，总可出租面积约为 78325 平方米，由吉宝数据中心信托管理私人有限公司管理。

地址：新加坡中环中国广场 10-10 号十字街 18 号

### 3.3.16 公司名称：腾飞房地产投资信托

英文名称：Ascendas Real Estate Investment Trust
物业类型：工业房地产投资信托
公司类型：房地产投资信托基金
交易所：新加坡证券交易所
上市状态：上市

股票代码：A17U. SG
股价：2.87 新加坡元
市值：119.57 亿新加坡元
简介：腾飞房地产投资信托是一家工业和商业空间房地产投资信托公司。公司共有 6 个业务部门：商业和科学园区物业、综合开发、设施和零售物业、高规格工业物业和数据中心、轻工业物业和多层工厂、物流和配送中心。该公司拥有多元化的投资组合，包括在新加坡的 105 个物业和在中国的两个商业园区物业。这些物业拥有来自 1410 家国际和本地公司的客户群，包括研发、生命科学、信息技术、工程、轻工制造、物流服务提供商、电子、电信公司。该公司由腾飞基金管理有限公司管理。
地址：新加坡加拉克斯 10-10 号富西诺波利斯广场 1 号

### 3.3.17　公司名称：IREIT 全球房地产投资信托[①]

英文名称：IREIT Global
物业类型：办公房地产投资信托
公司类型：房地产投资信托基金
交易所：新加坡证券交易所
上市状态：上市
股票代码：UD1U. SG、8U7U. SG
股价：0.595 新加坡元、0.40 新加坡元
市值：5.55 亿新加坡元、3.73 亿新加坡元
简介：IREIT 全球房地产投资信托是一家总部位于新加坡的房地产投资信托公司。该公司直接或间接投资欧洲办公房地产投资组合，包括在德国的 5 个物业，以及房地产相关资产。公司由 IREIT 全球集团私人有限公司管理。
地址：新加坡塞西尔街 156 号 08-01 远东银行大楼

### 3.3.18　公司名称：星狮地产信托

英文名称：Frasers Centrepoint Trust
物业类型：零售业房地产投资信托
公司类型：房地产投资信托基金
交易所：新加坡证券交易所
上市状态：上市

---

[①] IREIT 全球房地产投资信托在新加坡证券交易所上市了两只股票，因而拥有两个股票代码、股价和市值。

股票代码：J69U.SG
股价：2.25 新加坡元
市值：38.29 亿新加坡元
简介：星狮地产信托是一家领先的开发商保荐的零售房地产投资信托公司，也是新加坡较大的郊区零售商场业主之一。其房地产组合包括交通便利的9个零售商场和1座办公楼。零售物业可出租净面积约为20.4万平方米，主要提供必需消费品、食品、饮料及基本服务。该公司是几个基准指数的成份股，如富时EPRA/NAREIT全球房地产指数系列（全球发达指数）、富时ST房地产投资信托指数。
地址：新加坡亚历山德拉角21-00号亚历山德拉路438号

### 3.3.19　公司名称：华联商业房地产投资信托

英文名称：Oue Commercial REIT
物业类型：办公房地产投资信托
公司类型：房地产投资信托基金
交易所：新加坡证券交易所
上市状态：上市
股票代码：TSOU.SG
股价：0.39 新加坡元
市值：21.14 亿新加坡元
简介：华联商业房地产投资信托专注于在主要门户城市的金融和商业中心投资商业房地产组合。其投资组合包括在新加坡和中国的3个商业物业：华联海湾大厦、来福士广场一号以及位于上海黄浦的力宝广场。该公司由华联商业房地产投资信托管理私人有限公司管理。
地址：新加坡华联海湾大厦04-08号科利尔码头50号

### 3.3.20　公司名称：新达房地产投资信托

英文名称：Suntec Real Estate Investment Trust
物业类型：多元化房地产投资信托
公司类型：房地产投资信托基金
交易所：新加坡证券交易所
上市状态：上市
股票代码：T82U
股价：1.57 新加坡元

市值：45.06亿新加坡元

简介：新达房地产投资信托于2004年12月上市，是新加坡第一家多元化房地产投资信托公司，拥有办公和零售房地产资产。其投资组合包括位于新加坡、澳大利亚和英国的写字楼和零售物业。该公司由外部管理人ARA信托管理有限公司管理，为基金单位持有人提供具有竞争力的投资回报率。

地址：新加坡新达五号楼12-01号淡马锡大道5号

**3.3.21　公司名称：新加坡报业控股房地产投资信托**

英文名称：SPH REIT

物业类型：零售业房地产投资信托

公司类型：房地产投资信托基金

交易所：新加坡证券交易所

上市状态：上市

股票代码：SK6U

股价：0.925新加坡元

市值：25.95亿新加坡元

简介：新加坡报业控股房地产投资信托投资亚太地区的零售房地产投资组合以及房地产相关资产。其物业组合包括百丽宫和克莱门蒂购物中心：百丽宫是一个零售商场和医疗物业，零售净可出租面积为45359平方米；克莱门蒂购物中心是一个中等的郊区购物中心，零售净可出租面积超过17884平方米。

地址：新加坡大巴窑北1000号新闻中心

**3.3.22　公司名称：枫树大中华商业信托**

英文名称：Mapletree Greater China Commercial Trust

物业类型：多元化房地产投资信托

公司类型：房地产投资信托基金

交易所：新加坡证券交易所

上市状态：上市

股票代码：RW0U.SG

股价：1.20新加坡元

市值：41.87亿新加坡元

简介：枫树大中华商业信托及其附属公司直接或间接投资大中华地区的零售和办公用途的创收房地产投资组合。其资产组合包括位于香港的节日购物中心、北京的佳程广场以及上海张江的沙丘广场。公司由枫树大中华商业信托管理有限公司管理。

地址：新加坡枫树商业城13-01号

### 3.3.23 公司名称：RHT健康信托

英文名称：RHT Health Trust
物业类型：医疗保健地产投资信托
公司类型：房地产投资信托基金
交易所：新加坡证券交易所
上市状态：上市
股票代码：RF1U.SG
股价：0.019新加坡元
市值：0.150亿新加坡元

简介：RHT健康信托的前身是印度联通保健信托，是一家拥有印度医疗保健资产的商业信托机构。该公司主要投资位于亚洲、澳大拉西亚和世界其他地区新兴市场的医院和医疗保健相关资产。该公司在印度拥有一系列临床机构和运营医院，包括10多家临床机构、约4家绿地临床机构和两家运营医院。印度联通保健信托受托管理人私人有限公司是该公司的管理人。

地址：新加坡大华广场11-20号莱佛士广场80号

### 3.3.24 公司名称：升禧环球信托

英文名称：Starhill Global REIT
物业类型：零售业房地产投资信托
公司类型：房地产投资信托基金
交易所：新加坡证券交易所
上市状态：上市
股票代码：P40U.SG
股价：0.58新加坡元
市值：12.93亿新加坡元

简介：升禧环球信托主要投资新加坡和海外的零售和办公地产。该公司在新加坡、澳大利亚、马来西亚、中国和日本拥有13处房产。这些物业包括位于澳大利亚的阿德莱德迈尔中心、大卫·琼斯大厦和广场拱廊，马来西亚吉隆坡的升禧画廊和10号地产，中国成都的1处零售物业及日本东京黄金地段的5处物业。该公司由外聘管理人YTL升禧环球信托管理有限公司管理。

地址：新加坡来福士广场50号新加坡置地大厦

### 3.3.25　公司名称：优质美国房地产投资信托

英文名称：Prime US REIT

物业类型：办公房地产投资信托

公司类型：房地产投资信托基金

交易所：新加坡证券交易所

上市状态：上市

股票代码：OXMU.SG

股价：0.68 新加坡元

市值：7.99 亿新加坡元

简介：优质美国房地产投资信托为投资者提供独特的投资机会，使其能够接触位于美国 9 个主要市场的 11 处优质写字楼物业的优质投资组合。该公司的优质物业为单位持有人提供定期和稳定的分红。

地址：新加坡莱佛士广场 1 号 40-01

### 3.3.26　公司名称：美国联合汉普郡房地产投资信托

英文名称：United Hampshire US REIT

物业类型：多元化房地产投资信托

公司类型：房地产投资信托基金

交易所：新加坡证券交易所

上市状态：上市

股票代码：ODBU.SG

股价：0.625 新加坡元

市值：9.75 亿新加坡元

简介：美国联合汉普郡房地产投资信托主要投资位于美国的多元化的房地产投资组合，包括杂货店和必需品零售物业，以及现代控温自助仓储设施。该公司的租户能够抵御电子商务冲击，包括餐厅、家居装饰店、健身中心、仓储公司和其他具有强大全渠道平台的企业。

地址：新加坡大华广场 2 期 28-21 号莱佛士广场 80 号

### 3.3.27　公司名称：宝泽安保资本工业房地产投资信托

英文名称：Aims Amp Cap Industrial REIT

物业类型：工业房地产投资信托

公司类型：房地产投资信托基金

交易所：新加坡证券交易所

上市状态：上市

股票代码：O5RU.SG

股价：1.37新加坡元

市值：9.75亿新加坡元

简介：宝泽安保资本工业房地产投资信托主要投资亚太地区的工业地产组合，包括仓储、配送、商业园区及制造业物业。其投资组合包括26处工业地产，其中25处位于新加坡，此处还持有位于澳大利亚的澳都斯中心的权益。该公司由宝泽安保资本工业房地产信托管理有限公司管理。

地址：新加坡莱佛士广场1号莱佛士广场1号

### 3.3.28　公司名称：枫树商业信托

英文名称：Mapletree Commercial Trust

物业类型：零售业房地产投资信托

公司类型：房地产投资信托基金

交易所：新加坡证券交易所

上市状态：上市

股票代码：N2IU.SG

股价：1.80新加坡元

市值：59.90亿新加坡元

简介：枫树商业信托长期直接或间接投资新加坡办公和零售房地产投资组合，以及房地产相关资产。

地址：新加坡枫树商业城13-01号巴西班让路10号

### 3.3.29　公司名称：精英商业房地产投资信托管理私人有限公司

英文名称：Elite Commercial REIT Management Pte. Ltd.

物业类型：零售业房地产投资信托

公司类型：房地产投资信托基金

交易所：新加坡证券交易所

上市状态：上市

股票代码：MXNU.SG

股价：0.60新加坡元

市值：2.87亿新加坡元

简介：精英商业房地产投资信托管理私人有限公司创建于2018年6月，该公司直接或间接投资英国的商业地产及房地产相关资产。其物业包括多栋商业建筑。

地址：新加坡淡马锡大道8号新达3号楼37-02号

### 3.3.30 公司名称：枫树工业信托

英文名称：Mapletree Industrial Trust

物业类型：工业房地产投资信托

公司类型：房地产投资信托基金

交易所：新加坡证券交易所

上市状态：上市

股票代码：ME8U.SG

股价：2.61新加坡元

市值：69.90亿新加坡元

简介：枫树工业信托投资多元化的工业地产投资组合。其投资组合是位于新加坡各地的约80处工业地产，包括多层工厂、高科技建筑、商业园区建筑、堆积/斜坡建筑和轻工业建筑。该公司由枫树工业信托管理有限公司管理。

地址：新加坡枫树商业城13-01号

### 3.3.31 公司名称：枫树物流信托

英文名称：Mapletree logistics Trust

物业类型：工业房地产投资信托

公司类型：房地产投资信托基金

交易所：新加坡证券交易所

上市状态：上市

股票代码：M44U.SG

股价：1.72新加坡元

市值：73.96亿新加坡元

简介：枫树物流信托成立于2004年7月，从事多元化的房地产投资。其投资组合包括创收物流房地产和房地产相关资产。该公司在新加坡、日本、韩国、澳大利亚、马来西亚、越南和印度等地运营。

地址：新加坡枫树商业城13-01号巴西班让路10号

### 3.3.32 公司名称：萨瓦纳·沙里阿合规房地产投资信托

英文名称：Sabana Shari'ah Compliant REIT

物业类型：工业房地产投资信托
公司类型：房地产投资信托基金
交易所：新加坡证券交易所
上市状态：上市
股票代码：M1GU.SG
股价：0.445新加坡元
市值：4.82亿新加坡元

简介：萨瓦纳·沙里阿合规房地产投资信托投资工业房地产以及房地产相关资产。该公司的资产由高科技工业、化学品仓库和物流、仓库和物流以及一般工业四类物业组成。其投资组合包括位于新加坡各地的约20处物业。

地址：新加坡置地大厦32-01号莱佛士广场50号

### 3.3.33　公司名称：吉宝亚洲房地产投资信托

英文名称：Keppel REIT Asia
物业类型：办公房地产投资信托
公司类型：房地产投资信托基金
交易所：新加坡证券交易所
上市状态：上市
股票代码：K71U.SG
股价：1.07新加坡元
市值：39.82亿新加坡元

简介：吉宝亚洲房地产投资信托成立于2005年11月，从事商业房地产和房地产相关资产的投资。其投资组合包括办公和商业大楼以及金融中心建筑。

地址：新加坡海滨大道1号吉宝海湾大厦2楼18-01号

### 3.3.34　公司名称：租借全球商业房地产投资信托

英文名称：Lendlease Global Commercial REIT
物业类型：办公房地产投资信托
公司类型：房地产投资信托基金
交易所：新加坡证券交易所
上市状态：上市
股票代码：JYEU.SG
股价：0.695新加坡元
市值：15.97亿新加坡元

简介：租借全球商业房地产投资信托主要直接或间接投资新加坡和意大利的稳定收益房地产资产的多元化投资组合。这些资产主要是零售和办公物业以及相关的房地产资产。该公司的经理是租借全球商业信托管理有限公司。

地址：新加坡巴亚黎巴区 05-01 号丹戎加栋路 2 号

### 3.3.35 公司名称：ESR 逻各斯房地产投资信托

英文名称：ESR-Logos REIT

物业类型：工业房地产投资信托

公司类型：房地产投资信托基金

交易所：新加坡证券交易所

上市状态：上市

股票代码：J91U

股价：0.40 新加坡元

市值：26.71 亿新加坡元

简介：ESR 逻各斯房地产投资信托成立于 2006 年 3 月，该公司投资创收型工业地产。其物业包括一般工业地产、轻工业地产、物流和仓库、高规格工业和商业园区。

地址：新加坡鲁宾逊中心鲁宾逊路 61 号 12-01

## 3.4 澳大利亚 REITs 列表[①]

### 3.4.1 公司名称：珠算房地产集团

英文名称：Abacus Property Group

物业类型：多元化房地产投资信托基金

公司类型：组合房地产投资信托基金

交易所：澳大利亚证券交易所（ASX）

上市状态：上市

股票代码：ABP

股价：2.93 澳元

---

① 澳大利亚 REITs 列表信息来自澳大利亚证券交易所（Australian Securities Exchange，2023）。

市值：26.148 亿澳元

简介：珠算房地产集团是一家多元化的房地产投资公司，经营存储、办公、零售物业，同时开发自助存储及住宅房地产。公司拥有自助存储和办公资产。

地址：澳大利亚新南威尔士州悉尼

### 3.4.2　公司名称：农业土地信托

英文名称：Agricultural Land Trust
物业类型：专业房地产投资信托基金
公司类型：房地产投资信托基金
交易所：澳大利亚证券交易所
上市状态：退市
股票代码：AGJ
股价：0.03 澳元
市值：0.3348 亿澳元

简介：农业土地信托服务于澳大利亚的客户。该公司专注于农业土地的所有权，目的是产生租金收入和资本增值。公司目前在西澳大利亚拥有约 8937 公顷的农村地产，该地区以其可观的降雨量和肥沃的土壤而闻名。

地址：澳大利亚新南威尔士州悉尼

### 3.4.3　公司名称：澳大利亚联合办公基金

英文名称：Australian Unity Office Fund
物业类型：多元化房地产投资信托基金
公司类型：组合房地产投资信托基金
交易所：澳大利亚证券交易所
上市状态：上市
股票代码：AOF
股价：1.81 澳元
市值：2.975 亿澳元

简介：澳大利亚联合办公基金拥有和管理 9 个办公物业组成的多元化投资组合，位于澳大利亚悉尼、阿德莱德、墨尔本、布里斯班和堪培拉的大都市和中央商务区市场。该公司从办公物业的租金中获得收入。

地址：澳大利亚维多利亚州墨尔本

### 3.4.4　公司名称：AIMS 房地产证券基金

英文名称：AIMS Property Securities Fund

物业类型：多元化房地产投资信托基金
公司类型：房地产投资信托基金
交易所：澳大利亚证券交易所
上市状态：上市
股票代码：APW
股价：1.26 澳元
市值：0.5587 亿澳元
简介：AIMS 房地产证券基金投资上市房地产信托、非上市房地产信托、上市房地产相关公司及现金和定息证券。该公司管理房地产和抵押贷款基金，同时持有房地产相关证券的投资组合，按房地产行业、地理位置和基金经理进行多元化投资。
地址：澳大利亚新南威尔士州悉尼

### 3.4.5 公司名称：阿斯彭集团

英文名称：Aspen Group
物业类型：多元化房地产投资信托基金
公司类型：组合房地产投资信托基金
交易所：澳大利亚证券交易所
上市状态：上市
股票代码：APZ
股价：1.53 澳元
市值：2.357 亿澳元
简介：阿斯彭集团在澳大利亚各地从事商业和非核心开发资产的投资业务。该公司通过住宅、养老、旅游、综合用途和企业分公司进行市场运营。
地址：澳大利亚新南威尔士州邦迪路口

### 3.4.6 公司名称：竞技场房地产投资信托

英文名称：Arena REIT
物业类型：专业房地产投资信托基金
公司类型：组合房地产投资信托基金
交易所：澳大利亚证券交易所
上市状态：上市
股票代码：ARF
股价：4.81 澳元

市值：16.675 亿澳元

简介：竞技场房地产投资信托是澳大利亚第二大专注于儿童保育中心的房地产投资信托基金公司。该公司在澳大利亚拥有230多个日托中心，为0~5岁的儿童提供学前教育。公司还拥有10家医疗保健中心，但根据房产价值，儿童保育占其投资组合的85%。澳大利亚的儿童保育和医疗保健部门都获得了大量的政府资助，鉴于所提供服务的性质，预计这种资助会继续下去。

地址：澳大利亚维多利亚州墨尔本

### 3.4.7 公司名称：黑墙有限公司

英文名称：BlackWall Limited
物业类型：专业房地产投资信托基金
公司类型：房地产投资信托基金
交易所：澳大利亚证券交易所
上市状态：上市
股票代码：BWF
股价：0.63 澳元
市值：0.425 亿澳元

简介：黑墙有限公司是一家房地产公司。该公司通过四个分公司运作：黑墙、投资、WOTSO特许经营和企业分公司。公司大部分收入来自黑墙分公司，该分公司从事基金和资产管理以及物业服务，具体包括物业管理、租赁和一般物业咨询。

地址：澳大利亚新南威尔士州悉尼

### 3.4.8 公司名称：BWP 信托

英文名称：BWP Trust
物业类型：工业房地产投资信托基金
公司类型：房地产投资信托基金
交易所：澳大利亚证券交易所
上市状态：上市
股票代码：BWP
股价：4.28 澳元
市值：27.494 亿澳元

简介：BWP信托专注于仓库/大宗商品零售物业，拥有较大的场地、较高的知名度和通往主要交通干道的便利位置。该公司的房地产投资组合分散在澳大利亚大多数州，并长期租赁给澳大利亚主要的家居装修连锁店——邦宁斯集团。邦宁斯集团是西农集团的全资子公司，而西农集团是市值排名前十的 ASX 上市公司。BWP 信托也由西农集团的全资子公司进行外部管理，西农集团还拥有该公司 24.8% 的股份。

地址：澳大利亚华盛顿州珀斯市

### 3.4.9 公司名称：卡林代尔房地产信托

英文名称：Carindale Property Trust

物业类型：零售房地产投资信托基金

公司类型：房地产投资信托基金

交易所：澳大利亚证券交易所

上市状态：上市

股票代码：CDP

股价：4.36 澳元

市值：3.168 亿澳元

简介：卡林代尔房地产信托拥有韦斯特菲尔德重要购物中心的长期所有权。该公司的收入来自购物中心的基本租金和其他财产收入。

地址：澳大利亚新南威尔士州悉尼

### 3.4.10 公司名称：查特霍尔集团

英文名称：Charter Hall Group

物业类型：多元化房地产投资信托基金

公司类型：组合房地产投资信托基金

交易所：澳大利亚证券交易所

上市状态：上市

股票代码：CHC

股价：12.74 澳元

市值：60.26 亿澳元

简介：查特霍尔集团的主要业务是为零售和机构投资者管理房地产基金和集团旗下的 3 家上市房地产投资信托基金：查特霍尔零售房地产投资信托、查特霍尔社会基础设施房地产投资信托和查特霍尔龙威尔房地产投资信托。查特霍集团超过 2/3 的收益来自基金管理，预计这一比例将随着时间的推移而增加。该集团共同投资其基金，因此其部分收益来自租金、开发费以及其管理的项目的开发利润。

地址：澳大利亚新南威尔士州悉尼

**3.4.11 公司名称：世纪工业房地产投资信托**

英文名称：Centuria Industrial REIT Unit
物业类型：工业房地产投资信托基金
公司类型：组合房地产投资信托基金
交易所：澳大利亚证券交易所
上市状态：上市
股票代码：CIP
股价：3.16 澳元
市值：20.064 亿澳元

简介：世纪工业房地产投资信托拥有价值 40 亿澳元的工业资产组合，包括配送中心、制造设施和数据中心。墨尔本和悉尼是其最大的市场，各占投资组合价值的 1/3 以上，其次是布里斯班、珀斯和阿德莱德。该信托由世纪资本集团（ASX：CNI）进行外部管理。

地址：澳大利亚新南威尔士州悉尼

**3.4.12 公司名称：查特霍尔龙威尔房地产投资信托**

英文名称：Charter Hall Long Wale REIT
物业类型：多元化房地产投资信托基金
公司类型：组合房地产投资信托基金
交易所：澳大利亚证券交易所
上市状态：上市
股票代码：CLW
股价：4.55 澳元
市值：32.894 亿澳元

简介：查特霍尔龙威尔房地产投资信托是一家多元化的房地产信托公司，资产分布在澳大利亚和新西兰。截至 2021 年底，其物业入住率为 99.9%，加权平均租期长达 12.2 年。公司超过一半的租约属于与 CPI 指数挂钩的三重净租赁，即租户支付租金、房屋维护费和大部分支出。该公司拥有 550 个房地产投资组合，涵盖办公、工业、零售、社会基础设施和农业物流资产，其中超过 3/4 的投资组合位于澳大利亚东海岸。公司拥有优质的租户：99%的租户是政府、跨国公司或全国性企业。

地址：澳大利亚新南威尔士州悉尼

### 3.4.13 公司名称：世纪办公房地产投资信托

英文名称：Centuria Office REIT
物业类型：办公房地产投资信托基金
公司类型：房地产投资信托基金
交易所：澳大利亚证券交易所
上市状态：上市
股票代码：COF
股价：1.87 澳元
市值：11.14 亿澳元
简介：世纪办公房地产投资信托是一家专业办公房地产投资信托基金公司。该公司拥有澳大利亚核心写字楼市场的资产组合。公司由资深管理人监管，通过高质量的房地产投资组合，为投资者提供收入和资本增长的机会。
地址：澳大利亚新南威尔士州悉尼

### 3.4.14 公司名称：克伦威尔房地产集团

英文名称：Cromwell Property Group
物业类型：办公房地产投资信托基金
公司类型：组合房地产投资信托基金
交易所：澳大利亚证券交易所
上市状态：上市
股票代码：CMW
股价：0.84 澳元
市值：21.998 亿澳元
简介：克伦威尔房地产集团是一家内部管理的房地产投资信托公司。该公司拥有一个小型的主要由写字楼构成的投资组合，还代表第三方投资者开发和管理物业。公司的房地产投资组合价值约为 30 亿澳元，为第三方管理的资产约为 80 亿澳元。
地址：澳大利亚昆士兰州布里斯班

### 3.4.15 公司名称：查特霍尔社会基础设施房地产投资信托

英文名称：Charter Hall Social Infrastructure REIT
物业类型：专业房地产投资信托基金
公司类型：房地产投资信托基金

交易所：澳大利亚证券交易所
上市状态：上市
股票代码：CQE
股价：3.78 澳元
市值：13.846 亿澳元

简介：查特霍尔社会基础设施房地产投资信托是澳大利亚和新西兰最大的上市儿童保育房地产投资信托基金公司。该公司在澳大利亚和新西兰拥有 300 多处房产。其租约为三重净租赁，即租户支付房屋维护费用和大部分资本支出，初始签约期限为 15 年，外加两个 5 年期选项。该公司由在澳大利亚证券交易所上市的查特霍尔集团管理。

地址：澳大利亚新南威尔士州悉尼

**3.4.16　公司名称：查特霍尔零售房地产投资信托**

英文名称：Charter Hall Retail REIT
物业类型：零售房地产投资信托基金
公司类型：房地产投资信托基金
交易所：澳大利亚证券交易所
上市状态：上市
股票代码：CQR
股价：4.18 澳元
市值：24.295 亿澳元

简介：查特霍尔零售房地产投资信托拥有并管理一系列便利零售物业，包括邻里和次区域购物中心、服务站和一些零售物流物业。该公司由查特霍尔集团管理。该公司超过一半的租金收入来自其主要租户伍尔沃斯、科尔斯、西农集团、阿尔迪和英国石油公司（后者占用服务站资产）。该公司的物业发展较为成熟，公司大约 2/3 的超市租户处于或接近支付营业额租金[①]的门槛。

地址：澳大利亚新南威尔士州悉尼

**3.4.17　公司名称：德克斯便利零售房地产投资信托**

英文名称：Dexus Convenience Retail REIT
物业类型：零售房地产投资信托基金
公司类型：组合房地产投资信托基金

---

① 营业额租金（Turnover Rent）指房东得到租户营业额的一部分的租金约定。这类租金契约常用于零售业，也可以用于服务式办公室。

交易所：澳大利亚证券交易所
上市状态：上市
股票代码：DXC
股价：3.10 澳元
市值：4.27 亿澳元
简介：德克斯便利零售房地产投资信托拥有遍布澳大利亚的服务站和便利零售资产组合。其投资目标是为投资者提供高且稳定的收入分配。
地址：澳大利亚维多利亚州墨尔本

### 3.4.18　公司名称：德克斯工业房地产投资信托

英文名称：Dexus Industria REIT
物业类型：工业房地产投资信托基金
公司类型：组合房地产投资信托基金
交易所：澳大利亚证券交易所
上市状态：上市
股票代码：DXI
股价：3.01 澳元
市值：9.55 亿澳元
简介：德克斯工业房地产投资信托拥有位于悉尼、墨尔本、布里斯班和阿德莱德等地的工业和商业园区物业。该公司的目标是通过投资以工作场所为中心的房地产，为投资者提供稳定的现金回报以及收入和资本增长的潜力。
地址：澳大利亚维多利亚州墨尔本

### 3.4.19　公司名称：德克斯房地产集团

英文名称：Dexus Property Group
物业类型：多元化房地产投资信托基金
公司类型：组合房地产投资信托基金
交易所：澳大利亚证券交易所
上市状态：上市
股票代码：DXS
股价：9.52 澳元
市值：102.394 亿澳元
简介：德克斯房地产集团是澳大利亚主要的房地产所有者、开发商和管理者。该公司在澳大利亚拥有一个大型高档写字楼投资组合和一个较小的工业投资组合，还代表第三方投资者管理房地产。公司由德意志办公、工业和多元化信托合并而成。

地址：澳大利亚新南威尔士州悉尼

### 3.4.20　公司名称：伊拉诺商业房地产基金

英文名称：Elanor Commercial Property Fund
物业类型：多元化房地产投资信托基金
公司类型：组合房地产投资信托基金
交易所：澳大利亚证券交易所
上市状态：上市
股票代码：ECF
股价：0.99 澳元
市值：3.118 亿澳元

简介：伊拉诺商业房地产基金从事澳大利亚房地产投资和基金管理业务。该公司的投资集中在商业地产、零售地产和酒店、旅游和休闲领域。该公司从政府、跨国公司和澳大利亚证券交易所上市租户的多元化投资组合中获得最大收益。

地址：澳大利亚新南威尔士州悉尼

### 3.4.21　公司名称：伊拉诺零售房地产基金

英文名称：Elanor Retail Property Fund
物业类型：零售房地产投资信托基金
公司类型：组合房地产投资信托基金
交易所：澳大利亚证券交易所
上市状态：上市
股票代码：ERF
股价：1.13 澳元
市值：1.437 亿澳元

简介：伊拉诺零售房地产基金的主要活动是投资澳大利亚的零售物业，聚焦于高收益的社区和次区域购物中心。公司的主要收入来源是投资零售购物中心获得的租金收入。

地址：澳大利亚新南威尔士州悉尼

### 3.4.22　公司名称：嘉达房地产集团

英文名称：Garda Property Group

物业类型：多元化房地产投资信托基金

公司类型：房地产投资信托基金

交易所：澳大利亚证券交易所

上市状态：上市

股票代码：GDF

股价：1.56 澳元

市值：3.243 亿澳元

简介：嘉达房地产集团根据其章程的规定投资澳大利亚商业和工业地产及其他资产。该公司经营的分公司包括直接投资和其他分公司。该公司从直接投资分公司以租金收入的形式获得绝大多数的收入。

地址：澳大利亚昆士兰州布里斯班

### 3.4.23　公司名称：GDI 房地产集团

英文名称：GDI Property Group

物业类型：办公房地产投资信托基金

公司类型：组合房地产投资信托基金

交易所：澳大利亚证券交易所

上市状态：上市

股票代码：GDI

股价：0.98 澳元

市值：5.242 亿澳元

简介：GDI 房地产集团是一家基金管理公司。该公司由内部管理，在澳大利亚拥有一系列办公地产。其投资组合包括位于中央商务区的 3 个全资物业。该公司拥有成熟的基金业务，除管理信托外，还管理未上市和未注册的管理投资计划。

地址：澳大利亚新南威尔士州悉尼

### 3.4.24　公司名称：古德曼集团

英文名称：Goodman Group

物业类型：多元化房地产投资信托基金

公司类型：组合房地产投资信托基金

交易所：澳大利亚证券交易所

上市状态：上市

股票代码：GMG

股价：20.70 澳元
市值：386.722 亿澳元
简介：古德曼集团在全球范围内开发和管理工业地产投资。大多数古德曼开发项目都代表最终用户租户和基金管理客户，而不是在自己的资产负债表上承担所有风险。一个典型的交易包括为想要占用该场地的租户和/或通过古德曼投资工具拥有该资产的投资者购买土地。古德曼公司收取锁定租户的租赁费和开发管理费。已完成的项目存在于古德曼投资工具中，古德曼向投资者收取资产和投资管理费作为回报。古德曼在许多项目中保留少数股权。
地址：澳大利亚新南威尔士州悉尼

### 3.4.25 公司名称：澳大利亚增长点房地产公司

英文名称：Growthpoint Properties Australia
物业类型：多元化房地产投资信托基金
公司类型：组合房地产投资信托基金
交易所：澳大利亚证券交易所
上市状态：上市
分享代码：GOZ
股价：3.76 澳元
市值：29.015 亿澳元
简介：澳大利亚增长点房地产公司是一家内部管理的房地产投资信托基金公司，其商业地产投资在澳大利亚办公和工业资产之间的比例约为 65/35。与同行不同，公司迄今不从事基金管理活动。该公司通常还限制投机性房地产开发，尽管公司在墨尔本郊区建造了一个完工后完全空置的写字楼开发项目。
地址：澳大利亚维多利亚州墨尔本

### 3.4.26 公司名称：GPT 集团

英文名称：GPT Group
物业类型：多元化房地产投资信托基金
公司类型：组合房地产投资信托基金
交易所：澳大利亚证券交易所
上市状态：上市
股票代码：GPT
股价：4.55 澳元
市值：87.159 亿澳元

简介：GPT集团于1971年上市，是澳大利亚历史上最悠久的上市房地产信托公司。该公司使用特别保守的金融杠杆，同时适度强调开发活动。公司物业仍由零售商场主导，其收入的1/3来自零售商场，另外1/4来自写字楼。其主要增长领域是工业地产。

地址：澳大利亚新南威尔士州悉尼

### 3.4.27 公司名称：霍姆科每日需求房地产投资信托

英文名称：HomeCo Daily Needs REIT
物业类型：零售房地产投资信托基金
公司类型：房地产投资信托基金
交易所：澳大利亚证券交易所
上市状态：上市
股票代码：HDN
股价：1.39澳元
市值：28.638亿澳元

简介：霍姆科每日需求房地产投资信托是专注于拥有、开发和管理房地产的澳大利亚地产集团。该公司建立在一个大品牌和超级便利的平台上，每个零售中心都由澳大利亚的主要零售品牌支撑，包括主要的全国性零售商，业务范围涵盖日常需求、休闲和生活方式及企业服务。

地址：澳大利亚新南威尔士州悉尼

### 3.4.28 公司名称：医疗保健及健康房地产投资信托

英文名称：Healthco Healthcare and Wellness REIT
物业类型：医疗保健房地产投资信托基金
公司类型：房地产投资信托基金
交易所：澳大利亚证券交易所
上市状态：上市
股票代码：HCW
股价：1.73澳元
市值：5.613亿澳元

简介：医疗保健及健康房地产投资信托的使命是投资医院、老年护理、儿童保育、生命科学研究、医院物业及其他医疗保健和健康资产的附属建筑。其目标是为基金单位持有人提供多元化的投资组合，以提供长期而稳定的资本增长。

地址：澳大利亚新南威尔士州双湾

### 3.4.29　公司名称：**家园联盟**

英文名称：Home Consortium
物业类型：多元化房地产投资信托基金
公司类型：组合房地产投资信托基金
交易所：澳大利亚证券交易所
上市状态：上市
股票代码：HMC
股价：5.35 澳元
市值：16.030 亿澳元
简介：家园联盟是专注于拥有、开发和管理房地产的集团。该公司经营永久产权物业和租赁物业分公司，从永久产权物业分公司获得最大收益。其房地产投资组合主要包括零售和服务中心。
地址：澳大利亚新南威尔士州悉尼

### 3.4.30　公司名称：**酒店房地产投资公司**

英文名称：Hotel Property Investments
物业类型：多元化房地产投资信托基金
公司类型：组合房地产投资信托基金
交易所：澳大利亚证券交易所
上市状态：上市
股票代码：HPI
股价：3.38 澳元
市值：6.540 亿澳元
简介：酒店房地产投资公司主要投资昆士兰州的永久产权酒店。其投资组合几乎完全以三重净长期租赁方式出租给昆士兰场地公司，承租人负责支出除昆士兰土地税以外的一切费用，因此维护费用相对较低。大多数租约还规定了年租金涨幅，通常为4%或过去五年平均消费者价格指数的两倍。
地址：澳大利亚维多利亚州墨尔本

### 3.4.31　公司名称：**因韦斯特克澳大利亚房地产基金**

英文名称：Investec Australia Property Fund
物业类型：多元化房地产投资信托基金
公司类型：组合房地产投资信托基金

交易所：澳大利亚证券交易所和约翰内斯堡证券交易所

上市状态：退市

股票代码：LAP

股价：1.83 澳元

市值：12.441 亿澳元

简介：因韦斯特克澳大利亚房地产基金专注于商业地产的投资，服务全球客户，投资澳大利亚和新西兰的写字楼、工业和零售物业。该公司在澳大利亚拥有27 处房产，总可出租面积为 2851465 平方米，价值 10.06 亿澳元。

地址：澳大利亚新南威尔士州悉尼

### 3.4.32　公司名称：因吉尼亚社区集团

英文名称：Ingenia Communities Group

物业类型：住宅房地产投资信托基金

公司类型：组合房地产投资信托基金

交易所：澳大利亚证券交易所

上市状态：上市

股票代码：INA

股价：4.64 澳元

市值：18.912 亿澳元

简介：因吉尼亚社区集团在澳大利亚拥有、管理和开发一系列生活方式、养老和度假社区。该集团通过 6 个分公司运作：因吉尼亚生活方式和租赁分公司，因吉尼亚生活方式发展分公司，假日和多用途分公司，因吉尼亚花园分公司，燃料、食品和饮料服务分公司，公司其他部门。该集团主要进行生活方式住宅的开发和销售，并且产生了公司绝大部分的收入。

地址：澳大利亚新南威尔士州岩石区

### 3.4.33　公司名称：米尔瓦茨集团

英文名称：Mirvac Group

物业类型：办公房地产投资信托基金

公司类型：组合房地产投资信托基金

交易所：澳大利亚证券交易所

上市状态：上市

股票代码：MGR

股价：2.15 澳元

市值：84.776亿澳元

简介：米尔瓦茨集团是澳大利亚较大的住宅开发商之一，尤其是进行公寓开发。该公司约80%的收益来自可预测的商业地产投资组合，其中一半以上是写字楼，另外1/4是零售、小型工业投资组合和新兴的建租住宅①投资组合。公司正在将更多的资本分配给被动的房地产所有权，并在其中削减零售物业风险敞口，增加办公、工业和住宅物业。

地址：澳大利亚新南威尔士州悉尼

**3.4.34　公司名称：国家仓储房地产投资信托**

英文名称：National Storage REIT
物业类型：自助存储房地产投资信托基金
公司类型：组合房地产投资信托基金
交易所：澳大利亚证券交易所
上市状态：上市
股票代码：NSR
股价：2.47澳元
市值：29.529亿澳元

简介：国家仓储房地产投资信托是澳新两国最大的自助仓储提供商，也是唯一一家专注于仓储业务在澳大利亚证券交易上市的公司。该公司的大部分财产是自有的，但也有长期租赁的。该公司的大多数仓储中心位于城市边缘、郊区和偏远地区，较为分散，主要由单一基站所有者组成，而最大的3家仓储中心（国家仓储、肯纳兹和珠算公司）占据着大约1/3的市场。

地址：澳大利亚昆士兰州布里斯班

**3.4.35　公司名称：纽马克房地产投资信托**

英文名称：Newmark Property REIT
物业类型：多元化房地产投资信托基金
公司类型：组合房地产投资信托基金
交易所：澳大利亚证券交易所
上市状态：上市
股票代码：NPR
股价：1.61澳元

---

① 建租住宅（Built-to-Rent）是专门建造用来租赁的独栋住宅。这类建筑与单独存在的翻新建筑不同，通常整个封闭式小区里都是建租住宅。

市值：2.925 亿澳元

简介：纽马克房地产投资信托由两个具有长期业绩记录的房地产信托基金合并而成。其业务集中位于澳大利亚东海岸的办公物业和零售物业。该公司由纽马克集团 100% 控股的子公司 NRML 进行外部管理。

地址：澳大利亚维多利亚州亚拉市

### 3.4.36　公司名称：RAM 重要服务房地产基金

英文名称：RAM Essential Services Property Fund
物业类型：多元化房地产投资信托基金
公司类型：组合房地产投资信托基金
交易所：澳大利亚证券交易所
上市状态：上市
股票代码：REP
股价：0.83 澳元
市值：2.162 亿澳元

简介：RAM 重要服务房地产基金投资高质量的澳大利亚医疗和零售物业，并租赁给重要服务租户。其目标是通过投资高质量的防御性资产组合，为投资者提供具有收入和资本增长潜力的稳定安全的收入。

地址：澳大利亚新南威尔士州悉尼

### 3.4.37　公司名称：农村基金集团

英文名称：Rural Fund Group
物业类型：专业房地产投资信托基金
公司类型：组合房地产投资信托基金
交易所：澳大利亚证券交易所
上市状态：上市
股票代码：RFF
股价：2.75 澳元
市值：10.519 亿澳元

简介：农村基金集团是澳大利亚第一家上市的多元化农业房地产投资信托公司，其资产主要租赁给企业农业经营者。该公司是标准普尔 300 指数和澳大利亚证券交易所 300 指数成员。该公司是一个组合证券，由农村基金信托和农村活跃基金组成。RFM 是该公司的经理和负责实体。

地址：澳大利亚堪培拉

### 3.4.38　公司名称：叁特集团

英文名称：Scentre Group
物业类型：零售房地产投资信托基金
公司类型：组合房地产投资信托基金
交易所：澳大利亚证券交易所
上市状态：上市
股票代码：SCG
股价：2.90 澳元
市值：150.521 亿澳元
简介：叁特集团拥有澳大利亚和新西兰最大的优质购物中心资产组合：占澳大利亚十大购物中心中的七个，新西兰五大购物中心中的四个。大约一半的租金来自核心租户，另一半来自专业租户。目前约有 1/3 的楼面面积分配给了百货商店。虽然几乎每个集团购物中心都有至少一家超市，但由于集团的资产规模较大，这些租户只占总可出租面积的不到 10%。
地址：澳大利亚新南威尔士州悉尼

### 3.4.39　公司名称：澳大拉西亚购物中心房地产集团

英文名称：Shopping Centres Australasia Property Group
物业类型：零售房地产投资信托基金
公司类型：组合房地产投资信托基金
交易所：澳大利亚证券交易所
上市状态：上市
股票代码：SCP
股价：2.96 澳元
市值：33.042 亿澳元
简介：澳大拉西亚购物中心房地产集团拥有一系列规模较小的购物中心。大约一半的租金收入来自核心租户，如伍尔沃斯公司、科尔斯公司、折扣百货商店。尽管其名称为澳大拉西亚，但公司资产大多位于澳大利亚的偏远地区或郊区，该集团于 2016 年剥离了其新西兰资产。邻里购物中心占其资产价值的 75%，次区域购物中心占 25%。
地址：澳大利亚新南威尔士州悉尼

### 3.4.40　公司名称：斯托克兰有限公司

英文名称：Stockland Corp. Ltd.

物业类型：多元化房地产投资信托基金
公司类型：组合房地产投资信托基金
交易所：澳大利亚证券交易所
上市状态：上市
股票代码：SGP
股价：3.85 澳元
市值：91.906 亿澳元

简介：斯托克兰有限公司是澳大利亚最大的房地产开发商。公司近 2/3 的营收来自商业地产，主要是零售地产。该公司的土地租赁业务也在增长。在商业地产领域，公司通过收购和开发来削减零售物业，增加办公和工业物业。

地址：澳大利亚新南威尔士州悉尼

### 3.4.41 公司名称：邻近中心

英文名称：Vicinity Centres
物业类型：零售房地产投资信托基金
公司类型：组合房地产投资信托基金
交易所：澳大利亚证券交易所
上市状态：上市
股票代码：VCX
股价：2.07 澳元
市值：94.232 亿澳元

简介：联邦中心和诺维翁公司合并后于 2015 年 6 月创建了邻近中心，是澳大利亚较大的零售房地产投资信托基金之一。其直接和间接拥有的资产账面价值约为 140 亿澳元。这些资产主要是大型高端购物中心，大约 50% 的资产位于主要区域购物中心、20% 在次区域、15% 在中央商务区、13% 在奥特莱斯中心。

地址：澳大利亚维多利亚州墨尔本

### 3.4.42 公司名称：航路点房地产投资信托有限公司

英文名称：Waypoint REIT Ltd.
物业类型：专业房地产投资信托基金
公司类型：组合房地产投资信托基金
交易所：澳大利亚证券交易所
上市状态：上市
股票代码：WPR

股价：2.62 澳元
市值：18.650 亿澳元
简介：航路点房地产投资信托有限公司投资、拥有和管理服务站和便利设施，该公司的业务网络覆盖澳大利亚所有的州和大陆地区。
地址：澳大利亚维多利亚州码头区

### 3.4.43　公司名称：沃卓房地产公司

英文名称：Wotso Property
物业类型：多元化房地产投资信托基金
公司类型：房地产投资信托基金
交易所：澳大利亚证券交易所
上市状态：上市
股票代码：WOT
股价：1.39 澳元
市值：2.263 亿澳元
简介：沃卓房地产公司是一家房地产证券公司，提供工作空间物业的灵活租赁。其资产组合与传统的澳大利亚房地产投资信托公司的资产组合类似，都是成熟的房地产投资组合。
地址：澳大利亚新南威尔士州悉尼

### 3.4.44　公司名称：360 资本房地产投资信托

英文名称：360 Capital REIT
物业类型：多元化房地产投资信托基金
公司类型：组合房地产投资信托基金
交易所：澳大利亚证券交易所
上市状态：上市
股票代码：TOT
股价：0.78 澳元
市值：1.097 亿澳元
简介：360 资本房地产投资信托是一家房地产投资和基金管理公司，专注于另类资产的战略投资和积极管理。该公司积极投资直接资产、房地产证券、房地产债务及公共和私人股本。
地址：澳大利亚新南威尔士州悉尼

### 3.4.45　公司名称：360 资本集团

英文名称：360 Capital Group
物业类型：多元化房地产投资信托基金
公司类型：组合房地产投资信托基金
交易所：澳大利亚证券交易所
上市状态：上市
股票代码：TGP
股价：0.86 澳元
市值：1.884 亿澳元
简介：360 资本集团是一家房地产投资和基金管理公司。该公司的经营部门包括实物资产、私募股权和信贷策略部门。该公司主要在澳大利亚和新西兰开展业务。
地址：澳大利亚新南威尔士州悉尼

### 3.4.46　公司名称：奥克兰房地产信托

英文名称：Auckland Real Estate Trust
物业类型：多元化房地产投资信托基金
公司类型：房地产投资信托基金
交易所：澳大利亚证券交易所
上市状态：上市
股票代码：AKL
股价：0.77 澳元
市值：0.619 亿澳元
简介：奥克兰房地产信托是一家从事房地产投资的投资管理公司。该公司的大部分收入来自新西兰，在美国和澳大利亚也有业务。公司从位于美国的投资物业获取租金收入。
地址：澳大利亚新南威尔士州悉尼

### 3.4.47　公司名称：美国大师住宅房地产基金

英文名称：US Masters Residential Property Fund
物业类型：住宅房地产投资信托基金
公司类型：房地产投资信托基金
交易所：澳大利亚证券交易所

上市状态：上市

股票代码：URF

股价：0.27 澳元

市值：1.063 亿澳元

简介：美国大师住宅房地产基金投资纽约大都市区的独立式和多户式房产，特别是在哈德逊县、新泽西、布鲁克林、曼哈顿和纽约的物业。

地址：澳大利亚新南威尔士州北悉尼

**3.4.48 公司名称：尤尼拜尔—罗德姆科—韦斯特菲尔德公司**

英文名称：Unibail-Rodamco-Westfield

物业类型：零售房地产投资信托基金

公司类型：组合房地产投资信托基金

交易所：澳大利亚证券交易所

上市状态：上市

股票代码：URW

股价：3.99 澳元

市值：110.736 亿澳元

简介：尤尼拜尔—罗德姆科—韦斯特菲尔德公司拥有一系列高品质购物中心。该公司在英国拥有约10%的资产，在美国拥有约25%的资产，但公司计划大幅减少对后者的敞口。公司超过90%的租金来自购物中心，其余来自办公室，主要是在巴黎及世界各地一些附属于混合用途资产的办公室，还有类似数量来自法国的会议和展览物业。

地址：法国巴黎

## 3.5 英国 REITs 列表[①]

**3.5.1 公司名称：AEW 英国房地产投资信托有限公司**

英文名称：AEW UK REIT PLC

物业类型：多元化房地产投资信托基金

---

[①] 英国 REITs 列表信息来自伦敦证券交易所（London Stock Exchange，2023）。

公司类型：房地产投资信托基金

交易所：伦敦证券交易所

上市状态：上市

股票代码：AEWU

股价：1.18 英镑

市值：1.863 亿英镑

简介：AEW 英国房地产投资信托有限公司是一家封闭式房地产投资信托公司。该公司的目标主要是从投资英国商业地产的投资组合中为股东带来回报。

地址：英国伦敦格雷欣街 65 号 6 楼

### 3.5.2　公司名称：爱丽娜控股有限公司

英文名称：Alina Holdings PLC

物业类型：零售房地产投资信托基金

公司类型：房地产投资信托基金

交易所：伦敦证券交易所

上市状态：上市

股票代码：ALNA

股价：0.188 英镑

市值：0.0427 亿英镑

简介：爱丽娜控股有限公司投资由英国城市及郊区中心的购物资产组成的投资组合。该公司典型的投资组合包括当地购物广场和在社区的商店。这些零售物业便于购物或充值，并且能够提供当地服务。

地址：英国百肖普思托伊斯特利公寓

### 3.5.3　公司名称：替代收入房地产投资信托有限公司

英文名称：Alternative Income REIT PLC

物业类型：多元化房地产投资信托基金

公司类型：房地产投资信托基金

交易所：伦敦证券交易所

上市状态：上市

股票代码：AIRE

股价：0.778 英镑

市值：0.6287 亿英镑

简介：替代收入房地产投资信托有限公司是一家封闭式房地产投资公司。该公司的投资目标是通过投资英国房地产的多元化投资组合，产生安全和可预测的抗击通货膨胀的可持续收入回报，或者至少保持资产的资本价值。

地址：英国伦敦市威廉国王街1号

### 3.5.4　公司名称：阿苏拉有限公司

英文名称：Assura PLC
物业类型：医疗保健房地产投资信托基金
公司类型：房地产投资信托基金
交易所：伦敦证券交易所
上市状态：上市
股票代码：AGR
股价：0.6835英镑
市值：20.3445亿英镑
简介：阿苏拉有限公司专注于英国初级保健、诊断和治疗建筑组合的开发、投资和管理。该公司为社区的健康服务提供空间。

地址：英国沃灵顿格林纳尔斯大道酿酒大厦

### 3.5.5　公司名称：大黄集团有限公司

英文名称：Big Yellow Group PLC
物业类型：自助存储房地产投资信托基金
公司类型：房地产投资信托基金
交易所：伦敦证券交易所
上市状态：上市
股票代码：BYG
股价：13.79英镑
市值：25.5659亿英镑
简介：大黄集团有限公司从事提供自助存储和相关服务，从大黄仓库和穿山甲仓库展开经营。该公司的仓库遍布伦敦、英国东南部和其他城市。

地址：英国巴格肖特桥路迪恩斯2号

### 3.5.6　公司名称：平衡商业房地产信托有限公司

英文名称：Balanced Commercial Property Trust Ltd.
物业类型：多元化房地产投资信托基金
公司类型：房地产投资信托基金

交易所：伦敦证券交易所
上市状态：上市
股票代码：BCPT
股价：1.184 英镑
市值：8.547 亿英镑
简介：平衡商业房地产信托有限公司是一家封闭式房地产投资公司，持有英国商业地产的自由保有和长期租赁投资组合。该公司主要投资办公、零售和工业三个商业地产领域。该公司还涉足休闲、住宅和学生公寓等投资领域。
地址：英国格恩西岛圣彼得港莱班克斯特拉法尔加大楼

### 3.5.7　公司名称：CT 房地产信托有限公司

英文名称：CT Property Trust Limited
物业类型：多元化房地产投资信托基金
公司类型：房地产投资信托基金
交易所：伦敦证券交易所
上市状态：上市
股票代码：CTPT
股价：0.83 英镑
市值：1.9834 亿英镑
简介：CT 房地产信托有限公司，前身为 BMO 房地产投资有限公司，向投资者提供商业地产资产。该公司持有多元化的独立建筑和主要用作长期租赁的英国商业地产投资组合，主要投资办公、零售和工业三个商业地产领域。公司的投资经理是哥伦比亚针线投资业务有限公司。
地址：英国根西岛圣彼得港莱班克斯特拉法尔加大楼

### 3.5.8　公司名称：英国土地有限公司

英文名称：British Land Company PLC
物业类型：多元化房地产投资信托基金
公司类型：房地产投资信托基金
交易所：伦敦证券交易所
上市状态：上市
股票代码：BLND
股价：4.818 英镑
市值：45.043 亿英镑

简介：英国土地有限公司经营投资、开发、资产管理和融资业务。主要投资伦敦的零售园区和城市物流地产，其投资组合包括校园建筑空间、零售和物流。

地址：英国伦敦西摩街45号约克大厦

**3.5.9　公司名称：首都和郡房地产有限公司**

英文名称：Capital & Counties Properties PLC
物业类型：多元化房地产投资信托基金
公司类型：房地产投资信托基金
交易所：伦敦证券交易所
上市状态：上市
股票代码：CAPC
股价：1.451英镑
市值：12.53亿英镑
简介：首都和郡房地产有限公司是一家房地产公司。通过其子公司从事房地产的投资、开发和管理。该公司的资产主要包括科文特花园、莉莉艾广场及其他物业。

地址：英国伦敦詹姆斯街14号富豪大厦

**3.5.10　公司名称：首都和地区有限公司**

英文名称：Capital & Regional PLC
物业类型：零售房地产投资信托基金
公司类型：房地产投资信托基金
交易所：伦敦证券交易所
上市状态：上市
股票代码：CAL
股价：0.59英镑
市值：0.956亿英镑
简介：首都和地区有限公司是一家专注于社区零售的房地产投资信托公司。该公司的分公司包括购物中心和斯诺宗集团（Snozone Group）。购物中心分公司拥有8处零售物业，从事投资物业的租赁。斯诺宗集团参与室内滑雪场和财产基金的运营管理。该公司通过其内部财产和资产管理平台管理这些资产。

地址：英国伦敦22章街

**3.5.11　公司名称：西维塔斯社会福利住房有限公司**

英文名称：Civitas Social Housing PLC

物业类型：住宅房地产投资信托基金

公司类型：房地产投资信托基金

交易所：伦敦证券交易所

上市状态：上市

股票代码：CSH

股价：0.807 英镑

市值：5.014 亿英镑

简介：西维塔斯社会福利住房有限公司是一家封闭式房地产投资信托公司。公司投资社会福利住宅投资组合。这些物业受益于通货膨胀调整后的长期租赁或与经批准的提供商签订占用协议，具有一定的资本增长潜力，可以实现每年 5% 的目标股息收益率。

地址：英国埃克塞特新北路 51 号博福特大厦

### 3.5.12 公司名称：托管人房地产投资信托有限公司

英文名称：Custodian REIT PLC

物业类型：多元化房地产投资信托基金

公司类型：房地产投资信托基金

交易所：伦敦证券交易所

上市状态：上市

股票代码：CREI

股价：1.056 英镑

市值：4.27 亿英镑

简介：托管人房地产投资信托有限公司从事商业物业的投资，其投资组合包括主要出租给全英国机构级租户的物业。

地址：英国伦敦莱斯特纽瓦克地 1 号

### 3.5.13 公司名称：德温特伦敦有限公司

英文名称：Derwent London PLC

物业类型：办公房地产投资信托基金

公司类型：房地产投资信托基金

交易所：伦敦证券交易所

上市状态：上市

股票代码：DLN

股价：28.22 英镑

市值：31.84 亿英镑

简介：德温特伦敦有限公司是一家控股公司和房地产投资信托基金公司，主要经营投资物业、业主自用物业和交易物业。公司的房地产投资组合包括位于伦敦市中心的办公室和商业空间，还有位于苏格兰的零售公园、别墅和土地。

地址：英国伦敦萨维尔街 25 号

### 3.5.14 公司名称：埃迪斯顿房地产投资公司

英文名称：Ediston Property Investment Company PLC

物业类型：办公房地产投资信托基金

公司类型：房地产投资信托基金

交易所：伦敦证券交易所

上市状态：上市

股票代码：EPIC

股价：0.786 英镑

市值：1.67 亿英镑

简介：埃迪斯顿房地产投资公司主要投资办公室、零售仓库、休闲和工业资产。公司的目标是通过投资英国商业地产，为股东提供具有吸引力的收入，以及收入和资本增长的前景。

地址：英国伦敦莱姆街 52 号折纸摩天大楼 18 楼

### 3.5.15 公司名称：经验学生房地产有限公司

英文名称：Empiric Student Property PLC

物业类型：住宅房地产投资信托基金

公司类型：房地产投资信托基金

交易所：伦敦证券交易所

上市状态：上市

股票代码：ESP

股价：0.891 英镑

市值：5.35 亿英镑

简介：经验学生房地产有限公司在英国从事单一细分业务，即投资学生宿舍和商业租赁。公司拥有一系列房产，为各个年龄段的学生客户提供住宿。

地址：英国伦敦斯特拉特福德广场 17-19 号天鹅大厦

### 3.5.16 公司名称：双子座学生生活有限公司

英文名称：Gemini Student Living Limited

物业类型：住宅房地产投资信托基金

公司类型：房地产投资信托基金

交易所：伦敦证券交易所

上市状态：上市

股票代码：DIGS

股价：1.27 英镑

市值：10.675 亿英镑

简介：双子座学生生活有限公司，前身为 GCP 学生生活有限公司，是一家总部设在英国的房地产投资信托公司。公司主要致力于投资伦敦及其周边地区的学生住宿资产。其投资组合由 11 处物业组成，约有 4100 个床位，提供高质量的现代学生住宿。该公司的投资经理是格拉维资本管理有限公司。

地址：英国西南部埃克塞特新北路 51 号博福特大厦

### 3.5.17 公司名称：大波特兰房地产有限公司

英文名称：Great Portland Estates PLC

物业类型：办公房地产投资信托基金

公司类型：房地产投资信托基金

交易所：伦敦证券交易所

上市状态：上市

股票代码：GPE

股价：6.06 英镑

市值：15.327 亿英镑

简介：大波特兰房地产有限公司是一家房地产投资和开发公司。该公司专注于伦敦市中心的商业地产，为其居住者、合作伙伴和社区创造空间。

地址：英国伦敦卡文迪什广场 33 号

### 3.5.18 公司名称：地租收入基金有限公司

英文名称：Ground Rents Income Fund PLC

物业类型：多元化房地产投资信托基金

公司类型：房地产投资信托基金

交易所：伦敦证券交易所

上市状态：上市

股票代码：GRIO

股价：0.56 英镑

市值：0.545 亿英镑

简介：地租收入基金有限公司是一家封闭式房地产投资信托公司。该公司经营房地产租赁和投资业务。公司的土地租金投资组合包括位于英国各地的住宅和商业地产。

地址：英国百肖普思托伊斯特利公寓

### 3.5.19　公司名称：哈默森有限公司

英文名称：Hammerson PLC
物业类型：零售房地产投资信托基金
公司类型：房地产投资信托基金
交易所：伦敦证券交易所
上市状态：上市
股票代码：HMSO
股价：0.244 英镑
市值：11.22 亿英镑

简介：哈默森有限公司在英国和欧洲拥有并投资了许多购物中心、零售公园、开发项目和奥特莱斯。这些资产由各个子公司、合资企业和联营企业持有。

地址：英国伦敦约克路 90 号国王广场

### 3.5.20　公司名称：希伯尼亚房地产投资信托有限公司

英文名称：Hibernia REIT PLC
物业类型：多元化房地产投资信托基金
公司类型：房地产投资信托基金
交易所：伦敦证券交易所和爱尔兰证券交易所
上市状态：退市
股票代码：HBRN
股价：1.3372 英镑
市值：9.125 亿英镑

简介：希伯尼亚房地产投资信托有限公司总部位于爱尔兰都柏林。该公司在都柏林拥有 32 处房产，投资组合价值 13.09 亿欧元。公司是泛欧交易所 ISEQ 20 指数的成份股。

地址：爱尔兰都柏林风车路

### 3.5.21　公司名称：海克罗夫特投资有限公司

英文名称：Highcroft Investments PLC

物业类型：多元化房地产投资信托基金

公司类型：房地产投资信托基金

交易所：伦敦证券交易所

上市状态：上市

股票代码：HCFT

股价：9.95 英镑

市值：0.535 亿英镑

简介：海克罗夫特投资有限公司是一家内部管理的房地产投资信托公司，投资于英格兰和威尔士的商业地产。该公司拥有 22 个物业的多元化投资组合，从 30 个租赁项目中获取租金收入。这些租赁项目分布在仓库、零售仓库、休闲、办公和零售领域。

地址：英国牛津郡基德灵顿兰福德洛克斯托马斯大厦

### 3.5.22　公司名称：家园房地产投资信托有限公司

英文名称：Home REIT PLC

物业类型：住宅房地产投资信托基金

公司类型：房地产投资信托基金

交易所：伦敦证券交易所

上市状态：上市

股票代码：HOME

股价：1.184 英镑

市值：9.42 亿英镑

简介：家园房地产投资信托有限公司是一家总部位于英国的封闭式投资公司，专注于投资为无家可归者提供的社会福利住房。该公司的投资组合包括 9 处物业。阿尔维里姆基金管理公司（英国）有限公司是该公司的投资经理。

地址：英国伦敦芬斯伯里广场 1 号

### 3.5.23　公司名称：影响医疗保健房地产投资信托有限公司

英文名称：Impact Healthcare REIT PLC

物业类型：医疗保健房地产投资信托基金

公司类型：房地产投资信托基金

交易所：伦敦证券交易所

上市状态：上市

股票代码：IHR

股价：1.176英镑

市值：4.776亿英镑

简介：影响医疗保健房地产投资信托有限公司的目标是为股东提供有吸引力的和可持续的回报，主要以季度分红的形式，同时也在中期内实现资产净值的增长。

地址：英国百肖普思托伊斯特利公寓

**3.5.24 公司名称：工业房地产投资信托有限公司**

英文名称：Industrials REIT Limited

物业类型：工业房地产投资信托基金

公司类型：房地产投资信托基金

交易所：伦敦证券交易所

上市状态：上市

股票代码：MLI

股价：1.68英镑

市值：4.898亿英镑

简介：工业房地产投资信托有限公司及其子公司专注于在成熟的大型经济体中进行房地产投资，因为这些经济体拥有成熟的房地产市场。其投资组合分布于德国、英国和瑞士，包括在英国的多租户工业物业和非多租户工业物业。

地址：英国伦敦大波特兰街180号

**3.5.25 公司名称：KCR住宅房地产投资信托有限公司**

英文名称：KCR Residential REIT PLC

物业类型：住宅房地产投资信托基金

公司类型：房地产投资信托基金

交易所：伦敦证券交易所

上市状态：上市

股票代码：KCR

股价：0.145英镑

市值：0.060亿英镑

简介：KCR住宅房地产投资信托有限公司从事收购、发展及管理住宅物业的业务，以长期和短期租约出租给第三方。该公司还从事资产管理业务，包括对公司资产和第三方拥有的资产的管理。

地址：英国艾格镇高街77-79号格莱斯顿大厦

### 3.5.26　公司名称：土地证券集团有限公司

英文名称：Land Securities Group PLC
物业类型：多元化房地产投资信托基金
公司类型：房地产投资信托基金
交易所：伦敦证券交易所
上市状态：上市
股票代码：LAND
股价：7.178 英镑
市值：53.50 亿英镑
简介：土地证券集团有限公司是英国最大的商业地产开发和投资公司，成立于 2007 年 1 月。公司是富时 100 指数的成份股。
地址：英国伦敦维多利亚街 100 号

### 3.5.27　公司名称：伦敦公制房地产有限公司

英文名称：LondonMetric Property PLC
物业类型：多元化房地产投资信托基金
公司类型：房地产投资信托基金
交易所：伦敦证券交易所
上市状态：上市
股票代码：LMP
股价：2.46 英镑
市值：24.26 亿英镑
简介：伦敦公制房地产有限公司直接或通过合资协议从事房地产的投资和开发。
地址：英国伦敦市寇松街 1 号

### 3.5.28　公司名称：生命科学房地产投资信托有限公司

英文名称：Life Science REIT PLC
物业类型：办公房地产投资信托基金
公司类型：房地产投资信托基金
交易所：伦敦证券交易所
上市状态：上市
股票代码：LABS

股价：0.93 英镑
市值：3.237 亿英镑

简介：生命科学房地产投资信托有限公司是一家总部设在英国的投资公司，从事收购和开发房地产业务。该公司将多元化的物业租赁给生命科学领域的租户。其投资组合包括干湿实验室、办公室、孵化器和共同工作空间、制造和测试设施及数据中心。公司还收购单个建筑、跨越单个科学园区的一组建筑或整个科学园区。该公司的投资顾问是铁石资产管理有限公司。

地址：英国埃克塞特新北路 51 号博福特大厦

**3.5.29　公司名称：LXI 房地产投资信托有限公司**

英文名称：LXI REIT PLC
物业类型：多元化房地产投资信托基金
公司类型：房地产投资信托基金
交易所：伦敦证券交易所
上市状态：上市
股票代码：LXI
股价：1.474 英镑
市值：25.168 亿英镑

简介：LXI 房地产投资信托有限公司的投资目标是通过投资拥有以长期指数挂钩方式租赁的机构级租户的英国房地产组合，为股东提供中期通胀保值收入和资本增长。

地址：英国伦敦市伦敦墙 125 号 6 楼

**3.5.30　公司名称：麦凯证券有限公司**

英文名称：McKay Securities PLC
物业类型：多元化房地产投资信托基金
公司类型：房地产投资信托基金
交易所：伦敦证券交易所
上市状态：退市
股票代码：MCKS
股价：2.81 英镑
市值：2.592 亿英镑

简介：麦凯证券有限公司是一家总部设在英国的房地产投资信托公司。该公司专注于英国东南部和伦敦的办公、工业和物流物业的开发、管理和翻新。该公司的投资组合包括15处物业。工作空间集团于2022年5月以2.72亿英镑收购了麦凯证券。

地址：英国伯克郡雷丁市格雷弗里亚尔路20号

### 3.5.31 公司名称：新河房地产投资信托有限公司

英文名称：NewRiver REIT PLC

物业类型：零售房地产投资信托基金

公司类型：房地产投资信托基金

交易所：伦敦证券交易所

上市状态：上市

股票代码：NRR

股价：0.859英镑

市值：2.635亿英镑

简介：新河房地产投资信托有限公司专注于在英国购买、管理和开发零售及休闲房地产。该公司的购物中心、零售园区和酒吧为社区提供基本的商品和服务。

地址：英国伦敦新伯林顿广场16号

### 3.5.32 公司名称：王宫资本有限公司

英文名称：Palace Capital PLC

物业类型：多元化房地产投资信托基金

公司类型：房地产投资信托基金

交易所：伦敦证券交易所

上市状态：上市

股票代码：PCA

股价：2.77英镑

市值：1.2328亿英镑

简介：王宫资本有限公司的主要业务是商业地产投资。其房地产投资组合包括位于英国主要地区城镇和城市的投资物业，主要是在伦敦以外的地区进行投资。

地址：英国伦敦乔治场一号

### 3.5.33 公司名称：皮克顿房地产收入有限公司

英文名称：Picton Property Income Ltd.

物业类型：多元化房地产投资信托基金

公司类型：房地产投资信托基金

交易所：伦敦证券交易所

上市状态：上市

股票代码：PCTN

股价：0.911 英镑

市值：5.021 亿英镑

简介：皮克顿房地产收入有限公司在英国从事商业地产投资和管理。其投资组合包括工业、办公、零售、零售仓库和休闲物业。

地址：英国伦敦奥斯汀修道士路 28 号 1 楼

### 3.5.34　公司名称：初级健康房地产有限公司

英文名称：Primary Health Properties PLC

物业类型：医疗保健房地产投资信托基金

公司类型：房地产投资信托基金

交易所：伦敦证券交易所

上市状态：上市

股票代码：PHP

股价：1.455 英镑

市值：19.357 亿英镑

简介：初级健康房地产有限公司是一家控股公司和房地产投资信托基金公司。该公司通过其子公司投资英国和爱尔兰的医疗保健物业来产生租金收入和资本增长。其物业主要出租给全科医生、政府医疗保健机构和其他相关的医疗保健用户。

地址：英国伦敦干草市场 66-68 号绿色住宅 5 楼

### 3.5.35　公司名称：PRS 房地产投资信托有限公司

英文名称：PRS REIT PLC

物业类型：住宅房地产投资信托基金

公司类型：房地产投资信托基金

交易所：伦敦证券交易所

上市状态：上市

股票代码：PRSR

股价：1.078 英镑

市值：6.008 亿英镑

简介：PRS 房地产投资信托有限公司在英国从事私人租赁住宅的投资和管理。该公司投资于新建的私人出租多单元住宅物业。这些物业主要由家庭住宅组成，以有保证的短期租约出租给符合条件的租户。

地址：英国曼彻斯特圣安街 1 号 3 楼

### 3.5.36　公司名称：**房地产投资有限公司**

英文名称：Real Estate Investors PLC
物业类型：多元化房地产投资信托基金
公司类型：房地产投资信托基金
交易所：伦敦证券交易所
上市状态：上市
股票代码：RLE
股价：0.36 英镑
市值：0.6473 亿英镑

简介：房地产投资有限公司是一家商业地产投资公司，专注于英国中部地区成熟的房地产市场。该公司主要从事建筑投资组合的管理和开发。其投资组合主要是办公物业和零售物业。

地址：英国伯明翰科尔莫街 75/77 号 2 楼

### 3.5.37　公司名称：**区域房地产投资信托有限公司**

英文名称：Regional REIT Ltd.
物业类型：办公房地产投资信托基金
公司类型：房地产投资信托基金
交易所：伦敦证券交易所
上市状态：上市
股票代码：RGL
股价：0.727 英镑
市值：3.749 亿英镑

简介：区域房地产投资信托有限公司从事投资、持有和管理商业地产投资或以此类地产为担保的债务组合。其投资组合位于 M25 高速公路外的英国区域中心。

地址：英国格恩西岛圣桑普森布尔沃大道蒙特·克雷维特大厦

**3.5.38　公司名称：住宅安全收入有限公司**

英文名称：Residential Secure Income PLC
物业类型：住宅房地产投资信托基金
公司类型：房地产投资信托基金
交易所：伦敦证券交易所
上市状态：上市
股票代码：RESI
股价：1.105 英镑
市值：2.046 亿英镑
简介：住宅安全收入有限公司以房地产投资信托的形式运作。该公司投资于住宅资产类别，包括英国注册社会福利住房提供商、住房协会和地方当局的资产。
地址：英国水坑码头2号美人鱼大楼

**3.5.39　公司名称：安全商店控股有限公司**

英文名称：Safestore Holdings PLC
物业类型：自助存储房地产投资信托基金
公司类型：房地产投资信托基金
交易所：伦敦证券交易所
上市状态：上市
股票代码：SAFE
股价：11.10 英镑
市值：23.40 亿英镑
简介：安全商店控股有限公司是一家控股公司，致力于为商业和国内客户提供存储解决方案及相关商品和服务。该公司共有三个经营分公司，分别位于英国、法国巴黎和西班牙巴塞罗那。
地址：英国博勒姆伍德斯特林路英国大楼

**3.5.40　公司名称：施罗德欧洲房地产投资信托有限公司**

英文名称：Schroder European Real Estate Investment Trust PLC
物业类型：多元化房地产投资信托基金
公司类型：房地产投资信托基金
交易所：伦敦证券交易所

上市状态：上市

股票代码：SERE

股价：0.977 英镑

市值：1.306 亿英镑

简介：施罗德欧洲房地产投资信托有限公司在欧洲大陆从事投资机构商业房地产。该公司还投资其他类型的房地产，包括但不限于休闲、住宅、医疗保健、酒店和学生住宿物业。该公司直接投资房地产，或通过投资于特殊目的工具、合伙企业、信托等方式间接投资房地产。

地址：英国伦敦市伦敦墙广场 1 号

### 3.5.41　公司名称：施罗德房地产投资信托有限公司

英文名称：Schroder Real Estate Investment Trust Ltd.

物业类型：多元化房地产投资信托基金

公司类型：房地产投资信托基金

交易所：伦敦证券交易所

上市状态：上市

股票代码：SREI

股价：0.54 英镑

市值：2.651 亿英镑

简介：施罗德房地产投资信托有限公司的投资目标是通过拥有和积极管理一系列的英国房地产投资组合，为股东提供收入。该公司主要投资于办公、工业和零售物业。

地址：英国格恩西岛圣彼得港莱班克斯特拉法加公寓

### 3.5.42　公司名称：安全收入房地产投资信托有限公司

英文名称：Secure Income REIT PLC

物业类型：专业房地产投资信托基金

公司类型：房地产投资信托基金

交易所：场外交易（OTC）

上市状态：退市

股票代码：SIRTF

股价：4.61 英镑

市值：14.842 亿英镑

简介：安全收入房地产投资信托有限公司拥有约 160 个房地产资产的投资组

合，赚取抗通胀的长期租金收入。公司的酒店物业包括休闲、保健酒店和123家经济型酒店。其休闲资产包括四个旅游景点及相关客房、曼彻斯特室内竞技场、酿酒厂以及17家高街酒吧。其医疗保健资产包括约11家私立急症医院和一家私立精神病医院。该公司于2022年7月被LXI房地产投资信托收购。

地址：英国伦敦大伦敦区卡文迪什广场18号卡文迪什大厦

### 3.5.43　公司名称：赛格有限公司

英文名称：Segro PLC
物业类型：工业房地产投资信托基金
公司类型：房地产投资信托基金
交易所：伦敦证券交易所
上市状态：上市
股票代码：SGRO
股价：10.78英镑
市值：130.34亿英镑

简介：赛格有限公司是现代仓储和工业地产的所有者、资产管理者和开发商。该公司为其在英国和欧洲大陆的客户开发、拥有、出租和管理仓库和工业地产。该公司拥有位于大伦敦地区、泰晤士河谷、北欧、南欧和中欧的分公司。

地址：英国伦敦新伯林顿广场1号

### 3.5.44　公司名称：沙夫茨伯里有限公司

英文名称：Shaftesbury PLC
物业类型：多元化房地产投资信托基金
公司类型：房地产投资信托基金
交易所：伦敦证券交易所
上市状态：上市
股票代码：SHB
股价：5.115英镑
市值：19.40亿英镑

简介：沙夫茨伯里有限公司既是一家控股公司，也是一家房地产投资信托基金公司。该公司通过其子公司投资伦敦西区的物业，其投资组合集中在食品、饮料、零售和休闲用途的物业。

地址：英国伦敦甘顿街22号

### 3.5.45　公司名称：阿伯顿房地产收入信托有限公司

英文名称：Abrdn Property Income Trust Limited
物业类型：多元化房地产投资信托基金
公司类型：房地产投资信托基金
交易所：伦敦证券交易所
上市状态：上市
股票代码：SLI
股价：0.79 英镑
市值：3.124 亿英镑

简介：阿伯顿房地产收入信托有限公司，前身为标准人寿投资房地产收入信托有限公司。该公司投资英国的独立建筑和租赁投资物业组合，主要是在三个商业地产领域，即办公、零售和工业地产。此外，该公司还投资约10%的其他商业地产，并承担约10%总资产的地产开发。标准人寿投资（企业基金）有限公司是该公司的投资经理。

地址：英国埃塞克斯郡切姆斯福德

### 3.5.46　公司名称：超市收入房地产投资信托有限公司

英文名称：Supermarket Income REIT PLC
物业类型：零售房地产投资信托基金
公司类型：房地产投资信托基金
交易所：伦敦证券交易所
上市状态：上市
股票代码：SUPR
股价：1.28 英镑
市值：15.808 亿英镑

简介：超市收入房地产投资信托有限公司的投资目标是在中期内实现每年7%～10%的总回报。该公司及其子公司通过投资英国超市房地产资产的多元化投资组合，为股东提供收入。

地址：英国伦敦莱姆街52号折纸摩天大楼18层

### 3.5.47　公司名称：目标医疗保健房地产投资信托有限公司

英文名称：Target Healthcare REIT PLC
物业类型：医疗保健房地产投资信托基金

公司类型：房地产投资信托基金

交易所：伦敦证券交易所

上市状态：上市

股票代码：THRL

股价：1.174 英镑

市值：7.1575 亿英镑

简介：目标医疗保健房地产投资信托有限公司通过出租给英国护理医院的多元化投资组合以及其他医疗保健资产，实现资本和收入增长的潜力。其投资组合由大约 77 处物业组成，包括 73 个运营护理院和 4 个开发工地。该公司的投资负责方是目标基金管理有限公司。

地址：英国伦敦樱草街 20 号布罗德盖特大厦 13 层

### 3.5.48　公司名称：城镇中心证券有限公司

英文名称：Town Centre Securities PLC

物业类型：多元化房地产投资信托基金

公司类型：房地产投资信托基金

交易所：伦敦证券交易所

上市状态：上市

股票代码：TOWN

股价：1.71 英镑

市值：0.9245 亿英镑

简介：城镇中心证券有限公司主要经营位于利兹和曼彻斯特等地区的混合用途投资物业。该公司专注于三个业务领域，即物业租赁、停车场经营和酒店经营。

地址：英国利兹市梅里恩中心镇中心大厦

### 3.5.49　公司名称：三点社会福利住房房地产投资信托有限公司

英文名称：Triple Point Social Housing REIT PLC

物业类型：住宅房地产投资信托基金

公司类型：房地产投资信托基金

交易所：伦敦证券交易所

上市状态：上市

股票代码：SOHO

股价：0.919 英镑

市值：3.681 亿英镑

简介：三点社会福利住房房地产投资信托有限公司投资英国社会福利住房物业，尤其是受政府支持的福利住房。该公司拥有并管理出租给房屋管理者的长期的、与通货膨胀挂钩的、全面维修和拥有保险的租约。其物业组合大部分是经过改造的住宅物业，以便为有精神健康问题、学习困难或身体残疾的居民提供护理和支助。

地址：英国伦敦市威廉国王街1号

**3.5.50 公司名称：特雷泰克斯大卖场房地产投资信托有限公司**

英文名称：Tritax Big Box REIT PLC
物业类型：专业房地产投资信托基金
公司类型：房地产投资信托基金
交易所：伦敦证券交易所
上市状态：上市
股票代码：BBOX
股价：1.95英镑
市值：36.46亿英镑

简介：特雷泰克斯大卖场房地产投资信托有限公司投资、开发和管理英国的大卖场物流资产。该公司投资并管理创收资产和期房融资开发项目，还收购了适合物流使用的土地。

地址：英国伦敦老邦德街2-5号斯坦布鲁克大厦4楼

**3.5.51 公司名称：英国商业房地产投资信托有限公司**

英文名称：UK Commercial Property REIT Ltd.
物业类型：多元化房地产投资信托基金
公司类型：房地产投资信托基金
交易所：伦敦证券交易所
上市状态：上市
股票代码：UKCM
股价：0.538英镑
市值：7.51亿英镑

简介：英国商业房地产投资信托有限公司的投资目标是通过投资多元化的英国商业地产组合，为普通股东提供一定水平的收入和资本增长的潜力。

地址：英国格恩西岛圣彼得港莱邦克区特拉法加大楼

**3.5.52 公司名称：联合集团有限公司**

英文名称：Unite Group PLC

物业类型：住宅房地产投资信托基金
公司类型：房地产投资信托基金
交易所：伦敦证券交易所
上市状态：上市
股票代码：UTG
股价：11.50 英镑
市值：45.85 亿英镑
简介：联合集团有限公司拥有、运营和开发专门为高等教育部门服务的学生宿舍。该公司的运营部门管理由公司直接拥有或通过合资企业拥有的租赁物业，物业部门负责收购及发展物业。
地址：英国布里斯托尔坦普尔贝克南码头大厦

### 3.5.53　公司名称：城市物流房地产投资信托有限公司

英文名称：Urban Logistics REIT PLC
物业类型：工业房地产投资信托基金
公司类型：房地产投资信托基金
交易所：伦敦证券交易所
上市状态：上市
股票代码：SHED
股价：1.77 英镑
市值：8.354 亿英镑
简介：城市物流房地产投资信托有限公司投资英国规模较小的物流物业。该公司专注于英国的工业和物流地产，使企业能够运营基本的现代配送网络以应对电子商务带来的挑战和不断发展的经济基础设施需求。
地址：英国伦敦斯隆街 124 号

### 3.5.54　公司名称：仓储房地产投资信托有限公司

英文名称：Warehouse REIT PLC
物业类型：工业房地产投资信托基金
公司类型：房地产投资信托基金
交易所：伦敦证券交易所
上市状态：上市
股票代码：WHR
股价：1.534 英镑

市值：6.466 亿英镑

简介：仓储房地产投资信托有限公司通过投资英国商业仓库资产的多元化投资组合，为股东提供具有吸引力的收入和资本增长的潜力。

地址：英国埃克塞特新北路 51 号博福特大厦

### 3.5.55 公司名称：工作空间集团有限公司

英文名称：Workspace Group PLC

物业类型：办公房地产投资信托基金

公司类型：房地产投资信托基金

交易所：伦敦证券交易所

上市状态：上市

股票代码：WKP

股价：5.805 英镑

市值：11.115 亿英镑

简介：工作空间集团有限公司从事房地产投资，向伦敦各地的企业出租商业用房。其房地产投资组合包括位于伦敦的写字楼和工业地产。

地址：英国伦敦布里克斯顿路 1-3 号肯宁顿公园坎特伯雷大楼

### 3.5.56 公司名称：紫杉林房地产投资信托有限公司

英文名称：Yew Grove REIT PLC

物业类型：多元化房地产投资信托基金

公司类型：房地产投资信托基金

交易所：爱尔兰证券交易所

上市状态：退市

股票代码：YEW

股价：0.846 英镑

市值：1.171 亿英镑

简介：紫杉林房地产投资信托有限公司总部位于爱尔兰。其多元化的投资组合包括出租给政府机构和其他外国直接投资公司的办公和工业地产，主要经营位于都柏林市（除了都柏林中央商务区）的物业。该公司于 2022 年 2 月被石板办公信托（TSX：SOT.UN）收购。

地址：爱尔兰都柏林郡北都柏林费茨威廉广场 57 号

## 3.6 日本 REITs 列表[①]

### 3.6.1　公司名称：日本建筑基金公司

英文名称：Nippon Building Fund Inc.
物业类型：办公房地产投资信托基金
公司类型：房地产投资信托基金
交易所：东京证券交易所（TSE）
上市状态：上市
股票代码：8951
股价：705000 日元
市值：11991.98 亿日元
简介：日本建筑基金公司是一家总部设在日本的房地产投资信托公司。该公司主要投资位于东京中心地区、东京其他地区和日本其他地区城市的办公楼及其建筑工地。该公司还投资于证券和收益凭证。公司的资产管理者是日本建筑基金管理有限公司。
地址：日本东京

### 3.6.2　公司名称：日本房地产投资公司

英文名称：Japan Real Estate Investment Corporation
物业类型：办公房地产投资信托基金
公司类型：房地产投资信托基金
交易所：东京证券交易所
上市状态：上市
股票代码：8952
股价：649000 日元
市值：8990.01 亿日元
简介：日本房地产投资公司是一家房地产投资信托公司，该公司投资房地产和证券化的房地产产品。

---

[①] 日本 REITs 列表信息来自东京证券交易所（Tokyo Stock Exchange，2023）和 Japan REITs for All Investors 网站（2023）。

地址：日本东京

### 3.6.3　公司名称：**日本都市基金投资公司**

英文名称：Japan Metropolitan Fund Investment Corporation
物业类型：多元化房地产投资信托基金
公司类型：房地产投资信托基金
交易所：东京证券交易所
上市状态：上市
股票代码：8953
股价：110800 日元
市值：7743.91 亿日元

简介：日本都市基金投资公司于 2002 年 3 月在东京证券交易所房地产投资信托部上市。这是日本第一家专门针对零售资产的投资公司。作为最大的专注于零售物业的日本房地产投资信托基金，该公司将通过选择性收购优质零售物业，努力确保其单位持有人的稳定分配以及其物业组合价值的稳步增长。该公司与三菱公司—瑞银房地产公司就资产管理服务达成了协议。该公司是第一家跨境日本房地产投资信托资产管理公司，其中三菱商事持股 51%，瑞银资产管理公司持股 49%。

地址：日本东京

### 3.6.4　公司名称：**欧力士日本房地产投资信托公司**

英文名称：Orix JREIT，Inc.
物业类型：多元化房地产投资信托基金
公司类型：房地产投资信托基金
交易所：东京证券交易所
上市状态：上市
股票代码：8954
股价：191200 日元
市值：5277.12 亿日元

简介：欧力士日本房地产投资信托公司是日本第一家以写字楼、商业设施、住宅、物流设施、酒店等多种用途投资不动产的综合房地产投资信托基金公司。

地址：日本东京

### 3.6.5　公司名称：**日本优质房地产投资公司**

英文名称：Japan Prime Realty Investment Corporation

物业类型：多元化房地产投资信托基金
公司类型：房地产投资信托基金
交易所：东京证券交易所
上市状态：上市
股票代码：8955
股价：411000 日元
市值：4098.40 亿日元

简介：日本优质房地产投资公司主要拥有大东京地区的房地产。该公司的大部分物业组合由办公楼组成，其余不动产则是零售物业。公司的绝大部分资产都在东京地区，大多集中在东京市中心。该公司几乎所有的收入都来自向投资者募集资金，将这些资金投资房地产，然后从这些房地产中收取租金作为收入。其租户相当均匀地分布在服务、信息和通信、制造、金融、零售和房地产行业。

地址：日本东京

### 3.6.6　公司名称：NTT UD 房地产投资信托公司

英文名称：NTT UD REIT Investment Corporation
物业类型：多元化房地产投资信托基金
公司类型：房地产投资信托基金
交易所：东京证券交易所
上市状态：上市
股票代码：8956
股价：150100 日元
市值：2103.85 亿日元

简介：NTT UD 房地产投资信托公司旨在从中长期角度实现资产的可持续增长和稳定收益。该公司主要投资房地产，包括位于东京首都圈的办公楼和住宅物业。该公司的资产管理人是首要房地产投资信托顾问有限公司（Premier REIT Advisors Co., Ltd）。

地址：日本东京

### 3.6.7　公司名称：东急房地产投资信托公司

英文名称：Tokyu REIT, Inc.
物业类型：多元化房地产投资信托基金
公司类型：房地产投资信托基金

交易所：东京证券交易所

上市状态：上市

股票代码：8957

股价：194700 日元

市值：1903.39 亿日元

简介：东急房地产投资信托公司总部位于日本。该公司旨在从中长期角度实现资产的可持续增长和稳定收益，主要投资东京市中心的五个地区和东急铁路沿线地区包括办公楼和商业设施十栋大厦。该公司的资产管理人是东急房地产投资管理公司。

地址：日本东京

### 3.6.8 公司名称：环球 1 号房地产投资公司

英文名称：Global One Real Estate Investment Corporation

物业类型：办公房地产投资信托基金

公司类型：房地产投资信托基金

交易所：东京证券交易所

上市状态：上市

股票代码：8958

股价：110200 日元

市值：1045.79 亿日元

简介：环球 1 号房地产投资公司总部设在日本。该公司从长期角度投资物业，并在收购后的一段时间内继续推动需求。该公司选择投资物业的标准如下：从火车站容易到达，具有广阔办公空间的新建和大型建筑。该公司主要投资日本东京都市圈、中部地区和近畿地区的甲级写字楼。

地址：日本东京

### 3.6.9 公司名称：联合城市投资公司

英文名称：United Urban Investment Corporation

物业类型：多元化房地产投资信托基金

公司类型：房地产投资信托基金

交易所：东京证券交易所

上市状态：上市

股票代码：8960

股价：146300 日元

市值：4562.13 亿日元

简介：联合城市投资公司投资东京大都市地区和其他政府管辖城市的房地产，旨在通过投资商业建筑、办公楼、酒店和住宅等实现稳定的中长期收益，投资组合包括三处物业。公司的资产管理者是日本房地产投资信托顾问有限公司。

地址：日本东京

### 3.6.10 公司名称：森信托崇光房地产投资信托公司

英文名称：Mori Trust Sogo REIT, Inc.

物业类型：多元化房地产投资信托基金

公司类型：房地产投资信托基金

交易所：东京证券交易所

上市状态：上市

股票代码：8961

股价：144700 日元

市值：1910.04 亿日元

简介：森信托崇光房地产投资信托公司总部设在日本。其目标是从中长期角度实现可持续增长和稳定收益。该公司投资办公楼、商业设施、住宅和酒店，在东京市中心和其他地方拥有十多处房产。该公司的收入来自租赁业务。

地址：日本东京

### 3.6.11 公司名称：前沿房地产投资公司

英文名称：Frontier Real Estate Investment Corporation

物业类型：零售房地产投资信托基金

公司类型：房地产投资信托基金

交易所：东京证券交易所

上市状态：上市

股票代码：8964

股价：540000 日元

市值：2921.40 亿日元

简介：前沿房地产投资公司自 2004 年 8 月在东京证券交易所上市以来，专注于投资零售设施。2008 年 3 月，三井物产株式会社（以下简称三井物产）取代前赞助商日本烟草成为公司的新赞助商。在更换赞助商后，公司的资产规模在 2018 年 3 月达到 3000 亿日元，并通过利用三井物产的零售设施开发和信息收集能力继续稳步增长。此外，通过利用三井物产在运营和管理方面的专业知识，该公司获得了稳定的收益。

地址：日本东京

### 3.6.12　公司名称：平和房地产投资信托公司

英文名称：Heiwa Real Estate REIT, Inc.

物业类型：多元化房地产投资信托基金

公司类型：房地产投资信托基金

交易所：东京证券交易所

上市状态：上市

股票代码：8966

股价：151700日元

市值：1689.53亿日元

简介：平和房地产投资信托公司旨在从中长期角度实现资产的可持续增长和稳定收益。该公司主要投资以东京为中心的投资区域的写字楼和住宅。公司的资产管理人为平和房地产资产管理有限公司。

地址：日本东京

### 3.6.13　公司名称：日本物流基金公司

英文名称：Japan Logistics Fund, Inc.

物业类型：工业房地产投资信托基金

公司类型：房地产投资信托基金

交易所：东京证券交易所

上市状态：上市

股票代码：8967

股价：320500日元

市值：2923.47亿日元

简介：日本物流基金公司旨在从中长期角度实现资产的可持续增长和稳定收益。该公司主要投资东京、近畿、中部和九州地区的房地产，其物业组合包括8个物流中心。公司的资产管理人是三井物流局。

地址：日本东京

### 3.6.14　公司名称：福冈房地产投资信托公司

英文名称：Fukuoka REIT Corporation

物业类型：多元化房地产投资信托基金

公司类型：房地产投资信托基金

交易所：东京证券交易所

上市状态：上市

股票代码：8968

股价：171500日元

市值：1365.14亿日元

简介：福冈房地产投资信托公司从事房地产租赁业务。该公司投资娱乐型商业设施、写字楼和其他房地产项目。该公司在福冈县、山口县和冲绳县开展业务。

地址：日本福冈

**3.6.15 公司名称：肯尼迪克斯办公投资公司**

英文名称：Kenedix Office Investment Corporation

物业类型：办公房地产投资信托基金

公司类型：房地产投资信托基金

交易所：东京证券交易所

上市状态：上市

股票代码：8972

股价：706000日元

市值：3025.28亿日元

简介：肯尼迪克斯办公投资公司于2005年7月在东京证券交易所的房地产投资信托市场上市。该公司主要关注东京的中型写字楼物业与大型写字楼相比拥有更加多元化的租户基础，使公司能够为见多识广的投资者提供稳定而有吸引力的投资机会。此外，公司将环境、社会和治理因素确定为重要主题之一。

地址：日本东京

**3.6.16 公司名称：一期办公房地产投资信托公司**

英文名称：Ichigo Office REIT Investment Corporation

物业类型：办公房地产投资信托基金

公司类型：房地产投资信托基金

交易所：东京证券交易所

上市状态：上市

股票代码：8975

股价：84600日元

市值：1280.31亿日元

简介：一期办公房地产投资信托公司是一家专注于中型办公楼的专业化办公房地产投资信托基金公司。相对于大户型写字楼，该公司投资的中型办公楼流动性相对较高，租户需求更加多元化，是一种既提供稳定回报又具有上升潜力的资产类别。公司办公楼通过特定的租户服务、建筑结构改进和有针对性的租户租赁得到了显著增值的机会。公司致力于使其资产成为一项有吸引力的投资，有助于解决日本在老龄化社会和低利率环境下的养老基金挑战和退休需求。

地址：日本东京

### 3.6.17　公司名称：**大和办公投资公司**

英文名称：Daiwa Office Investment Corporation

物业类型：办公房地产投资信托基金

公司类型：房地产投资信托基金

交易所：东京证券交易所

上市状态：上市

股票代码：8976

股价：679000日元

市值：3276.37亿日元

简介：大和办公投资公司旨在实现投资资产的稳定收益和可持续增长，从中长期角度实现投资价值最大化。该公司主要投资包括千代田、中央区、港区、新宿和涩谷的东京五大区以及其他主要城市的写字楼。其物业组合包括四栋大和大厦及其他物业。公司的资产管理人为大和房地产资产管理有限公司。

地址：日本东京

### 3.6.18　公司名称：**阪急阪神房地产投资信托公司**

英文名称：Hankyu Hanshin REIT, Inc.

物业类型：多元化房地产投资信托基金

公司类型：房地产投资信托基金

交易所：东京证券交易所

上市状态：上市

股票代码：8977

股价：153800日元

市值：1069.22 亿日元

简介：阪急阪神房地产投资信托公司管理基金单位持有人投入的资金，主要投资房地产和房地产支持证券。其物业组合包括零售、办公及综合设施。该公司的大部分投资位于关西地区。

地址：日本大阪

**3.6.19 公司名称：大和房屋房地产投资信托公司**

英文名称：Daiwa House REIT Investment Corporation
物业类型：多元化房地产投资信托基金
公司类型：房地产投资信托基金
交易所：东京证券交易所
上市状态：上市
股票代码：8984
股价：318000 日元
市值：7377.60 亿日元

简介：大和房屋房地产投资信托公司的投资策略是以多元化投资组合为目标，以投资物流、住宅、零售及酒店物业为主，以投资写字楼及医疗物业等其他资产类别为辅。该公司从事房地产投资和管理，公司资产位于日本各地，主要集中在三大都市地区。

地址：日本东京

**3.6.20 公司名称：日本酒店房地产投资信托公司**

英文名称：Japan Hotel REIT Investment Corporation
物业类型：酒店房地产投资信托基金
公司类型：房地产投资信托基金
交易所：东京证券交易所
上市状态：上市
股票代码：8985
股价：69600 日元
市值：3109.04 亿日元

简介：日本酒店房地产投资信托公司旨在从中长期角度实现资产的可持续增长和稳定收益。该公司主要投资酒店房地产，其物业组合包括五家酒店。公司的资产管理人是日本酒店房地产投资信托顾问有限公司。

地址：日本东京

### 3.6.21　公司名称：大和证券生活投资公司

英文名称：Daiwa Securities Living Investment Corporation
物业类型：住宅房地产投资信托基金
公司类型：房地产投资信托基金
交易所：东京证券交易所
上市状态：上市
股票代码：8986
股价：123600 日元
市值：2725.24 亿日元
简介：大和证券生活投资公司是一家封闭式房地产投资信托公司。该公司主要投资位于东京、三大都市地区和其他地区的租赁住宿物业，这些物业包括至少9栋建筑。公司的资产管理人是大和房地产资产管理有限公司。
地址：日本东京

### 3.6.22　公司名称：日本卓越公司

英文名称：Japan Excellent, Inc.
物业类型：办公房地产投资信托基金
公司类型：房地产投资信托基金
交易所：东京证券交易所
上市状态：上市
股票代码：8987
股价：125100 日元
市值：1673.34 亿日元
简介：日本卓越公司旨在从中长期角度实现资产的可持续增长和稳定收益。公司主要投资位于东京都心六区、大阪和名古屋中部、东京周边地区（包括神奈川县、埼玉县和千叶县）以及其他政府指定城市的办公楼，物业组合包括十栋建筑。该公司的资产管理人为日本卓越资产管理有限公司。
地址：日本东京

### 3.6.23　公司名称：无敌投资公司

英文名称：Invincible Investment Company
物业类型：酒店房地产投资信托基金
公司类型：房地产投资信托基金

交易所：东京证券交易所

上市状态：上市

股票代码：8963

股价：42350 日元

市值：2582.01 亿日元

简介：无敌投资公司是一家封闭式房地产投资信托公司，旨在从中长期角度实现资产的可持续增长和稳定收益。该公司主要投资日本主要城市的房地产，其物业组合包括至少 7 栋建筑。公司的资产管理人是协和投资管理有限公司。

地址：日本东京

### 3.6.24　公司名称：日本住宿基金公司

英文名称：Nippon Accommodations Fund, Inc.

物业类型：住宅房地产投资信托基金

公司类型：房地产投资信托基金

交易所：东京证券交易所

上市状态：上市

股票代码：3226

股价：684000 日元

市值：3443.75 亿日元

简介：日本住宿基金公司总部设在日本。该公司旨在通过投资租赁住房和酒店设施组合，实现可持续增长和稳定的中长期收益。公司租赁住房的投资区域包括东京地区及日本地区，公司酒店设施的投资区域遍及日本各大城市。

地址：日本东京

### 3.6.25　公司名称：森山房地产投资信托公司

英文名称：Mori Hills REIT Investment Corporation

物业类型：办公房地产投资信托基金

公司类型：房地产投资信托基金

交易所：东京证券交易所

上市状态：上市

股票代码：3234

股价：152900 日元

市值：2930.07 亿日元

简介：森山房地产投资信托公司的投资领域为商业和写字楼等房地产。

地址：日本东京

### 3.6.26　公司名称：工业和基础设施基金投资公司

英文名称：Industrial & Infrastructure Fund Investment Corporation

物业类型：多元化房地产投资信托基金

公司类型：房地产投资信托基金

交易所：东京证券交易所

上市状态：上市

股票代码：3249

股价：183700 日元

市值：3802.62 亿日元

简介：工业和基础设施基金投资公司旨在从中长期角度实现资产的可持续增长和稳定收益。该公司主要投资东京、大阪、名古屋及周边城市地区的房地产。其物业包括三个物流中心。

地址：日本东京

### 3.6.27　公司名称：高级住宅投资公司

英文名称：Advance Residence Investment Corporation

物业类型：住宅房地产投资信托基金

公司类型：房地产投资信托基金

交易所：东京证券交易所

上市状态：上市

股票代码：3269

股价：364000 日元

市值：5041.40 亿日元

简介：高级住宅投资公司旨在从中长期角度实现资产的可持续增长和稳定收益。公司主要投资位于东京市中心等地区的住宅房地产，其物业组合主要包括九栋建筑。该公司的资产管理人为 AD 投资管理有限公司。

地址：日本东京

### 3.6.28　公司名称：创业收益投资公司

英文名称：Starts Proceed Investment Corporation

物业类型：住宅房地产投资信托基金

公司类型：房地产投资信托基金
交易所：东京证券交易所
上市状态：上市
股票代码：8979
股价：252700 日元
市值：641.29 亿日元
简介：创业收益投资公司旨在从中长期角度实现资产的可持续增长和稳定收益。该公司主要投资东京、大阪、名古屋、仙台、福冈和其他大都市地区的租赁住房和月供公寓、酒店式公寓、酒店及老年人设施，其物业组合包括至少四栋大楼。公司的资产管理人为创业资产管理有限公司。
地址：日本东京

### 3.6.29　公司名称：肯尼迪克斯住宅领先投资公司

英文名称：Kenedix Residential Next Investment Corporation
物业类型：多元化房地产投资信托基金
公司类型：房地产投资信托基金
交易所：东京证券交易所
上市状态：上市
股票代码：3278
股价：219100 日元
市值：2291.26 亿日元
简介：肯尼迪克斯住宅领先投资公司投资公寓大楼等住宅物业，为整个日本提供服务。
地址：日本东京

### 3.6.30　公司名称：艾克缇维亚房地产公司

英文名称：Activia Properties，Inc.
物业类型：多元化房地产投资信托基金
公司类型：房地产投资信托基金
交易所：东京证券交易所
上市状态：上市
股票代码：3279
股价：416000 日元
市值：3380.27 亿日元

简介：艾克缇维亚房地产公司总部位于日本。该公司主要投资东京的城市型商业设施和写字楼，其物业包括至少4栋建筑。公司旨在实现中长期稳定收益和可持续资本增值。该公司的资产管理人是 TLC 房地产投资信托管理公司。

地址：日本东京

**3.6.31　公司名称：普洛斯日本房地产投资信托**

英文名称：GLP J-REIT

物业类型：工业房地产投资信托基金

公司类型：房地产投资信托基金

交易所：东京证券交易所

上市状态：上市

股票代码：3281

股价：174800 日元

市值：7849.17 亿日元

简介：普洛斯日本房地产投资信托于 2012 年 12 月在东京证券交易所房地产投资信托市场上市，是一家专注于物流设施的房地产投资公司。该公司是日本同类公司中规模最大的。在现代物流设施和相关技术的全球运营商普洛斯集团的赞助下，公司旨在获得稳定的收入，并在中长期内实现管理资产的稳定增长。该公司试图通过投资主要位于东京大都市地区和关西地区的现代物流设施来实现这一目标。

地址：日本东京

**3.6.32　公司名称：康富利亚住宅房地产投资信托公司**

英文名称：Comforia Residential REIT, Inc.

物业类型：住宅房地产投资信托基金

公司类型：房地产投资信托基金

交易所：东京证券交易所

上市状态：上市

股票代码：3282

股价：339000 日元

市值：2427.18 亿日元

简介：康富利亚住宅房地产投资信托公司总部设在日本。该公司主要投资供租赁的住宅房地产及房地产支持资产，并专注于收益稳定的一般租赁物业的投资，其投资组合主要包括面向单身人士和小家庭的租赁物业。公司主要投资位于东京都的租赁物业和其他城市社区的住宅物业。这些物业包括四栋建筑物及其他土地和建筑物。

地址：日本东京

### 3.6.33 公司名称：日本安博房地产投资信托公司

英文名称：Nippon Prologis REIT, Inc.
物业类型：工业房地产投资信托基金
公司类型：房地产投资信托基金
交易所：东京证券交易所
上市状态：上市
股票代码：3283
股价：350500 日元
市值：9359.58 亿日元

简介：日本安博房地产投资信托公司于 2013 年 2 月在东京证券交易所上市，该公司的战略重点是日本的物流设施。物流设施作为现代商业和工业的支柱，在日本的基础设施中发挥着至关重要的作用。具体而言，公司投资高质量的甲级物流设施，拥有并运营这些设施以实现公司中长期目标。甲级物流设施是指满足所有关于规模、位置、功能和安全要求的设施。

地址：日本东京

### 3.6.34 公司名称：星野度假村房地产投资信托公司

英文名称：Hoshino Resorts REIT, Inc.
物业类型：酒店房地产投资信托基金
公司类型：房地产投资信托基金
交易所：东京证券交易所
上市状态：上市
股票代码：3287
股价：636000 日元
市值：1625.35 亿日元

简介：星野度假村房地产投资信托公司旨在从中长期角度实现资产的可持续增长和稳定收益。该公司主要投资酒店、客栈、附属设施和房地产相关证券。其物业组合包括星野度假村集团经营的物业，非星野度假村集团经营的物业以及星野度假村集团相关的海外物业。公司的资产管理人为星野度假村资产管理有限公司。

地址：日本东京

### 3.6.35　公司名称：壹房地产投资信托公司

英文名称：One REIT, Inc.
物业类型：办公房地产投资信托基金
公司类型：房地产投资信托基金
交易所：东京证券交易所
上市状态：上市
股票代码：3290
股价：275200 日元
市值：738.82 亿日元

简介：壹房地产投资信托基金于 2021 年 9 月收购了六个物业（收购总价 156.57 亿日元），从寻求通过租户多元化和稳定收入基础来提高其投资组合的质量。此外，该公司开展的租赁活动侧重于房屋维护和提高入住率，如根据市场趋势灵活设定新的要价租金，以及实现考虑租户需求和物业特点的最优物业管理成本。

地址：日本东京

### 3.6.36　公司名称：永旺房地产投资信托公司

英文名称：Aeon REIT Investment Corporation
物业类型：零售房地产投资信托基金
公司类型：房地产投资信托基金
交易所：东京证券交易所
上市状态：上市
股票代码：3292
股价：145300 日元
市值：3154.61 亿日元

简介：永旺房地产投资信托公司于 2013 年 11 月在东京证券交易所房地产投资信托市场上市，成为第一只由零售公司发起的房地产投资信托基金。该公司主要投资商业设施，作为支撑当地社区繁荣生活方式的生计基础设施资产。公司旨在通过利用永旺集团的能力，确保中长期的稳定收入并实现稳定的投资组合增长。

地址：日本东京

**3.6.37 公司名称：胡利克房地产投资信托公司**

英文名称：Hulic REIT, Inc.
物业类型：多元化房地产投资信托基金
公司类型：房地产投资信托基金
交易所：东京证券交易所
上市状态：上市
股票代码：3295
股价：165400 日元
市值：2381.76 亿日元
简介：胡利克房地产投资信托公司总部位于日本。该公司主要投资房地产，包括办公楼和商业设施。公司的目标投资区域是日本的主要城市及其周边地区，重点是位于东京及其周边主要城市的商业设施和办公物业。其物业组合包括 7 栋大楼。该公司的资产管理公司是胡利克房地产投资信托管理公司。
地址：日本东京

**3.6.38 公司名称：日本房地产投资信托公司**

英文名称：Nippon REIT Investment Corporation
物业类型：多元化房地产投资信托基金
公司类型：房地产投资信托基金
交易所：东京证券交易所
上市状态：上市
股票代码：3296
股价：371000 日元
市值：1169.24 亿日元
简介：日本房地产投资信托公司成立于 2010 年 9 月，通过将资金投资办公楼、住宅物业和零售设施来管理资产。
地址：日本东京

**3.6.39 公司名称：东正房地产投资信托公司**

英文名称：Tosei REIT Investment Corporation
物业类型：多元化房地产投资信托基金
公司类型：房地产投资信托基金
交易所：东京证券交易所

上市状态：上市

股票代码：3451

股价：136300 日元

市值：492.73 亿日元

简介：东正房地产投资信托公司投资中小型的办公楼、零售设施、住宅物业和物流设施。该公司寻求通过利用和振兴现有建筑存量来进一步振兴日本的房地产市场，并为扩大日本房地产投资信托基金市场的规模和范围做出贡献。

地址：日本东京

**3.6.40　公司名称：积水住宅房地产投资信托公司**

英文名称：Sekisui House REIT, Inc.

物业类型：多元化房地产投资信托基金

公司类型：房地产投资信托基金

交易所：东京证券交易所

上市状态：上市

股票代码：3309

股价：82800 日元

市值：3668.98 亿日元

简介：积水住宅房地产投资信托公司总部设在日本。公司主要投资东京、大阪和名古屋地区的商业设施，包括办公楼、商业场所和酒店。该公司的资产管理人是积水住宅资产管理有限公司。

地址：日本东京

**3.6.41　公司名称：肯尼迪克斯零售房地产投资信托公司**

英文名称：Kenedix Retail REIT Corporation

物业类型：零售房地产投资信托基金

公司类型：房地产投资信托基金

交易所：东京证券交易所

上市状态：上市

股票代码：3453

股价：283200 日元

市值：1648.73 亿日元

简介：肯尼迪克斯零售房地产投资信托公司主要投资房地产和证券化的房地产产品，以及东京、大阪、名古屋和福冈地区的购物中心和超市等商业地产。

地址：日本东京

### 3.6.42　公司名称：保健和医疗投资公司

英文名称：Healthcare & Medical Investment Corporation
物业类型：医疗保健房地产投资信托基金
公司类型：房地产投资信托基金
交易所：东京证券交易所
上市状态：上市
股票代码：3455
股价：169800 日元
市值：610.43 亿日元
简介：保健和医疗投资公司的目标是通过积极利用公司主要发起人在护理和医疗服务、基金管理和金融领域的专业知识，在中长期内稳定管理资产和增加这些资产。
地址：日本东京

### 3.6.43　公司名称：萨姆缇住宅投资公司

英文名称：Samty Residential Investment Corporation
物业类型：住宅房地产投资信托基金
公司类型：房地产投资信托基金
交易所：东京证券交易所
上市状态：上市
股票代码：3459
股价：126300 日元
市值：1057.39 亿日元
简介：萨姆缇住宅投资公司主要投资房地产和证券化的房地产产品。其物业主要为城镇和城市的租赁住宿、酒店和医疗保健设施。
地址：日本东京

### 3.6.44　公司名称：野村房地产主基金公司

英文名称：Nomura Real Estate Master Fund, Inc.
物业类型：多元化房地产投资信托基金
公司类型：房地产投资信托基金
交易所：东京证券交易所

上市状态：上市

股票代码：3462

股价：170100 日元

市值：8020.56 亿日元

简介：野村房地产主基金公司旨在从中长期角度实现资产的可持续增长和稳定收益。该公司主要投资位于三大都市地区（东京都、中京地区和近畿地区）和其他主要城市（包括法定城市或周边地区）的商业建筑和物流设施。其资产管理人为野村房地产资产管理有限公司。

地址：日本东京

### 3.6.45 公司名称：一期酒店房地产投资信托公司

英文名称：Ichigo Hotel REIT Investment Corporation

物业类型：酒店房地产投资信托基金

公司类型：房地产投资信托基金

交易所：东京证券交易所

上市状态：上市

股票代码：3463

股价：93500 日元

市值：238.40 亿日元

简介：一期酒店房地产投资信托公司于 2015 年 11 月在东京证券交易所日本房地产投资信托基金板块上市。作为一期集团的子公司，该公司于 2015 年 7 月根据《投资信托和投资公司法》建立。该公司是一家专业化的酒店房地产投资信托基金公司，其资产由一期投资顾问有限公司管理。

地址：日本东京

### 3.6.46 公司名称：拉萨尔物流港房地产投资信托

英文名称：LaSalle Logiport REIT

物业类型：工业房地产投资信托基金

公司类型：房地产投资信托基金

交易所：东京证券交易所

上市状态：上市

股票代码：3466

股价：173200 日元

市值：3091.62 亿日元

简介：拉萨尔物流港房地产投资信托旨在投资特定的房地产。该公司主要投资位于东京地区和大阪地区的物流设施。其资产管理者是拉萨尔房地产投资信托顾问株式会社。

地址：日本东京

**3.6.47　公司名称：明星亚洲投资公司**

英文名称：Star Asia Investment Corporation
物业类型：多元化房地产投资信托基金
公司类型：房地产投资信托基金
交易所：东京证券交易所
上市状态：上市
股票代码：3468
股价：56900 日元
市值：1018.16 亿日元

简介：明星亚洲投资公司于 2016 年 4 月在东京证券交易所不动产投资信托证券市场上市。2020 年 8 月，该公司兼并了樱花崇光房地产投资信托公司，扩大了资产规模。该公司的资助者是明星亚洲集团，通过向主要在美国的机构投资者提供投资日本房地产等相关资产的机会，积累了良好的业绩。公司旨在成为一家多元化的房地产投资信托基金公司，并致力于投资办公、零售、住宅、物流、学生宿舍以及酒店物业。

地址：日本东京

**3.6.48　公司名称：球藻区域振兴房地产投资信托公司**

英文名称：Marimo Regional Revitalization REIT, Inc.
物业类型：多元化房地产投资信托基金
公司类型：房地产投资信托基金
交易所：东京证券交易所
上市状态：上市
股票代码：3470
股价：134000 日元
市值：257.85 亿日元

简介：球藻区域振兴房地产投资信托公司主要在日本地方城市投资住宅、商业设施、酒店和办公室等房地产。

地址：日本东京

### 3.6.49　公司名称：三井不动产物流园公司

英文名称：Mitsui Fudosan Logistics Park，Inc.
物业类型：工业房地产投资信托基金
公司类型：房地产投资信托基金
交易所：东京证券交易所
上市状态：上市
股票代码：3471
股价：527000 日元
市值：3035.52 亿日元
简介：三井不动产物流园公司主要投资日本及海外的物流设施和其他房地产，其投资组合包括 9 处物业。公司的资产管理人是三井不动产物流房地产投资信托管理有限公司。
地址：日本东京

### 3.6.50　公司名称：大江户温泉房地产投资信托公司

英文名称：Ooedo Onsen REIT Investment Corporation
物业类型：酒店房地产投资信托基金
公司类型：房地产投资信托基金
交易所：东京证券交易所
上市状态：上市
股票代码：3472
股价：67300 日元
市值：158.39 亿日元
简介：大江户温泉房地产投资信托公司主要投资和管理日本主要城市的客栈、酒店、温泉设施、度假设施和其他休闲设施等房地产资产，其投资组合包括 13 处物业。该公司的资产管理人是大江户温泉资产管理株式会社。
地址：日本东京

### 3.6.51　公司名称：未来公司

英文名称：MIRAI Corporation
物业类型：多元化房地产投资信托基金
公司类型：房地产投资信托基金
交易所：东京证券交易所

上市状态：上市

股票代码：3476

股价：50100 日元

市值：887.49 亿日元

简介：未来公司于 2016 年 12 月将其投资单位在东京证券交易所的房地产投资信托市场上市。该公司是一家多元化的日本房地产投资信托基金公司，由日本领先的财团之一三井物产集团和拥有丰富投资经验的独立资产管理公司井寺资产管理公司发起。

地址：日本东京

**3.6.52 公司名称：森信托酒店房地产投资信托公司**

英文名称：Mori Trust Hotel REIT, Inc.

物业类型：酒店房地产投资信托基金

公司类型：房地产投资信托基金

交易所：东京证券交易所

上市状态：上市

股票代码：3478

股价：129900 日元

市值：649.50 亿日元

简介：森信托酒店房地产投资信托公司于 2017 年 2 月在东京证券交易所的房地产投资信托市场上市。该公司有两个发起人，分别是具有房地产开发能力的森信托有限公司和具有酒店运营和管理能力的森信托酒店及度假有限公司。在这两个发起人的帮助下，公司专注于投资有吸引力的酒店，旨在给单位持有人提供稳定的收益和增长。

地址：日本东京

**3.6.53 公司名称：三菱不动产物流房地产投资信托公司**

英文名称：Mitsubishi Estate Logistics REIT Investment Corporation

物业类型：工业房地产投资信托基金

公司类型：房地产投资信托基金

交易所：东京证券交易所

上市状态：上市

股票代码：3481

股价：479000 日元

市值：2155.19亿日元

简介：三菱不动产物流房地产投资信托公司提供物流设施投资信托、商业办公室投资信托和其他服务。公司为日本各地提供服务。

地址：日本东京

**3.6.54　公司名称：CRE 物流房地产投资信托公司**

英文名称：CRE Logistics REIT, Inc.

物业类型：工业房地产投资信托基金

公司类型：房地产投资信托基金

交易所：东京证券交易所

上市状态：上市

股票代码：3487

股价：202100日元

市值：1141.26亿日元

简介：CRE 物流房地产投资信托公司的赞助商 CRE 公司自 1964 年成立以来，已在日本物流房地产市场与业主、物流运营商和托运商合作开展了 50 多年的房地产业务。该公司利用 CRE 集团的资源和能力，投资高质量的物流相关设施。

地址：日本东京

**3.6.55　公司名称：西麦克斯房地产投资信托公司**

英文名称：Xymax REIT Investment Corporation

物业类型：多元化房地产投资信托基金

公司类型：房地产投资信托基金

交易所：东京证券交易所

上市状态：上市

股票代码：3488

股价：129000日元

市值：322.05亿日元

简介：西麦克斯房地产投资信托公司主要投资日本东京和周边地区的写字楼、商业设施和酒店，其物业组合包括至少 6 栋大楼。该公司的资产管理人是西麦克斯房地产投资顾问公司。

地址：日本东京

**3.6.56　公司名称：宝生物乐本房地产投资公司**

英文名称：Takara Leben Real Estate Investment Corporation
物业类型：多元化房地产投资信托基金
公司类型：房地产投资信托基金
交易所：东京证券交易所
上市状态：上市
股票代码：3492
股价：115700 日元
市值：665.28 亿日元
简介：宝生物乐本房地产投资公司于 2018 年 7 月在东京证券交易所房地产投资信托市场上市。该公司是一家多元化的日本房地产投资信托基金公司，经营办公楼、住宅、酒店和零售设施等物业。
地址：日本东京

**3.6.57　公司名称：领先物流投资公司**

英文名称：Advance Logistics Investment Corporation
物业类型：工业房地产投资信托基金
公司类型：房地产投资信托基金
交易所：东京证券交易所
上市状态：上市
股票代码：3493
股价：154800 日元
市值：929.00 亿日元
简介：领先物流投资公司主要投资关东和关西地区的物流地产，其投资组合包括至少 8 处物业。公司的资产管理人为伊藤忠房地产投资信托管理有限公司。
地址：日本东京

**3.6.58　公司名称：埃斯康日本房地产投资信托公司**

英文名称：Escon Japan REIT Investment Corporation
物业类型：多元化房地产投资信托基金
公司类型：房地产投资信托基金
交易所：东京证券交易所
上市状态：上市

股票代码：2971

股价：118000 日元

市值：415.32 亿日元

简介：埃斯康日本房地产投资信托公司是一家封闭式房地产投资信托基金公司。该公司主要投资商业设施、酒店、住宅设施、物流设施等物业。其商业设施位于直接面对车站的日常生活区、人口密集区和主要道路附近。

地址：日本东京

### 3.6.59　公司名称：产经房地产有限公司

英文名称：Sankei Real Estate，Inc.

物业类型：办公房地产投资信托基金

公司类型：房地产投资信托基金

交易所：东京证券交易所

上市状态：上市

股票代码：2972

股价：99300 日元

市值：463.83 亿日元

简介：产经房地产有限公司于 2019 年 3 月在东京证券交易所房地产投资信托市场上市。该公司主要投资东京、大阪和名古屋地区，将办公楼设定为主要投资目标，同时将次级资产设定为次要投资目标，并在其中进行固定比例的投资。次级资产能够抵御周期性的房地产市场波动。在外部增长方面，公司旨在通过与其赞助商（产经建筑集团）建立资产回收商业模式来扩大其资产规模，承担媒体财团富士媒体控股公司的"城市发展、酒店和度假村"业务，从而确保赞助商开发和/或拥有的办公楼和次级资产的管道。在内部增长方面，公司旨在通过最大限度地利用发起人集团的平台（涵盖开发、运营、管理和各种其他功能），在中长期内维持和提高管理资产的收益。

地址：日本东京

### 3.6.60　公司名称：索斯拉物流房地产投资信托公司

英文名称：SOSiLA Logistics REIT，Inc.

物业类型：工业房地产投资信托基金

公司类型：房地产投资信托基金

交易所：东京证券交易所

上市状态：上市

股票代码：2979

股价：154500 日元

市值：1053.10 亿日元

简介：索斯拉物流房地产投资信托公司主要投资关东和关西地区的物流和工业地产，其投资组合包括至少 4 处物业。

地址：日本东京

### 3.6.61 公司名称：东海道房地产投资信托公司

英文名称：Tokaido REIT, Inc.

物业类型：多元化房地产投资信托基金

公司类型：房地产投资信托基金

交易所：东京证券交易所

上市状态：上市

股票代码：2989

股价：124400 日元

市值：219.94 亿日元

简介：东海道房地产投资信托公司于 2021 年 6 月在东京证券交易所房地产投资信托市场上市。该公司主要投资连接日本东部和西部枢纽的东海道地区固定设施，投资重点是以静冈市为核心的工业区（包括静冈市、爱知县和三重县）。

地址：日本东京

## 3.7 法国 REITs 列表[①]

### 3.7.1 公司名称：赛格有限公司

英文名称：Segro PLC

物业类型：工业房地产投资信托基金

公司类型：房地产投资信托基金

交易所：巴黎证券交易所（PAR）

上市状态：上市

---

① 法国 REITs 列表信息来自巴黎证券交易所（Paris Stock Exchange, 2023）。

股票代码：SGRO
股价：11.30 欧元
市值：156.5 亿欧元
简介：赛格有限公司是一家英国房地产投资信托基金公司，其在巴黎证券交易所上市，拥有、管理和开发现代仓库和轻工业地产。该公司拥有或管理 810 万平方米的空间，价值 133 亿欧元，服务于各行各业的客户。其物业位于英国及其他七个欧洲国家的主要城市及周边地区和主要交通枢纽。
地址：英国伦敦

### 3.7.2 公司名称：URW 公司

英文名称：Unibail-Rodamco-Westfield SE
物业类型：零售房地产投资信托基金
公司类型：房地产投资信托基金
交易所：阿姆斯特丹证券交易所（AEX）、巴黎证券交易所（PAR）
上市状态：上市
股票代码：URW
股价：49.85 欧元
市值：69.20 亿欧元
简介：URW 公司是全球领先的旗舰店开发商和运营商，截至 2023 年，其投资组合价值为 510 亿欧元，其中 87% 为零售，6% 为办公，5% 为会议和展览场所，2% 为服务；该公司拥有并经营 75 家购物中心，这些购物中心每年接待 9 亿人次的访问。该公司在 12 个国家开展业务，拥有 2700 名专业人员。该公司的股票还通过 Chess 存托权益在澳大利亚二次上市。该公司受益于标准普尔的 A 评级和穆迪的 Baa1 评级。
地址：法国巴黎

### 3.7.3 公司名称：盖西纳有限公司

英文名称：Gecina SA
物业类型：办公房地产投资信托基金
公司类型：房地产投资信托基金
交易所：巴黎证券交易所
上市状态：上市
股票代码：GFC
股价：93.35 欧元

市值：68.80亿欧元

简介：盖西纳有限公司经营创新和可持续的生活空间。该集团拥有、管理和开发欧洲领先的写字楼投资组合，其中近97%位于巴黎地区，以及住宅资产和学生公寓投资组合，其中包括9000多套公寓。截至2020年6月底，这些投资组合的价值为200亿欧元。这是一家法国房地产投资信托公司，是众多指数的成份股（如SBF 120指数、CAC Next 20指数）。2020年，该公司被授予CDP气候变化排名中的最高A级。

地址：法国巴黎

### 3.7.4　公司名称：克莱皮埃尔公司

英文名称：Klepierre SA

物业类型：零售房地产投资信托基金

公司类型：房地产投资信托基金

交易所：巴黎证券交易所

上市状态：上市

股票代码：LI

股价：20.86欧元

市值：59.50亿欧元

简介：克莱皮埃尔公司是欧洲购物中心的领导者，集开发、物业和资产管理技能于一身。截至2020年6月30日，该公司的投资组合价值228亿欧元，由欧洲大陆12个国家的大型购物中心组成，每年接待11亿人次。公司是斯堪的纳维亚头号购物中心所有者并持有斯蒂恩和斯特罗姆公司56.1%的控股权。该公司被纳入众多指数中（如CAC Next 20指数、富时社会责任指数）。这突出了公司积极对可持续发展政策做出的承诺及其在应对气候变化方面的全球领导地位。

地址：法国巴黎

### 3.7.5　公司名称：科维维公司

英文名称：Covivio

物业类型：多元化地产投资信托基金

公司类型：房地产投资信托基金

交易所：巴黎证券交易所

上市状态：上市

股票代码：COV

股价：57.60欧元

市值：54.00 亿欧元

简介：科维维公司作为一家在欧洲受欢迎的房地产公司，贴近终端用户，捕捉用户喜好，将工作、旅行、生活结合起来，共同创造充满活力的空间。作为拥有 250 亿欧元资产的欧洲房地产市场的标杆，该公司为其他公司、酒店品牌和地区提供支持，帮助这些公司提高吸引力和实现转型。

地址：法国巴黎

### 3.7.6　公司名称：里昂土地学会公司

英文名称：Société Foncière Lyonnaise SA
物业类型：办公房地产投资信托基金
公司类型：房地产投资信托基金
交易所：巴黎证券交易所
上市状态：上市
股票代码：FLY
股价：85.60 欧元
市值：36.7 亿欧元

简介：里昂土地学会公司作为巴黎商业地产市场的领导者，因其物业组合的质量脱颖而出，其物业组合价值 72 亿欧元，主要集中在巴黎的中央商业区。该公司的客户都是久负盛名的，包括咨询、媒体、数字、奢侈品、金融和保险行业的知名公司。作为法国历史最悠久的房地产公司，该公司坚持致力于为用户创造高使用价值，并最终为其物业创造可观的评估价值。

地址：法国巴黎

### 3.7.7　公司名称：艾卡公司

英文名称：Icade SA
物业类型：多元化房地产投资信托基金
公司类型：房地产投资信托基金
交易所：巴黎证券交易所
上市状态：上市
股票代码：ICAD
股价：46.06 欧元
市值：34.90 亿欧元

简介：作为投资者和开发商，艾卡公司是一家多元化的房地产公司，提供创新的房地产产品和服务，以适应新的城市生活方式和习惯。通过将企业社会责任和创新置于其战略的核心,该公司作为办公室和医疗保健房地产投资者(物业价值116亿欧元)和房地产开发商(年收入近10亿欧元),与地方当局、社区和企业密切合作,重塑房地产业务,促进未来更绿色、更智能的城市的发展。公司是巴黎地区和法国主要城市的重要参与者,其主要股东是法国邮政集团。

地址:法国伊西莱穆里略

### 3.7.8 公司名称:阿塔利亚公司

英文名称:Altarea SCA
物业类型:多元化房地产投资信托基金
公司类型:房地产投资信托基金
交易所:巴黎证券交易所
上市状态:上市
股票代码:ALTA
股价:143.00欧元
市值:29.10亿欧元

简介:阿塔利亚公司是法国领先的房地产开发商。作为开发商和投资者,该公司在三个主要房地产市场(即零售、住宅和商业地产)开展业务,引领法国大型多用途城市改造项目。该公司拥有设计、开发、营销和管理定制房地产产品所需的专业知识。截至2020年6月30日,公司管理着53亿欧元的零售物业(包括30亿欧元的公司股份)。该公司在巴黎泛欧证券交易所的A区上市。

地址:法国巴黎

### 3.7.9 公司名称:科维维酒店

英文名称:Covivio Hotels
物业类型:酒店房地产投资信托基金
公司类型:房地产投资信托基金
交易所:巴黎证券交易所
上市状态:上市
股票代码:COVH
股价:16.50欧元
市值:24.40亿欧元

简介:科维维酒店,原名冯希尔摩尔公司,是一家总部位于法国的金融公司。该公司作为一家房地产投资信托公司运营,专门从事房地产资产的持有和管理。公司主要投资于酒店行业,其财产清单包括近400个文化遗产酒店。该公司通过许多全资子公司、部分控股子公司和附属公司运营。除了在法国，该公司还在西班牙、德国、比利时、葡萄牙、荷兰等国家设有分支机构。

地址：法国巴黎

### 3.7.10 公司名称：卡米拉有限公司

英文名称：Carmila SA

物业类型：零售房地产投资信托基金

公司类型：房地产投资信托基金

交易所：巴黎证券交易所

上市状态：上市

股票代码：CARM

股价：15.16 欧元

市值：21.80 亿欧元

简介：卡米拉有限公司作为欧洲大陆第三家购物中心上市公司，由家乐福和主要机构投资者创建，旨在改造和提升法国、西班牙和意大利的家乐福商店附近的购物中心。截至 2020 年 6 月 30 日，其投资组合包括 215 个优质购物中心，价值 62 亿欧元。该公司将邻近性作为其所有行动的核心，旨在简化生活，改善所有地区中心的商人和客户的日常生活。公司团队整合了关于运营、中心管理、营销、本地数字营销、新业务和企业社会责任的专业知识。公司受益于上市房地产投资信托公司制度。2017 年，公司加入富时 EPRA/NAREIT 全球房地产（欧洲、中东和非洲地区）指数。2018 年，公司加入泛欧交易所 CAC 小盘、CAC 中小盘及 CAC 全交易指数。

地址：法国布洛涅-比扬古

### 3.7.11 公司名称：阿甘公司

英文名称：Argan SA

物业类型：工业房地产投资信托基金

公司类型：房地产投资信托基金

交易所：巴黎证券交易所

上市状态：上市

股票代码：ARG

股价：94.00 欧元

市值：21.60 亿欧元

简介：阿甘公司成立于 1993 年，在法国从事设计、建造、开发、拥有、租赁和管理物流平台业务。公司还参与土地的开发和管理。公司的房地产总面积为806000平方米,服务于托运人和物流公司。

地址:法国塞纳河畔诺伊

**3.7.12 公司名称:蒙特亚康姆公司**[①]

英文名称:Montea Comm. VA

物业类型:工业房地产投资信托基金

公司类型:房地产投资信托基金

交易所:布鲁塞尔、巴黎证券交易所(BRU,PAR)

上市状态:上市

股票代码:MONT

股价:92.40 欧元

市值:15.00 亿欧元

简介:蒙特亚康姆公司,前身为蒙特亚公司,是一家总部位于比利时的房地产投资信托基金公司,专门从事比利时、荷兰和法国的物流和半工业房地产。该公司的房地产投资组合包括 37 个工地,占地约 584694 平方米。公司拥有超过 12 个子公司。此外,公司还与迪卡侬(Decathlon)合作。

地址:比利时埃伦博代姆

**3.7.13 公司名称:弗雷公司**

英文名称:Frey SA

物业类型:零售房地产投资信托基金

公司类型:房地产投资信托基金

交易所:巴黎证券交易所

上市状态:上市

股票代码:FREY

股价:35.20 欧元

市值:9.98 亿欧元

简介:弗雷公司是一家房地产公司,专门从事大型城市更新业务以及露天购物中心的开发和运营。该公司提供一系列完整的购物和休闲活动,为每个家庭创造优质的体验。由于其独特的专业知识,公司已成为这一弹性资产类别中公认的法国领导者,引领相关的创造、扩展和翻新业务,完全符合消费者、品牌和地方

---

[①] 该公司的注册地址在比利时,是一家跨国公司,在法国经营房地产。这家公司同时在布鲁塞尔和巴黎证券交易所上市,属于法国房地产投资信托基金。

当局的要求。该公司的另一个重要支柱是承包大型混合城市项目，这是在其子公司西蒂泽（Citizers）的支持下开发的。

地址：法国贝赞尼斯

**3.7.14　公司名称：维图拉公司**

英文名称：Vitura

物业类型：办公房地产投资信托基金

公司类型：房地产投资信托基金

交易所：巴黎证券交易所

上市状态：上市

股票代码：VTR

股价：29.80 欧元

市值：5.023 亿欧元

简介：维图拉公司（原赛洁里尔有限公司）专门拥有和管理商业房地产资产。其资产由位于法兰西岛的 6 个办公大楼组成。截至 2021 年底，其总面积为 198624 平方米，投资组合的市场价值（不包括转让费）为 15.598 亿欧元。

地址：法国巴黎

**3.7.15　公司名称：埃菲尔铁塔公司**

英文名称：Société de la Tour Eiffel

物业类型：多元化房地产投资信托基金

公司类型：房地产投资信托基金

交易所：巴黎证券交易所

上市状态：上市

股票代码：EIFF

股价：22.10 欧元

市值：3.71 亿欧元

简介：埃菲尔铁塔公司于 1889 年创立，从事房地产经营和管理。该公司不仅在法国拥有、管理和开发商业地产，还在马西、奥赛和楠泰尔拥有房地产项目。其物业组合包括商业地产、办公室、仓库和包裹仓库、轻工业和疗养院。

地址：法国巴黎

**3.7.16　公司名称：达索特房地产公司**

英文名称：Immobilière Dassault SA

物业类型：多元化房地产投资信托基金

公司类型：房地产投资信托基金

交易所：巴黎证券交易所

上市状态：上市

股票代码：IMDA

股价：61.00 欧元

市值：4.11 亿欧元

简介：达索特房地产公司专门拥有和管理主要位于巴黎的办公和住宅房地产。截至 2021 年底，该公司物业由 18 项资产组成，总建筑面积 36553 平方米，市值 8.522 亿欧元（不包括费用）。公司的所有收入都来自法国。

地址：法国巴黎

### 3.7.17　公司名称：丰西尔·因尼亚公司

英文名称：Fonciere Inea SA

物业类型：办公房地产投资信托基金

公司类型：房地产投资信托基金

交易所：巴黎证券交易所

上市状态：上市

股票代码：INEA

股价：44.10 欧元

市值：4.77 亿欧元

简介：丰西尔·因尼亚公司是一家总部设在法国的公司，专门从事商业房地产的拥有和管理。该公司的物业组合包括办公楼、数据中心和仓库。该公司通过多个子公司运营。公司不仅拥有遍布法国 20 多个地区城市的物业，还拥有信息开发公司（Messageries Developpement SAS）22% 的股份。该公司仅在法国有业务。

地址：法国热纳维利埃

### 3.7.18　公司名称：文化遗产和商务公司

英文名称：Patrimoine & Commerce

物业类型：零售房地产投资信托基金

公司类型：房地产投资信托基金

交易所：巴黎证券交易所

上市状态：上市

股票代码：PAT

股价：17.65 欧元

市值：2.65 亿欧元

简介：文化遗产和商务公司是一家总部位于法国的控股公司，专注于房地产行业。该公司的投资组合包括位于法国、瓜德罗普岛和马提尼克岛中等城市郊区或中心地带的商业地产。

地址：法国布洛涅-比扬古

### 3.7.19　公司名称：布里克公司

英文名称：Bleecker

物业类型：多元化房地产投资信托基金

公司类型：房地产投资信托基金

交易所：巴黎证券交易所

上市状态：上市

股票代码：BLEE

股价：189.00 欧元

市值：2.08 亿欧元

简介：布里克公司专门拥有和管理商业房地产资产，包括商业经营场所、办公室和物流平台。评估、开发和资本管理业务由公司的不同部门负责。截至2021年8月底，公司房地产的市场价值为7.072亿欧元，总面积为74015平方米。

地址：法国巴黎

### 3.7.20　公司名称：阿特兰公司

英文名称：Atland

物业类型：多元化房地产投资信托基金

公司类型：房地产投资信托基金

交易所：巴黎证券交易所

上市状态：上市

股票代码：ATLD

股价：40.00 欧元

市值：1.78 亿欧元

简介：阿特兰公司（前身为大西洋港公司）是一家全球房地产公司，通过阿特兰·沃辛资产管理公司、阿特兰住宅公司、玛丽安开发公司和方迪莫数字投资平台三家子公司在企业房地产和住房市场开展业务。阿特兰·沃辛是一家由金融市场管理局批准的投资组合管理公司,代表37000多家合作伙伴和基金管理公司进行管理。阿特兰住宅公司在法兰西岛开发住房业务。玛丽安开发公司开发代际住宅。方迪莫公司是一个数字房地产投资平台。截至2021年底,该公司管理的房地产资产接近30亿欧元,所有业务的收益超过5亿欧元。

地址:法国巴黎

**3.7.21　公司名称:巴黎现实基金有限公司**

英文名称:Paris Reality Fund SA

物业类型:多元化房地产投资信托基金

公司类型:房地产投资信托基金

交易所:巴黎证券交易所

上市状态:上市

股票代码:PAR-FR

股价:62.00欧元

市值:0.989亿欧元

简介:巴黎现实基金有限公司是一家总部设在法国的公司,专门从事房地产投资和管理。该公司有四个部门,即商业投资、住宅投资、房地产代理和第三方管理。该公司投资巴黎地区和郊区的商业建筑以及住宅建筑,并代表第三方进行资产管理。此外,公司还通过其子公司帕马克萨尔公司(Parmarch SARL)从事房地产交易。该公司的资产位于巴黎、利舍、特拉普斯、克利希、拉贝和特伦布莱等地。该公司经营许多子公司,包括全资拥有的达克斯阿杜萨尔和沃特福德。该公司的主要股东是复星地产控股有限公司(Fosun Property Holdings Ltd.)。

地址:法国巴黎

**3.7.22　公司名称:阿堪瑟开发公司**

英文名称:Acanthe Developpement SE

物业类型:多元化房地产投资信托基金

公司类型:房地产投资信托基金

交易所:巴黎证券交易所

上市状态:上市

股票代码:ACAN

股价:0.417欧元

市值:0.61亿欧元

简介:阿堪瑟开发公司是一家总部位于法国的房地产投资和控股公司。该公司的投资组合包括写字楼、酒店、住宅区和商业建筑。这些资产分布在法国巴黎、法国郊区、法国各省以及法国境外。

地址：法国巴黎

### 3.7.23　公司名称：SCBSM 公司

英文名称：Societe Centrade des Bois et Scieries de la Manche SA

物业类型：多元化房地产投资信托基金

公司类型：房地产投资信托基金

交易所：巴黎证券交易所

上市状态：上市

股票代码：CBSM

股价：9.10 欧元

市值：1.18 亿欧元

简介：SCBSM 公司在法国从事不动产的所有权、管理和租赁业务。该公司租赁办公室、商业地产、混合活动场所和住宅。

地址：法国巴黎

### 3.7.24　公司名称：M.R.M. 公司

英文名称：M.R.M. Invest

物业类型：多元化房地产投资信托基金

公司类型：房地产投资信托基金

交易所：巴黎证券交易所

上市状态：上市

股票代码：MRM

股价：26.60 欧元

市值：1.63 亿欧元

简介：M.R.M. 公司是一家上市房地产投资公司，在法国多个地区拥有和管理主要为零售物业的投资组合。该公司的资产组合包括位于法国的办公楼和零售楼。该公司的主要股东是法国再保险集团（SCOR SE），持有公司 59.9% 的股份。

地址：法国巴黎

### 3.7.25　公司名称：巴黎北部土地公司

英文名称：Foncière Paris Nord

物业类型：办公房地产投资信托基金

公司类型：房地产投资信托基金

交易所：巴黎证券交易所

上市状态：上市

股票代码：FPN

股价：0.0272 欧元

市值：0.058 亿欧元

简介：巴黎北部土地公司是一家匿名公司，拥有并管理集团的房地产，总面积约 52000 平方米，全部位于巴黎地区。企业餐厅（RIA）建筑面积约 4000 平方米，属于企业中心的共同所有权联盟，该公司拥有餐厅 98.07% 的股份。公司股本为 1156289.77 欧元，占 115628977 股，是一家在泛欧巴黎交易所 C 区上市的土地公司。

地址：法国巴黎

**3.7.26 公司名称：联合开发资本房地产投资信托公司**

英文名称：Alliance Developpement Capital SIIC SE

物业类型：多元化房地产投资信托基金

公司类型：房地产投资信托基金

交易所：巴黎证券交易所

上市状态：上市

股票代码：ALDV

股价：0.072 欧元

市值：0.11 亿欧元

简介：联合开发资本房地产投资信托公司总部位于法国，从事房地产租赁业务。该公司通过合伙或子公司参与房地产相关业务，拥有的物业位于法国，包括建筑、酒店和住宅等。

地址：比利时布鲁塞尔圣乔斯

**3.7.27 公司名称：摩赛里斯有限公司**

英文名称：Mercialys SA

物业类型：零售房地产投资信托基金

公司类型：房地产投资信托基金

交易所：巴黎证券交易所

上市状态：上市

股票代码：MERY

股价：9.025 欧元

市值：8.32 亿欧元

简介：摩赛里斯有限公司是一家总部位于法国的房地产公司。该公司及其子公司在法国拥有并管理购物中心。公司为所有购物中心开发和推广格拉画廊品牌。该公司主要在法国经营，其经营战略是通过投资中型物业创造可持续价值。

地址：法国巴黎

### 3.7.28　公司名称：酒店匹配公司

英文名称：MyHotelMatch

物业类型：酒店房地产投资信托基金

公司类型：房地产投资信托基金

交易所：巴黎证券交易所

上市状态：上市

股票代码：MHM

股价：0.0304 欧元

市值：0.060 亿欧元

简介：酒店匹配公司专注于开发和利用基于人工智能的在线酒店预订平台，旨在通过公司新一代的在线旅行社来改变传统旅游业。这种旅行社基于在线约会[①]的匹配原则，使用高附加值的在线酒店服务将旅行者和酒店相匹配。

地址：法国毕奥特

## 3.8　德国 REITs 列表[②]

### 3.8.1　公司名称：GIEAG 房地产股份有限公司

英文名称：GIEAG Immobilien AG

---

[①] 在线约会的匹配原则（The Principle of Online Dating）指的是通过匹配约会双方的教育背景、个人兴趣爱好、价值观和人生观等情况来完成在线约会推荐，以促进用户的约会满意度。

[②] 德国 REITs 列表信息来自德国 Xetra 交易所（Deutsche Börse Xetra，2023）、法兰克福证券交易所（Frankfurt Stock Exchange，2023）和 FKnol.com（2023a）。一些德国 REITs 拥有相同的名字但不同的股票代码，如 GIEAG 房地产股份有限公司。这些 REITs 被当作不同的股票在证券市场上进行交易。

物业类型：多元化房地产投资信托基金
公司类型：房地产投资信托基金
交易所：法兰克福证券交易所（FWB）、慕尼黑证券交易所（XMUN）
上市状态：上市
股票代码：2GI. F、2GI. MU
股价：14.10 欧元、13.80 欧元
市值：0.588 亿欧元、0.576 亿欧元
简介：GIEAG 房地产股份有限公司成立于1999 年，在德国南部开发商业和住宅物业。该公司投资、开发、管理和租赁办公、住宅和物流领域的物业。
地址：德国慕尼黑

### 3.8.2　公司名称：SM 经济咨询公司

英文名称：SM Wirtschaftsberatungs AG
物业类型：多元化房地产投资信托基金
公司类型：房地产投资信托基金
交易所：法兰克福证券交易所（XETRA）、法兰克福证券交易所（FWB）
上市状态：上市
股票代码：SMWN. DE、SMWN. F
股价：6.60 欧元、6.50 欧元
市值：0.262 亿欧元、0.261 亿欧元
简介：SM 经济咨询公司在德国从事住宅物业的投资、租赁和管理。该公司成立于1996 年。
地址：德国辛德尔芬根

### 3.8.3　公司名称：德国消费房地产投资信托公司

英文名称：Deutsche Konsum REIT AG
物业类型：零售房地产投资信托基金
公司类型：房地产投资信托基金
交易所：法兰克福证券交易所（XETRA）
上市状态：上市
股票代码：DKG
股价：10.03 欧元
市值：3.53 亿欧元
简介：德国消费房地产投资信托公司是一家总部位于德国的房地产投资公

司。该公司专注于德国零售物业的收购、租赁、库存管理和销售，重点布局德国北部和东部的区域中心和其他位置。

地址：德国勃兰登堡州波茨坦

### 3.8.4　公司名称：奥斯特里亚办公房地产投资信托公司

英文名称：Alstria Office REIT AG
物业类型：办公房地产投资信托基金
公司类型：房地产投资信托基金
交易所：法兰克福证券交易所
上市状态：上市
股票代码：AOX
股价：13.29 欧元
市值：23.80 亿欧元

简介：奥斯特里亚办公房地产投资信托公司是一家总部位于德国的房地产投资信托基金公司，专注于收购、拥有和管理德国的办公房地产。该公司的房地产业务涵盖资产管理、物业和技术管理以及办公室规划。公司在德国汉堡、柏林、波恩等地拥有约 120 处物业。

地址：德国汉堡

### 3.8.5　公司名称：汉博纳房地产投资信托公司

英文名称：Hamborner REIT AG
物业类型：多元化房地产投资信托基金
公司类型：房地产投资信托基金
交易所：法兰克福证券交易所
上市状态：上市
股票代码：HAB
股价：8.77 欧元
市值：7.13 亿欧元

简介：汉博纳房地产投资信托公司是一家总部位于德国的房地产投资信托公司。该公司专注于零售空间，以及专业店、办公室和医疗中心。该公司在德国亚琛、奥格斯堡、巴特洪堡等 35 个地区拥有物业。

地址：德国杜伊斯堡

## 3.9 加拿大 REITs 列表[①]

### 3.9.1 公司名称：联合房地产投资信托公司

英文名称：Allied Properties Real Estate Investment Trust
物业类型：办公房地产投资信托基金
公司类型：房地产投资信托基金
交易所：多伦多证券交易所
上市状态：上市
股票代码：AP. UN
股价：33.41 加元
市值：42.8 亿加元
简介：联合房地产投资信托公司是一家根据安大略省法律成立的非公司制封闭式房地产投资信托基金公司。该公司拥有并管理一个投资组合，包括位于多伦多和温哥华等地区的 A 级写字楼物业。该公司的目标市场包括约 6000 万平方英尺的城市写字楼，是加拿大的 A 级写字楼集中地。
地址：加拿大安大略省多伦多

### 3.9.2 公司名称：美国酒店收入房地产投资信托公司

英文名称：American Hotel Income Properties REIT LP
物业类型：酒店房地产投资信托基金
公司类型：房地产投资信托基金
交易所：多伦多证券交易所
上市状态：上市
股票代码：HOT. UN
股价：3.48 加元
市值：2.74 亿加元
简介：美国酒店收入房地产投资信托公司是一家有限合伙制公司，投资于美国各地的酒店房地产。该公司的 79 家优质品牌、精选服务酒店受益于多元化和

---

[①] 加拿大 REITs 列表信息来自多伦多证券交易所（TMX，2023）、Canadian Investor（2023）和 FKnol.com（2023b）。

稳定的需求，通过许可协议以万豪、希尔顿、洲际酒店集团、温德姆和选择酒店的附属品牌运营。该公司的长期目标是建立在成功投资的良好记录基础上，每月向持有人分红，并通过其多元化酒店投资组合的持续增长创造价值。

地址：加拿大不列颠哥伦比亚省温哥华

### 3.9.3 公司名称：亚缇斯房地产投资信托

英文名称：Artis Real Estate Investment Trust

物业类型：多元化房地产投资信托基金

公司类型：房地产投资信托基金

交易所：多伦多证券交易所

上市状态：上市

股票代码：AX.UN

股价：11.37 加元

市值：13.20 亿加元

简介：亚缇斯房地产投资信托是一家总部位于加拿大的非公司封闭式房地产投资信托基金公司。该公司的投资组合位于加拿大中部和西部的物业及遍布美国的精选市场，包括阿尔伯塔省、不列颠哥伦比亚省、曼尼托巴省、安大略省、亚利桑那州、纽约州和威斯康星州。房产分为办公、零售和工业三类，其中，工业物业占投资组合的大部分，其次是办公物业和零售物业。

地址：加拿大曼尼托巴省温尼伯

### 3.9.4 公司名称：汽车房地产投资信托

英文名称：Automotive Properties Real Estate Investment Trust

物业类型：专业房地产投资信托基金

公司类型：房地产投资信托基金

交易所：多伦多证券交易所

上市状态：上市

股票代码：APR.UN

股价：13.03 加元

市值：6.38 亿加元

简介：汽车房地产投资信托是一家未注册的开放式房地产投资信托公司，专注于拥有和收购位于加拿大的主要产生收入的汽车经销商物业。该公司的投资组合包括 64 个创收商业物业，可出租总面积约为 240 万平方英尺，位于不列颠哥伦比亚省、阿尔伯塔省、萨斯喀彻温省、曼尼托巴省、安大略省和魁北克省的大都市市场。该公司是加拿大唯一一家专注于整合汽车经销商房地产的上市公司。

地址：加拿大安大略省多伦多

### 3.9.5 公司名称：木板路房地产投资信托

英文名称：Boardwalk Real Estate Investment Trust

物业类型：住宅房地产投资信托基金

公司类型：房地产投资信托基金

交易所：多伦多证券交易所

上市状态：上市

股票代码：BEI.UN

股价：47.71 加元

市值：24.10 亿加元

简介：木板路房地产投资信托致力于打造加拿大最友好的社区，截至 2022 年，该公司拥有和经营 200 多个社区，超过 33000 个住宅单元，可出租总净面积超过 2800 万平方英尺。该公司的主要目标是为其居民提供最优质的社区和卓越的客户服务，同时为单位持有人提供可持续的每月现金分配，并通过选择性收购、处置、开发和有效管理其住宅多户社区来增加其信托单位的价值。该公司是垂直整合的，是加拿大领先的多户社区运营商，为位于阿尔伯塔省、萨斯喀彻温省、安大略省和魁北克省的居民提供住宅。

地址：加拿大阿尔伯塔省卡尔加里

### 3.9.6 公司名称：BSR 房地产投资信托[①]

英文名称：BSR Real Estate Investment Trust

物业类型：住宅房地产投资信托基金

公司类型：房地产投资信托基金

交易所：多伦多证券交易所

上市状态：上市

股票代码：HOM.UN、HOM.U

股价：20.70 加元、16.08 加元

市值：11.80 亿加元、3.67 亿加元

简介：BSR 房地产投资信托是一家内部管理的、非公司的、开放式的房地产投资信托公司，是根据安大略省法律下的信托声明成立的。该公司拥有位于美国

---

[①] BSR 房地产投资信托公司有两个股票代码，被当作不同的股票在证券市场上进行交易。

阳光地带有吸引力的一级和二级市场的多户花园式住宅物业组合。

地址：加拿大多伦多

### 3.9.7 公司名称：BTB 房地产投资信托

英文名称：BTB Real Estate Investment Trust
物业类型：多元化房地产投资信托基金
公司类型：房地产投资信托基金
交易所：多伦多证券交易所
上市状态：上市
股票代码：BTB.UN
股价：3.67 加元
市值：3.10 亿加元

简介：BTB 房地产投资信托是加拿大东部房产的重要所有者。截至 2020 年 5 月 14 日，该公司拥有 65 处零售、办公和工业物业，可出租总面积约为 550 万平方英尺，总资产价值约为 9.43 亿加元。

地址：加拿大魁北克省蒙特利尔

### 3.9.8 公司名称：加拿大公寓房地产投资信托

英文名称：Canadian Apartment Properties Real Estate Investment Trust
物业类型：住宅房地产投资信托基金
公司类型：房地产投资信托基金
交易所：多伦多证券交易所
上市状态：上市
股票代码：CAR.UN
股价：47.15 加元
市值：82.70 亿加元

简介：加拿大公寓房地产投资信托是加拿大较大的房地产投资信托公司之一。该公司在加拿大拥有约 56800 套公寓，包括联排别墅和装配式住宅，并通过投资 ERES 房地产公司间接拥有荷兰约 5600 套公寓。截至 2020 年 3 月 31 日，该公司在加拿大和荷兰管理约 60900 个自有套房，另外在爱尔兰管理 3700 个套房。

地址：加拿大安大略省多伦多

### 3.9.9 公司名称：加拿大奈特房地产投资信托

英文名称：Canadian Net Real Estate Investment Trust

物业类型：多元化房地产投资信托基金

公司类型：房地产投资信托基金

交易所：多伦多证券交易所

上市状态：上市

股票代码：NET.UN

股价：7.05加元

市值：1.45亿加元

简介：加拿大奈特房地产投资信托是一家总部设在加拿大的开放式房地产投资信托基金公司。该公司直接或通过其全资子公司拥有和出租商业房地产，持有约91处投资性房地产，其中75处位于魁北克省，9处位于安大略省，7处位于新斯科舍省。这些物业由四个不同的租户群体占据，包括零售商、全国服务站和连锁便利店、快餐连锁餐厅等。这些物业以免管理三重净租赁的方式出租给租户。

地址：加拿大魁北克省魁北克市

### 3.9.10 公司名称：选择房地产投资信托

英文名称：Choice Properties Real Estate Investment Trust

物业类型：零售房地产投资信托基金

公司类型：房地产投资信托基金

交易所：多伦多证券交易所

上市状态：上市

股票代码：CHP.UN

股价：13.91加元

市值：100.7亿加元

简介：选择房地产投资信托是一家加拿大未注册的开放式房地产投资信托公司，总部位于安大略省多伦多市。该公司是加拿大最大的房地产投资信托公司，企业价值160亿加元。该公司主要拥有加拿大零售物业，由其主要租户和多数股持有者洛布劳公司（Loblaw Companies）托管。洛布劳公司是加拿大最大的食品零售商，由韦斯顿家族控制。

地址：加拿大安大略省多伦多

### 3.9.11 公司名称：克朗比房地产投资信托

英文名称：Crombie Real Estate Investment Trust

物业类型：多元化房地产投资信托基金

公司类型：房地产投资信托基金
交易所：多伦多证券交易所
上市状态：上市
股票代码：CRR.UN
股价：16.24 加元
市值：28.70 亿加元
简介：克朗比房地产投资信托是一家根据安大略省法律成立并受其管辖的非公司制开放式房地产投资信托公司。该公司是加拿大领先的全国性零售地产业主之一，其战略是拥有、经营和开发一系列高质量的以杂货店和药店为基础的购物中心、独立商店及主要位于加拿大顶级城市和郊区市场的多用途开发项目。
地址：加拿大新斯科舍省新格拉斯哥

### 3.9.12 公司名称：CT 房地产投资信托

英文名称：CT Real Estate Investment Trust
物业类型：零售房地产投资信托基金
公司类型：房地产投资信托基金
交易所：多伦多证券交易所
上市状态：上市
股票代码：CRT.UN
股价：16.76 加元
市值：39.20 亿加元
简介：CT 房地产投资信托是一家非公司的封闭式房地产投资信托公司，主要在加拿大拥有创收性商业地产。其投资组合由超过 350 个物业组成，可出租总面积约 2800 万平方英尺，主要包括位于加拿大各地的零售物业。加拿大轮胎有限公司是该公司最重要的承租人。
地址：加拿大安大略省多伦多

### 3.9.13 公司名称：梦想影响信托

英文名称：Dream Impact Trust
物业类型：多元化房地产投资信托基金
公司类型：房地产投资信托基金
交易所：多伦多证券交易所
上市状态：上市
股票代码：MPCT.UN

股价：4.70 加元

市值：3.08 亿加元

简介：梦想影响信托专注于硬资产替代投资，包括房地产、房地产贷款和基础设施（如可再生能源基础设施）。

地址：加拿大安大略省多伦多

**3.9.14　公司名称：梦想工业房地产投资信托**

英文名称：Dream Industrial Real Estate Investment Trust

物业类型：工业房地产投资信托基金

公司类型：房地产投资信托基金

交易所：多伦多证券交易所

上市状态：上市

股票代码：DIR. UN

股价：12.36 加元

市值：33.70 亿加元

简介：梦想工业房地产投资信托是一家非公司制、开放式的房地产投资信托基金公司。截至 2020 年 3 月 31 日，该公司在北美主要市场拥有并经营 262 个工业物业组合，包括约 2580 万平方英尺的可出租总面积，并在强劲的欧洲工业市场不断增长。

地址：加拿大安大略省多伦多

**3.9.15　公司名称：阿格兰商业房地产投资信托**

英文名称：Agellan Commercial REIT

物业类型：多元化房地产投资信托基金

公司类型：房地产投资信托基金

交易所：多伦多证券交易所

上市状态：上市

股票代码：ACR. UN

股价：14.27 加元

市值：4.66 亿加元

简介：阿格兰商业房地产投资信托是一家开放式房地产投资公司，从事收购和拥有工业、办公和零售物业。该公司通过加拿大和美国分部进行运营。

地址：加拿大安大略省多伦多

### 3.9.16 公司名称：科米纳房地产投资信托

英文名称：Cominar REIT
物业类型：多元化房地产投资信托基金
公司类型：房地产投资信托基金
交易所：多伦多证券交易所
上市状态：上市
股票代码：CUF. UN
股价：11.74 加元
市值：21.40 亿加元
简介：科米纳房地产投资信托是一家美国的封闭式房地产投资信托公司。该公司在魁北克省和渥太华拥有和管理约 310 处房产，总面积达 3570 万平方英尺。其投资组合包括写字楼、零售、工业和综合商业地产。该公司的办公物业大约有 79 处，总面积约 1110 万平方英尺。其零售物业约有 41 处，总面积约 940 万平方英尺。其工业和综合商业地产有 190 处，总面积约 1530 万平方英尺。
地址：加拿大魁北克省魁北克市

### 3.9.17 公司名称：加拿大房地产投资信托

英文名称：Canadian REIT
物业类型：多元化房地产投资信托基金
公司类型：房地产投资信托基金
交易所：多伦多证券交易所
上市状态：退市
股票代码：REF. UN
股价：51.95 加元
市值：38.10 亿加元
简介：加拿大房地产投资信托公司拥有遍布加拿大和美国的房地产投资组合。公司将其房地产资产分为零售、工业和办公资产。该公司的大部分收入来自零售资产的租金收入。办公室和工业地产资产也是公司非常可观的收入来源。公司在阿尔伯塔省和安大略省的房产收入占公司收入的绝大部分，出租面积占公司可出租面积的一半以上。该公司租户持有的租约主要分为中期协议和长期协议。
地址：加拿大安大略省多伦多

### 3.9.18　公司名称：梦想环球房地产投资信托

英文名称：Dream Global REIT

物业类型：多元化房地产投资信托基金

公司类型：房地产投资信托基金

交易所：多伦多证券交易所

上市状态：退市

股票代码：DRG. UN

股价：16.79 加元

市值：32.70 亿加元

简介：梦想环球房地产投资信托公司主要从事欧洲房地产的收购和运营等。该公司的投资组合主要由办公和混合使用的空间组成。公司在德国的写字楼物业占其总建筑面积的大部分。该公司几乎所有的收入都来自租金。汉堡、杜塞尔多夫、柏林和科隆的德国城市市场是公司总收入的主要来源。公司的最大租户包括德国邮政服务提供商、国际律师事务所、市政府、科技公司和金融服务公司。

地址：加拿大安大略省多伦多

### 3.9.19　公司名称：花岗岩房地产投资信托

英文名称：Granite Real Estate Investment Trust

物业类型：多元化房地产投资信托基金

公司类型：房地产投资信托基金

交易所：多伦多证券交易所

上市状态：上市

股票代码：GRT. UN

股价：81.25 加元

市值：53.59 亿加元

简介：花岗岩房地产投资信托是一家总部位于加拿大的房地产投资信托基金公司，从事北美和欧洲工业、仓储和物流物业的收购、开发、所有权和管理。该公司最初主要由麦格纳国际（Magna International）的前控股公司组成。

地址：加拿大安大略省多伦多

### 3.9.20　公司名称：H&R 房地产投资信托

英文名称：H&R Real Estate Investment Trust

物业类型：多元化房地产投资信托基金
公司类型：房地产投资信托基金
交易所：多伦多证券交易所
上市状态：上市
股票代码：HR.UN
股价：13.90 加元
市值：38.20 亿加元

简介：H&R 房地产投资信托是一家加拿大开放式房地产投资信托公司，专门从事商业房地产，总部设在安大略省多伦多市。该公司是加拿大市值第三大的房地产投资信托基金公司。其投资组合包括 40 处办公地产、161 处零售地产、105 处工业地产和 11 处其他地产，总价值 130 亿加元。

地址：加拿大安大略省多伦多

### 3.9.21 公司名称：因诺沃里斯房地产投资信托

英文名称：Inovalis REIT
物业类型：办公房地产投资信托基金
公司类型：房地产投资信托基金
交易所：多伦多证券交易所
上市状态：上市
股票代码：INO.UN
股价：7.20 加元
市值：2.42 亿加元

简介：因诺沃里斯房地产投资信托是一家总部位于加拿大的开放式房地产投资信托公司。该公司运营出租给市区企业客户的办公室空间的办公室物业。其物业组合包括位于法国和德国的办公室租赁物业。公司的大部分收入来自法国的租金。

地址：加拿大安大略省多伦多

### 3.9.22 公司名称：莱恩斯伯勒房地产投资信托

英文名称：Lanesborough Real Estate Investment Trust
物业类型：多元化房地产投资信托基金
公司类型：房地产投资信托基金
交易所：多伦多证券交易所
上市状态：上市

股票代码：LRT. UN

股价：0.005 加元

市值：0.034 亿加元

简介：莱恩斯伯勒房地产投资信托专注于构建位于加拿大的房地产投资组合。该公司的投资物业分为三个经营分部，包括麦克默里堡物业（Fort McMurray Properties）、其他投资物业和待售及/或已售物业。

地址：加拿大曼尼托巴省温尼伯

**3.9.23　公司名称：莫嘉德房地产投资信托**

英文名称：Morguard Real Estate Investment Trust

物业类型：多元化房地产投资信托基金

公司类型：房地产投资信托基金

交易所：多伦多证券交易所

上市状态：上市

股票代码：MRT. UN

股价：5.12 加元

市值：0.0328 亿加元

简介：莫嘉德房地产投资信托是一家封闭式信托公司。截至 2022 年 6 月 30 日，该信托公司的房地产资产总额为 25 亿美元。该公司拥有 46 个商业物业的多元化房地产投资组合，包括位于 6 个省的约 820 万平方英尺的可出租面积。其房地产投资组合主要包括位于主要城市中心的地理位置优越的高品质办公物业、在各自市场占据主导地位的大型封闭式全规模区域购物中心、邻里和社区购物中心及少量工业物业。

地址：加拿大安大略省米西索加

**3.9.24　公司名称：北景公寓房地产投资信托**

英文名称：Northview Apartment Real Estate Investment Trust

物业类型：住宅房地产投资信托基金

公司类型：房地产投资信托基金

交易所：多伦多证券交易所

上市状态：退市

股票代码：NVU. UN

股价：36.23 加元

市值：24.49 亿加元

简介：北景公寓房地产投资信托是一家总部位于加拿大的非公司制开放式房地产投资信托基金公司。该公司主要为多户住宅房地产投资者和经营者。公司在八个省和两个地区的 60 多个市场提供租赁住宿，包括约 27000 个住宅单元和 120 万平方英尺的商业空间。该信托的物业横跨加拿大大西洋地区、加拿大北部和加拿大西部。

地址：加拿大阿尔伯塔省卡尔加里

### 3.9.25 公司名称：合伙房地产投资信托单位

英文名称：Partners REIT Units
物业类型：多元化地产投资信托基金
公司类型：房地产投资信托基金
交易所：多伦多证券交易所
上市状态：退市
股票代码：PAR.UN
股价：0.035 加元
市值：0.3548 亿加元

简介：合伙房地产投资信托单位是一家开放式房地产投资信托公司，专注于管理加拿大一级和二级市场的零售和混合用途零售社区及邻里中心投资组合，一般在 1000 万~5000 万加元的中端市场范围内。

地址：加拿大安大略省巴里

### 3.9.26 公司名称：PRO 房地产投资信托

英文名称：PRO Real Estate Investment Trust
物业类型：多元化房地产投资信托基金
公司类型：房地产投资信托基金
交易所：多伦多证券交易所
上市状态：上市
股票代码：PRV.UN
股价：6.71 加元
市值：0.0396 亿加元

简介：PRO 房地产投资信托是一家开放式房地产投资信托基金公司。该公司投资三类物业：零售、办公和工业物业。该公司的所有业务均位于一个地理区域，即加拿大。其目标是保持适合其投资组合整体债务水平的短期、中期和长期债务期限组合，考虑融资和市场条件的可用性，以及每项资产的财务特征。该公司的主要收入来自工业物业。

地址：加拿大魁北克省蒙特利尔

**3.9.27 公司名称：真北商业房地产投资信托**

英文名称：True North Commercial REIT
物业类型：多元化地产投资信托基金
公司类型：房地产投资信托基金
交易所：多伦多证券交易所
上市状态：上市
股票代码：TNT. UN
股价：6.34 加元
市值：0.0443 亿加元

简介：真北商业房地产投资信托是一家总部位于加拿大的非公司制开放式房地产投资信托基金公司。该公司的目标是在节税的基础上进行稳定的现金分配；通过收购加拿大及其他有机会的司法管辖区的商业租赁物业，扩大其资产基础及增加其可分配现金流，并通过积极管理其资产，提升其资产价值，以最大化其长期单位价值。该公司在加拿大拥有并经营约 45 处办公物业，总面积达 470 万平方英尺。其投资领域包括公共行政、服务、金融、保险、房地产、制造业等。

地址：加拿大安大略省多伦多

**3.9.28 公司名称：石板办公房地产投资信托**

英文名称：Slate Office REIT
物业类型：办公房地产投资信托基金
公司类型：房地产投资信托基金
交易所：多伦多证券交易所
上市状态：上市
股票代码：SOT. UN
股价：4.62 加元
市值：0.0370 亿加元

简介：石板办公房地产投资信托是一家总部位于加拿大的非公司制开放式房地产投资信托基金公司。该公司在加拿大和美国开展业务，是办公房地产的所有者和经营者。该公司的投资组合包括加拿大约 32 项房地产资产，其中包括伊利诺伊州芝加哥市中心的两处资产。该公司 61% 的投资组合拥有政府或信用评级租户。

地址：加拿大安大略省多伦多

**3.9.29　公司名称：广场零售房地产投资信托**

英文名称：Plaza Retail REIT
物业类型：零售房地产投资信托基金
公司类型：房地产投资信托基金
交易所：多伦多证券交易所
上市状态：上市
股票代码：PLZ. UN
股价：4.38 加元
市值：4.459 亿加元

简介：广场零售房地产投资信托的主体是零售房地产的开发商、所有者和管理者，主要业务集中在加拿大中部和东部。该公司的投资组合包括加拿大 297 处房产的权益，总面积约 810 万平方英尺，以及其他待开发的土地，90.9% 的广场酒店租户是全国性租户。

地址：加拿大新不伦瑞克省弗雷德里顿

**3.9.30　公司名称：里奥肯房地产投资信托**

英文名称：RioCan Real Estate Investment Trust
物业类型：零售房地产投资信托基金
公司类型：房地产投资信托基金
交易所：多伦多证券交易所
上市状态：上市
股票代码：REI. UN
股价：21.48 加元
市值：66.40 亿加元

简介：里奥肯房地产投资信托是加拿大第二大房地产投资信托公司。公司的企业价值约为 140 亿美元，拥有 289 处零售物业，可出租净面积为 4400 万平方英尺。该公司的财产位于加拿大各地。现任首席执行官是爱德华·阳光。

地址：加拿大安大略省多伦多

**3.9.31　公司名称：石板零售房地产投资信托**

英文名称：Slate Retail REIT
物业类型：零售房地产投资信托基金

公司类型：房地产投资信托基金

交易所：多伦多证券交易所

上市状态：上市

股票代码：SRT. UN

股价：11.75加元

市值：7.07亿加元

简介：石板零售房地产投资信托是一家总部位于加拿大的非公司开放式房地产投资信托基金公司。该公司专注于收购、拥有和租赁美国多元化创收商业房地产投资组合，重点是以杂货为主的零售物业，在美国拥有约66处以杂货为主的零售商业物业，可出租面积超过760万平方英尺。该公司的美国物业分布在大约20个州和超过20个都会区。

地址：加拿大安大略省多伦多

**3.9.32　公司名称：智慧中心房地产投资信托**

英文名称：SmartCentres Real Estate Investment Trust

物业类型：零售房地产投资信托基金

公司类型：房地产投资信托基金

交易所：多伦多证券交易所

上市状态：上市

股票代码：SRU. UN

股价：30.20加元

市值：51.40亿加元

简介：智慧中心房地产投资信托在2015年被卡洛威房地产投资信托收购，创建了一家强大的加拿大房地产公司，在收购、资产管理、规划、开发、租赁、运营、物业管理和建设方面整合了专业知识。凭借在零售开发和运营方面的专业知识，该公司的业务范围拓展到包括各大城市、多用途住宅、工业地产开发，以及总体社区规划，如安大略省沃恩大都会中心的智慧中心广场。

地址：加拿大安大略省旺市

**3.9.33　公司名称：梦想办公房地产投资信托**

英文名称：Dream Office Real Estate Investment Trust

物业类型：办公房地产投资信托基金

公司类型：房地产投资信托基金

交易所：多伦多证券交易所

上市状态：上市
股票代码：D.UN
股价：19.95加元
市值：9.38亿加元

简介：梦想办公房地产投资信托公司主要收购、管理和租赁加拿大城市地区的中央商务区和郊区办公物业。就创收而言，该公司的大部分房地产投资组合位于加拿大安大略省。艾伯塔省也带来了相当大比例的收入。该公司几乎所有的收入都来自与租户签订的中长期租赁协议，位于中央商务区的办公楼是其绝大部分收入来源，大多数客户来自金融、保险、科技行业和政府。

地址：加拿大安大略省多伦多

**3.9.34　公司名称：租赁房地产投资信托**

英文名称：InterRent REIT
物业类型：住宅房地产投资信托基金
公司类型：房地产投资信托基金
交易所：多伦多证券交易所
上市状态：上市
股票代码：IIP.UN
股价：16.25加元
市值：3.71亿加元

简介：租赁房地产投资信托公司致力于收购和拥有多住宅物业。该公司拥有一个成熟的受托人、管理层和运营团队。

地址：加拿大安大略省渥太华

**3.9.35　公司名称：柯里艾姆公寓房地产投资信托**

英文名称：Killam Apartment Real Estate Investment Trust
物业类型：住宅房地产投资信托基金
公司类型：房地产投资信托基金
交易所：多伦多证券交易所
上市状态：上市
股票代码：KMP.UN
股价：18.12加元
市值：21.03亿加元

简介：柯里艾姆公寓房地产投资信托是一家开放式共同基金信托公司。该公司专门从事多住宅公寓建筑和装配式住宅社区的收购、管理和开发。该公司有三个主要的经营部门：公寓部门、装配式住宅社区部门和商业部门。公寓部门收购、经营、管理和开发加拿大境内的多户住宅物业；装配式住宅社区部门收购并经营安大略省和加拿大东部的装配式住宅社区；商业部门包括超过七处商业物业。

地址：加拿大新斯科舍省哈利法克斯

**3.9.36　公司名称：莫嘉德北美住宅房地产投资信托**

英文名称：Morguard North American Residential REIT

物业类型：住宅房地产投资信托基金

公司类型：房地产投资信托基金

交易所：多伦多证券交易所

上市状态：上市

股票代码：MRG.UN

股价：18.07加元

市值：7.06亿加元

简介：莫嘉德北美住宅房地产投资信托是一家开放式房地产投资信托基金公司。截至2022年6月30日，该公司的总资产为39亿加元。该公司的成立是为了在加拿大和美国拥有多套房住宅租赁物业的多元化投资组合。在2012年4月首次公开募股后，公司的投资组合规模增加了一倍多，在北美的42处住宅物业中拥有11963个套房。其房地产投资组合包括位于美国南部和东部的26个住宅公寓社区，以及位于艾伯塔省和安大略省的16个加拿大住宅公寓社区。

地址：加拿大安大略省米西索加

**3.9.37　公司名称：纯粹多户房地产投资信托公司**

英文名称：Pure Multi-Family REIT LP

物业类型：住宅房地产投资信托基金

公司类型：房地产投资信托基金

交易所：多伦多证券交易所

上市状态：退市

股票代码：RUF.UN

股价：10.10加元

市值：7.84亿加元

简介：纯粹多户房地产投资信托公司总部位于加拿大，投资了美国的多处房地产。该公司为投资者提供了参与每月分红、资本增值的收益，这些收益来源对位于美国西南部和东南部核心城市的优质公寓资产的所有权。公司的投资组合包括约 10 个投资物业，总计约 4440 个住宅单元，位于美国得克萨斯州的达拉斯、沃斯堡、休斯敦、圣安东尼奥和亚利桑那州的菲尼克斯等城市。公司在 2019 年被科特兰合伙公司（Cortland Partners，LLC）收购。

地址：加拿大不列颠哥伦比亚省温哥华

### 3.9.38 公司名称：查特威尔退休住宅房地产投资信托

英文名称：Chartwell Retirement Residences REIT
物业类型：医疗保健房地产投资信托基金
公司类型：房地产投资信托基金
交易所：多伦多证券交易所
上市状态：上市
股票代码：CSH.UN
股价：11.21 加元
市值：23.80 亿加元

简介：查特威尔退休住宅房地产投资信托是加拿大最大的老年人住房提供商，在魁北克、安大略、阿尔伯塔和不列颠哥伦比亚省拥有 200 多个地区的物业。该公司在加拿大各地提供独立生活、辅助生活、记忆护理和长期护理设施。

地址：加拿大安大略省米西索加

### 3.9.39 公司名称：西北医疗保健房地产投资信托

英文名称：NorthWest Healthcare Properties REIT
物业类型：医疗保健房地产投资信托基金
公司类型：房地产投资信托基金
交易所：多伦多证券交易所
上市状态：上市
股票代码：NWH.UN
股价：13.17 加元
市值：31.80 亿加元

简介：西北医疗保健房地产投资信托是一家专业的医疗保健房地产投资公司，在加拿大、巴西、德国、澳大利亚和新西兰的主要市场提供高质量的投资组合，包括 149 处创收性房地产和 1010 万平方英尺的总出租面积。该公司的目标是在全球范围内为医疗保健行业提供量身定制的房地产解决方案。从医疗办公楼的销售到新空间的租赁，再到个人专业需求或不断发展的医疗实践趋势，公司为各种房地产需求提供解决方案。在加拿大，该公司是从东海岸到西海岸最大的医疗办公楼和医疗设施的非政府所有者和管理者，主要集中在卡尔加里、埃德蒙顿、多伦多、蒙特利尔、魁北克市和哈利法克斯。在国际市场，该公司与该地区领先的医疗保健运营商合作，由优质的医疗保健房地产基础设施资产组成。该公司的医疗办公楼、诊所和医院组合的特点是以长期指数方式租赁和稳定占用。该公司拥有完全整合的高级管理团队，利用5个国家9个办事处的180多名专业人员作为领先医疗保健运营商的长期房地产合作伙伴。

地址：加拿大安大略省多伦多

### 3.9.40 公司名称：联系房地产投资信托

英文名称：Nexus REIT
物业类型：多元化房地产投资信托基金
公司类型：房地产投资信托基金
交易所：多伦多证券交易所
上市状态：上市
股票代码：NXR.UN
股价：10.68加元
市值：6.24亿加元

简介：联系房地产投资信托是由诺贝尔房地产投资信托和前沿房地产投资信托合并而成的多元化商业房地产投资信托，是一家以增长为导向的房地产投资信托公司，专注于通过收购、拥有和管理位于北美一级和二级市场的工业、办公和零售物业来增加单位持有人的价值。该公司拥有61个物业组合，可出租面积约为370万平方英尺。该公司受益于与RFA资本公司和三西资本合伙公司（Tri-West Capital Partners）的强大战略关系，这两家公司具有良好的行业关系网络。

地址：加拿大安大略省奥克维尔

### 3.9.41 公司名称：纯粹工业房地产信托

英文名称：Pure Industrial Real Estate Trust
物业类型：工业房地产投资信托基金
公司类型：房地产投资信托基金
交易所：多伦多证券交易所
上市状态：退市
股票代码：AAR.UN
股价：8.09加元

市值：24.74 亿加元

简介：纯粹工业房地产信托收购、拥有和经营多元化的投资组合，包括不列颠哥伦比亚省、阿尔伯塔省、安大略省和美国的工业物业。在 2018 年，公司被黑石资产合伙公司和伊万荷剑桥公司（Ivanhoé Cambridge）收购，同时被多伦多证券交易所除名。

地址：加拿大不列颠哥伦比亚省温哥华

### 3.9.42　公司名称：顶峰工业收入房地产投资信托

英文名称：Summit Industrial Income REIT
物业类型：工业房地产投资信托基金
公司类型：房地产投资信托基金
交易所：多伦多证券交易所
上市状态：上市
股票代码：SMU.UN
股价：23.50 加元
市值：48.70 亿加元

简介：顶峰工业收入房地产投资信托是一家开放式共同基金房地产投资信托公司，专注于在加拿大发展和管理轻工业房地产投资组合。对于投资者来说，该公司的目标是通过获得有效的物业管理、增值收购、创新融资和选择性物业开发机会，从运营中获得最大的资金。对于租户来说，该公司的目标是在靠近主要交通枢纽和高增长人口中心的最佳位置提供现代、高效、高质量的工业地产。

地址：加拿大安大略省万锦市

### 3.9.43　公司名称：因韦斯特房地产投资信托

英文名称：InnVest Real Estate Investment Trust
物业类型：酒店房地产投资信托基金
公司类型：房地产投资信托基金
交易所：多伦多证券交易所
上市状态：退市
股票代码：INN.UN
股价：7.25 加元
市值：9.44 亿加元

简介：因韦斯特房地产投资信托成立于 2002 年，是一家开放式房地产投资信托公司。该公司的主要业务是拥有酒店房地产。公司持有酒店投资组合，以国际公认的特许品牌经营。其酒店由四家酒店管理公司管理，分别是加拿大威斯蒙特酒店管理有限公司、达美酒店有限公司、费尔蒙特酒店及度假村和加拿大希尔顿酒店集团。

地址：加拿大安大略省多伦多

**3.9.44　公司名称：枫林镇国际房地产投资信托**

英文名称：Maplewood International REIT
物业类型：多元化房地产投资信托基金
公司类型：房地产投资信托基金
交易所：多伦多证券交易所
上市状态：退市
股票代码：MWI.H
股价：0.05 加元
市值：0.003 亿加元

简介：枫林镇国际房地产投资信托是一家总部位于加拿大的成长型国际房地产投资信托基金公司，旨在投资加拿大境外的高质量创收型商业房地产。该公司的物业集中在欧洲的投资级国家，最初的目标市场是荷兰。

地址：加拿大安大略省米西索加

**3.9.45　公司名称：梅尔科尔房地产投资信托**

英文名称：Melcor Real Estate Investment Trust
物业类型：多元化房地产投资信托基金
公司类型：房地产投资信托基金
交易所：多伦多证券交易所
上市状态：上市
股票代码：MR.UN
股价：6.55 加元
市值：0.849 亿加元

简介：梅尔科尔房地产投资信托是一家开放式房地产投资信托基金公司。该公司在加拿大西部选定的目标市场从事收购、拥有和管理办公室、零售和工业物业。其目标是通过收购高质量资产并使其投资组合多元化，为基金单位持有人提供稳定且不断增长的月度现金分红。

地址：加拿大阿尔伯塔省埃德蒙顿

# 4 全球 REITs 交易所交易基金

## 4.1 交易所交易基金投资

交易所交易基金（ETF）是一种投资基金和交易所交易产品，在证券交易所交易。交易所交易基金在许多方面与共同基金相似，只是交易所交易基金是全天从其他所有者手中买卖的，而共同基金是根据其当天的价格从发行者手中买卖的。交易所交易基金持有股票、债券、货币、期货合约和/或商品（如金条）等资产，通常采用套利机制进行操作，旨在使其交易接近其资产净值，尽管偶尔会出现偏差，绝大多数交易所交易基金都是指数基金。

美国最受欢迎的交易所交易基金是标准普尔 500 指数、全市场指数、纳斯达克 100 指数、黄金价格、罗素 1000 指数中的成长型股票以及最大技术公司指数。除了不透明的积极管理型交易所交易基金之外，在大多数情况下，交易所交易基金持有的股票清单及其权重每天都在网站上公布。尽管专业交易所交易基金的年费可能远远超过投资额的 1%，但最大的交易所交易基金的年费仅是投资额的 0.03%，甚至更低。这些费用由交易所交易基金发行人从基础持股或出售资产获得的股息中支付。

交易所交易基金是一种构建简单、低成本、多元化的投资组合方式。交易所交易基金有较高的收益，这也是它们越来越受直资投资者和传统基金经理欢迎的原因。如果投资者想为长期投资目标投资一大笔钱，那么交易所交易基金可能是一个不错的投资选择。

作为一种投资工具，近年来，交易所交易基金越来越受欢迎，尤其是随着在线券商的兴起，人们可以轻松地买卖交易所交易基金。截至 2020 年底，全球约有 7600 只交易所交易基金，共有约 7.7 万亿美元的资产。与此同时，2021 年 4 月，美国约有 2300 只交易所交易基金，管理着约 6.2 万亿美元的资产。交易所交易基金会给投资者带来五大益处。

### 4.1.1 快速投资组合多元化

交易所交易基金最大的好处是投资者不需要很多钱来投资很多不同的东西。一份交易所交易基金可以让投资者投资不同的公司或债券。

### 4.1.2 跨市场访问

现在市场上还有一系列交易所交易基金，如股票、债券、大宗商品、房地产，以及提供组合的混合基金。交易所交易基金瞄准特定资产的方式也有所不同——激进与否，特定于一个资产类别还是更广泛。因此，投资者能够被满足需求，并建立多元化的投资组合。

主题交易所交易基金是更狭义的基金，专注于特定趋势或利基行业，如机器人、人工智能等。然而，主题交易所交易基金有利也有弊。虽然这类基金允许投资者进行更有针对性的押注，但这些基金的股票可能会出现波动。由于投资过于专注，这些交易所交易基金也可能削弱其自身广泛、多元化的投资优点。

### 4.1.3 开销更少

由于大多数交易所交易基金追踪基准指数，试图跑赢市场的财务经理不会积极管理这些基金。与主动投资相反，被动投资可以使前者更具成本效益，因为这意味着管理费用更少。

### 4.1.4 更低的费用

交易所交易基金通常成本较低，许多交易所交易基金每年收取的年费不到投资额的 0.25%，尽管一些经纪公司可能会对交易收取交易费。交易所交易基金还可能有更多的隐性成本，如费用率和买卖价差，这些都会累积起来。

### 4.1.5 易于交易

房地产投资信托基金交易所交易基金（REIT ETF）为寻求投资房地产投资信托基金的投资者提供了一个低成本的投资选择。这类基金拥有一篮子房地产投资信托基金股票，与其他交易所交易基金一样，这类基金旨在反映基础房地产投资信托指数。投资者可以选择美国房地产投资信托基金和国际房地产投资信托基金。iShares 道琼斯房地产指数基金于 2000 年推出，是首只房地产投资信托交易所交易基金（NAREIT，2023c）。目前市场上有超过 40 只房地产投资信托交易所交易基金。

## 4.2 全球REITs交易所交易基金列表[①]

### 4.2.1 基金名称：科恩&斯蒂尔斯全球房地产主要交易所交易基金

英文名称：Cohen & Steers Global Realty Majors ETF
基金状态：在存续期
基金代码：GRI
单位净值：46.59美元
基金规模：0.5125亿美元
基金费率：0.55%
基金管理人：科恩&斯蒂尔斯公司（Cohen & Steers, Inc.）
简介：科恩&斯蒂尔斯全球房地产主要交易所交易基金是一只在美国注册的开放式基金。该基金寻求长期资本增值最大化。该基金投资于有限房地产投资信托基金的股票证券、从事房地产业的公司或拥有大量房地产资产的公司。

### 4.2.2 基金名称：第一信托富时EPRA/NAREIT发达市场房地产指数基金

英文名称：First Trust FTSE EPRA/NAREIT Developed Markets Real Estate Index Fund
基金状态：在存续期
基金代码：FFR
单位净值：45.97美元
基金规模：0.2559亿美元
基金费率：0.60%
基金管理人：第一信托顾问公司（First Trust Advisors）
简介：第一信托富时EPRA/NAREIT发达市场房地产指数基金是在美国注册成立的交易所交易基金。该基金追踪富时EPRA/NAREIT发达指数，持有各种市值的全球金融股。该基金的投资重点是房地产，其中最大的配置在美国。该基金

---

[①] 全球REITs交易所交易基金列表信息来自NAREIT（2023c）。全球REITs交易所交易基金列表涉及的基金为持有全球范围的房地产资产，北美REITs交易所交易基金只拥有位于北美的物业，亚太REITs交易所交易基金拥有位于亚洲地区和太平洋沿岸地区的物业。虽中国也属于亚太地区，但因中国REITs交易所交易基金可供中国投资者直接买卖，故而在后文中进行单独列示。

使用市值方法对持有的股票进行加权。

### 4.2.3 基金名称：FlexShares 全球优质房地产指数基金

英文名称：FlexShares Global Quality Real Estate Index Fund
基金状态：在存续期
基金代码：GQRE
单位净值：62.54 美元
基金规模：3.9747 亿美元
基金费率：0.45%
基金管理人：北方信托公司（Northern Trust Corporation）
简介：FlexShares 全球优质房地产指数基金寻求与北方信托全球优质房地产指数的价格和收益表现相对应的投资结果。该基金衡量美国等地区的房地产投资信托基金和房地产公司公开交易的股票证券质量。

### 4.2.4 基金名称：iShares 标准普尔发达国家（美国除外）房地产指数基金

英文名称：iShares S&P Developed ex-U.S. Property Index Fund
基金状态：在存续期
基金代码：WPS
单位净值：30.69 美元
基金规模：0.5613 亿美元
基金费率：0.48%
基金管理人：贝莱德公司（BlackRock, Inc.）
简介：iShares 标准普尔发达国家（美国除外）房地产指数基金定义并衡量除美国以外发达国家的公开交易房地产公司的可投资领域，如房地产所有权、管理、开发、租赁和投资。

### 4.2.5 基金名称：iShares 富时 EPRA/NAREIT 发达国家（美国除外）指数基金

英文名称：iShares FTSE EPRA/NAREIT Developed RE ex-U.S. Index Fund
基金状态：在存续期
基金代码：IFGL
单位净值：23.38 美元
基金规模：1.9516 亿美元
基金费率：0.48%

基金管理人：贝莱德公司

简介：iShares 富时 EPRA/NAREIT 发达国家（美国除外）指数基金投资除美国证券以外的欧洲或亚太地区发达国家的资产，除此之外，该基金还投资加拿大和中国，有助于扩大全球投资。该基金拥有合理的多元化水平，在多个国家控股超过 175 家公司。

### 4.2.6 基金名称：iShares 全球房地产投资信托交易所交易基金

英文名称：iShares Global REIT ETF
基金状态：在存续期
基金代码：REET
单位净值：26.02 美元
基金规模：31.0595 亿美元
基金费率：0.14%
基金管理人：贝莱德公司

简介：iShares 全球房地产投资信托交易所交易基金旨在跟踪由发达市场和新兴市场的全球房地产股票组成的指数的投资结果。

### 4.2.7 基金名称：SPDR 道琼斯全球房地产交易所交易基金[①]

英文名称：SPDR Dow Jones Global Real Estate ETF
基金状态：在存续期
基金代码：RWO
单位净值：48.02 美元
基金规模：13.324 亿美元
基金费率：0.50%
基金管理人：道富环球投资管理公司（State Street Global Advisors）

简介：SPDR 道琼斯全球房地产交易所交易基金旨在提供扣除费用和支出前，与道琼斯全球精选房地产证券指数总体回报表现大致相当的投资结果。该指数寻求投资美国及发达和新兴市场的公开交易的房地产证券。

### 4.2.8 基金名称：SPDR 道琼斯国际房地产交易所交易基金

英文名称：SPDR Dow Jones International Real Estate ETF
基金状态：在存续期

---

① SPDR 道琼斯全球房地产交易所交易基金有两个基金代码，被当作不同的金融资产在证券市场上进行交易。

基金代码：RWX
单位净值：29.62 美元
基金规模：5.652 亿美元
基金费率：0.59%
基金管理人：道富环球投资管理公司
简介：SPDR 道琼斯国际房地产交易所交易基金旨在提供扣除费用和支出前，与道琼斯全球精选房地产证券指数总体回报表现大致相当的投资结果。该指数寻求投资非美国的发达国家和新兴市场的公开交易房地产证券。

### 4.2.9 基金名称：先锋全球（美国除外）房地产指数基金

英文名称：Vanguard Global ex-U.S. Real Estate Index Fund
基金状态：在存续期
基金代码：VNQI
单位净值：44.54 美元
基金规模：41.40 亿美元
基金费率：0.12%
基金管理人：先锋集团公司（The Vanguard Group, Inc.）
简介：先锋全球（美国除外）房地产指数基金采用指数化投资方法，旨在跟踪标准普尔全球（美国除外）房地产指数的表现，该指数是一个浮动调整的价值加权指数，衡量发达市场和新兴市场的国际房地产股票的股市表现。该指数由公开交易的股权房地产投资信托基金和某些房地产管理和开发公司的股票组成。

### 4.2.10 基金名称：智慧树新经济房地产基金

英文名称：WisdomTree New Economy Real Estate Fund
基金状态：在存续期
基金代码：WTRE
单位净值：19.50 美元
基金规模：0.4078 亿美元
基金费率：0.58%
基金管理人：智慧树公司（WisdomTree）
简介：智慧树新经济房地产基金是非多元化的，前身为智慧树全球（美国除外）房地产基金（DRW），旨在跟踪 CenterSquare 新经济房地产指数在扣除费用和支出之前的价格和收益率表现。在正常情况下，至少 80%的基金总资产将投资该指数的成份股证券及其与该成份股证券的经济特征基本相同的投资。该指数从全球股票证券（包括美国存托凭证[①]）、上市房地产投资信托基金和被认定为与房地产密切相关的公司中选择成份股。

## 4.3 北美 REITs 交易所交易基金列表[②]

### 4.3.1 基金名称：第一信托标准普尔房地产投资信托指数基金

英文名称：First Trust S&P REIT Index Fund
基金状态：在存续期
基金代码：FRI
单位净值：28.52 美元
基金规模：1.9904 亿美元
基金费率：0.50%
基金管理人：第一信托顾问公司（First Trust Advisors）
简介：第一信托标准普尔房地产投资信托指数基金的投资策略是钉住标准普尔美国房地产投资信托基金指数的股票指数的价格和收益（扣除基金的费用和支出之前）。该基金通常会将其至少90%的净资产（包括投资借款）投资构成标准普尔美国房地产投资信托基金指数的房地产投资信托基金。

### 4.3.2 基金名称：景顺威尔希尔美国房地产投资信托交易所交易基金

英文名称：Invesco Wilshire U.S. REIT ETF
基金状态：不在存续期
基金代码：WREI
单位净值：49.01 美元
基金规模：0.132 亿美元
基金费率：0.32%
基金管理人：景顺资本管理有限公司（Invesco Capital Management LLC）
简介：景顺威尔希尔美国房地产投资信托交易所交易基金跟踪100只房地产

---

[①] 美国存托凭证（American Depository Receipt）是美国商业银行为协助在美国境外上市的证券在美国开展交易而发行的一种可转让证书。通常代表非美国公司可公开交易的股票和债券。通过美国存托凭证可以提高古根海姆基金在海外市场的知名度，拓展境外筹资渠道。

[②] 北美 REITs 交易所交易基金列表信息来自 NAREIT（2023c）。

投资信托基金构成的多元化指数,并收取适当的费用率。该基金最大的缺陷是没有区分度:该基金指数宽泛,但其他交易基金指数更宽泛;该基金较便宜,但其他交易基金更便宜。该基金于 2010 年 3 月成立,由于上市时间较晚,基金的中间立场让投资者敬而远之,导致该基金已不再活跃交易。

#### 4.3.3 基金名称:IQ 美国房地产小盘交易所交易基金

英文名称:IQ U. S. Real Estate Small Cap ETF
基金状态:在存续期
基金代码:ROOF
单位净值:23.74 美元
基金规模:0.373 亿美元
基金费率:0.70%
基金管理人:纽约人寿(New York Life)

简介:IQ 美国房地产小盘交易所交易基金寻求在扣除费用和支出之前,跟踪 IQ 美国房地产小盘指数的价格和收益率表现的投资结果。该指数是一个浮动调整的市值加权指数,旨在跟踪美国小型房地产公司的整体表现。

#### 4.3.4 基金名称:iShares 科恩 & 斯蒂尔斯房地产投资信托交易所交易基金

英文名称:iShares Cohen & Steers REIT ETF
基金状态:在存续期
基金代码:ICF
单位净值:66.71 美元
基金规模:27.753 亿美元
基金费率:0.33%
基金管理人:贝莱德公司

简介:iShares 科恩 & 斯蒂尔斯房地产投资信托交易所交易基金是一只在美国注册成立的交易所交易基金。该基金的目标是寻求与其专业指数的表现相对应的投资结果。

#### 4.3.5 基金名称:iShares 富时美国房地产投资信托协会工业/办公封顶指数基金

英文名称:iShares FTSE NAREIT Industrial/Office Capped Index Fund
基金状态:在存续期
基金代码:FNIO

单位净值：2763.89 美元

基金规模：1.685 亿美元

基金费率：0.33%

基金管理人：贝莱德公司

简介：iShares 富时美国房地产投资信托协会工业/办公封顶指数基金是一个交易所交易基金。该基金寻求与富时美国房地产投资信托协会工业/办公封顶指数的价格和收益表现大体一致的投资结果。该指数衡量美国股票市场工业和办公房地产部门的表现。

**4.3.6　基金名称：iShares 富时美国房地产投资信托协会抵押贷款加上限指数基金**

英文名称：iShares FTSE NAREIT Mortgage PLUS Capped Index Fund

基金状态：在存续期

基金代码：REM

单位净值：30.04 美元

基金规模：8.6674 亿美元

基金费率：0.48%

基金管理人：贝莱德公司

简介：iShares 富时美国房地产投资信托协会抵押贷款加上限指数基金，寻求并追踪由持有美国住宅和商业抵押贷款的美国房地产投资信托基金组成的指数的投资结果。

**4.3.7　基金名称：iShares 富时 EPRA/NAREIT 北美指数基金**

英文名称：iShares FTSE EPRA/NAREIT North America Index Fund

基金状态：在存续期

基金代码：IFNA

单位净值：34.24 美元

基金规模：4.3612 亿美元

基金费率：0.17%

基金管理人：贝莱德资产管理爱尔兰有限公司（BlackRock Asset Management Ireland Limited）

简介：iShares 富时 EPRA/NAREIT 北美指数基金旨在通过资本增长和基金资产收益的结合来获得投资回报，其投资在美国和加拿大市场上市和交易的权益证券（如股票）。该基金的投资回报将与一个指数的回报进行比较，即该基金的基准指数：摩根斯坦利资本国际北美指数（包含净股息）。

**4.3.8　基金名称：iShares 核心美国房地产投资信托交易所交易基金**

英文名称：iShares Core US REIT ETF

基金状态：在存续期

基金代码：USRT

单位净值：59.28 美元

基金规模：21.6952 亿美元

基金费率：0.08%

基金管理人：贝莱德公司

简介：iShares 核心美国房地产投资信托交易所交易基金，前身为 iShares 富时美国房地产投资信托协会房地产 50 指数基金，旨在衡量美国股票市场大型房地产行业的表现。

**4.3.9　基金名称：iShares 住宅和多部门房地产交易所交易基金**

英文名称：iShares Residential and Multisector Real Estate ETF

基金状态：在存续期

基金代码：REZ

单位净值：87.10 美元

基金规模：9.9292 亿美元

基金费率：0.48%

基金管理人：贝莱德公司

简介：iShares 住宅和多部门房地产交易所交易基金，前身为 iShares 富时美国房地产投资信托协会住宅加上限指数基金，旨在追踪由美国住宅、医疗保健和自助存储房地产股票组成的指数的投资结果。

**4.3.10　基金名称：iShares 美国房地产交易所交易基金**

英文名称：iShares U.S. Real Estate ETF

基金状态：在存续期

基金代码：IYR

单位净值：100.66 美元

基金规模：43.9009 亿美元

基金费率：0.39%

基金管理人：贝莱德公司

简介：iShares 美国房地产交易所交易基金旨在跟踪由美国房地产股票组成的指数的投资结果。

### 4.3.11　基金名称：万尼克抵押贷款房地产投资信托基金收入交易所交易基金

英文名称：VanEck Mortgage REIT Income ETF
基金状态：在存续期
基金代码：MORT
单位净值：15.17 美元
基金规模：2.0393 亿美元
基金费率：0.40%
基金管理人：万尼克公司（VanEck）

简介：万尼克抵押贷款房地产投资信托基金收入交易所交易基金是非多元化的，旨在尽可能地复制 MVIS 美国抵押房地产投资信托基金指数的价格和收益表现（扣除费用和支出）。该基金通常至少将其总资产的 80% 投资于包含基金基准指数的证券。

### 4.3.12　基金名称：超级股票美国房地产基金

英文名称：PowerShares Active U.S. Real Estate Fund
基金状态：在存续期
基金代码：PSR
单位净值：105.71 美元
基金规模：1.245 亿美元
基金费率：0.35%
基金管理人：景顺超级股票资本管理公司（Invesco PowerShares Capital Management）

简介：超级股票美国房地产基金包含 80 只成份股，专注于北美地区的混合控股公司。

### 4.3.13　基金名称：超级股票 KBW 溢价收益股票型房地产投资信托基金组合

英文名称：PowerShares KBW Premium Yield Equity REIT Portfolio
基金状态：在存续期
基金代码：KBWY
单位净值：23.60 美元
基金规模：3.049 亿美元

基金费率：0.35%

基金管理人：景顺超级股票资本管理公司

简介：超级股票KBW溢价收益股票型房地产投资信托基金组合是基于KBW纳斯达克溢价收益股票型房地产投资信托指数构成的基金。该基金通常将其总资产的至少90%投资于中小市值股票型房地产投资信托基金的证券，这些证券具有竞争性股息收益率，并在美国公开交易。基夫—布鲁耶特—伍兹公司（KBW）和纳斯达克公司编制、维护并计算该指数，该指数是一种修正的股息收益率加权指数，旨在反映此类公司的表现。该基金和指数在每年的3月、6月、9月和12月的第三个星期五进行再平衡和重组。

### 4.3.14 基金名称：嘉信美国房地产投资信托交易所交易基金

英文名称：Schwab U.S. REIT ETF

基金状态：在存续期

基金代码：SCHH

单位净值：23.02美元

基金规模：64.0164亿美元

基金费率：0.07%

基金管理人：嘉信资产管理公司（Schwab Asset Management）

简介：嘉信美国房地产投资信托交易所交易基金旨在密切地跟踪扣除费用和支出前道琼斯股票全房地产投资信托上限指数的总回报，该基金由归类为股票的美国房地产投资信托基金组成，不包括抵押贷款房地产投资信托基金（定义为直接向房地产所有者和/或经营者贷款，或通过购买抵押贷款或抵押贷款支持证券间接贷款的房地产投资信托基金）和混合房地产投资信托基金（定义为同时参与股票和抵押贷款投资的房地产投资信托基金）。该基金的政策是在正常情况下基金将至少90%的净资产投资于指数中包含的证券。

### 4.3.15 基金名称：SPDR道琼斯房地产投资信托交易所交易基金

英文名称：SPDR Dow Jones REIT ETF

基金状态：在存续期

基金代码：RWR

单位净值：105.06美元

基金规模：18.5492亿美元

基金费率：0.25%

基金管理人：道富环球投资管理公司

简介：SPDR 道琼斯房地产投资信托交易所交易基金旨在提供扣除费用和支出前的投资结果，通常相当于道琼斯美国精选房地产投资信托指数的总回报表现。该基金寻求投资于美国公开交易的房地产投资信托证券。

### 4.3.16 基金名称：先锋房地产投资信托交易所交易基金

英文名称：Vanguard REIT ETF
基金状态：在存续期
基金代码：VNQ
单位净值：99.52 美元
基金规模：417.30 亿美元
基金费率：0.12%
基金管理人：先锋集团公司

简介：先锋房地产投资信托交易所交易基金是非多元化的，旨在通过跟踪摩根士丹利资本国际美国可投资市场房地产 25/50 指数的表现，提供高水平的收入和适度的长期资本增值，该指数衡量公开交易的股权房地产投资信托基金和其他房地产相关投资的表现。

## 4.4　欧洲 REITs 交易所交易基金列表[①]

### 4.4.1　基金名称：iShares 富时 EPRA/NAREIT 发达欧洲指数基金

英文名称：iShares FTSE EPRA/NAREIT Developed Europe Index Fund
基金状态：在存续期
基金代码：IFEU
单位净值：1937.74 美元
基金规模：2.26 亿美元
基金费率：0.60%
基金管理人：贝莱德公司

简介：iShares 富时 EPRA/NAREIT 发达欧洲指数基金旨在代表全球合格房地产股票的总体趋势。该指数系列持有、买卖和开发全球范围内产生收入的房地

---

[①] 欧洲 REITs 交易所交易基金列表信息来自 NAREIT（2023c）。

产。目前，该指数系列涵盖全球、发达和新兴市场指数，以及英国的另类投资市场。富时 EPRA/NAREIT 发达欧洲指数是富时 EPRA/NAREIT 发达指数的子集，旨在跟踪上市房地产公司和房地产投资信托基金的表现。通过对指数成分进行自由浮动调整，对流动性、规模和收入进行筛选，该系列适合用作衍生品和交易所交易基金等投资产品的基础。

**4.4.2　基金名称：iShares 欧洲房地产收益欧盟可转让证券集合投资计划交易所交易基金**

英文名称：iShares European Property Yield UCITS ETF
基金状态：在存续期
基金代码：IPRP
单位净值：31.29 欧元
基金规模：10.27 亿欧元
基金费率：0.40%
基金管理人：贝莱德公司

简介：iShares 欧洲房地产收益欧盟可转让证券集合投资计划交易所交易基金寻求跟踪一个指数的表现，这个指数由欧洲发达国家（不包括英国）的上市房地产公司和房地产投资信托基金组成，这些公司也符合股息收益率标准。

**4.4.3　基金名称：iShares 英国房地产欧盟可转让证券集合投资计划交易所交易基金**

英文名称：iShares UK Property UCITS ETF
基金状态：在存续期
基金代码：IUKP
单位净值：5.61 英镑
基金规模：4.5508 亿英镑
基金费率：0.40%
基金管理人：贝莱德公司

简介：iShares 英国房地产欧盟可转让证券集合投资计划交易所交易基金寻求跟踪由英国上市房地产公司和房地产投资信托基金组成的指数的表现。其基准指数是富时 EPRA/NAREIT 英国指数。

**4.4.4　基金名称：法国巴黎银行易富时 EPRA/NAREIT 欧元区上限交易所交易基金**

英文名称：BNP Paribas Easy FTSE EPRA/NAREIT Eurozone Capped ETF

基金状态：在存续期
基金代码：EEAA
单位净值：8.85 欧元
基金规模：2.3587 亿欧元
基金费率：0.40%
基金管理人：简单基金（EasyETF）
简介：法国巴黎银行易富时 EPRA/NAREIT 欧元区上限交易所交易基金在德国的主要证券交易所（法兰克福和 Xetra 交易所）进行交易。其基准指数是富时 EPRA/NAREIT 欧元区上限指数。

**4.4.5　基金名称：法国巴黎银行易富时 EPRA/NAREIT 除英国外发达欧洲绿色指数基金**

英文名称：BNP Paribas Easy FTSE EPRA/NAREIT Developed Europe ex UK Green CTB UCITS ETF
基金状态：在存续期
基金代码：EEPG
单位净值：7.49 欧元
基金规模：3.0168 亿欧元
基金费率：0.40%
基金管理人：简单基金
简介：法国巴黎银行易富时 EPRA/NAREIT 除英国外发达欧洲绿色指数基金在德国的主要证券交易所（法兰克福和 Xetra 交易所）进行交易。其基准指数是富时 EPRA/NAREIT 除英国外发达欧洲绿色欧盟指数。

## 4.5　亚太 REITs 交易所交易基金列表[①]

**4.5.1　基金名称：古根海姆投资中国房地产交易所交易基金**

英文名称：Guggenheim Investments China Real Estate ETF
基金状态：不在存续期

---

[①] 亚太 REITs 交易所交易基金列表信息来自 NAREIT（2023c）。

基金代码：TAO

单位净值：25.93 美元

基金规模：0.753 亿美元

基金费率：0.99%

基金管理人：古根海姆基金投资顾问有限责任公司（Guggenheim Funds Investment Advisors LLC）

简介：古根海姆投资中国房地产交易所交易基金是一只专注于投资中国的股票型交易所交易基金。该基金将其总资产的至少90%投资于普通股、美国存托凭证、美国存托股份、全球存托凭证和国际存托凭证。该基金是非多元化的。

### 4.5.2 基金名称：iShares 富时 EPRA/NAREIT 发达亚洲指数基金

英文名称：iShares FTSE EPRA/NAREIT Developed Asia Index Fund

基金状态：在存续期

基金代码：IFAS

单位净值：1546.49 美元

基金规模：3.81 亿美元

基金费率：0.60%

基金管理人：贝莱德公司

简介：iShares 富时 EPRA/NAREIT 发达亚洲指数基金涵盖全球最大的投资市场，包括一系列新兴市场和发达市场、地区和国家指数、上限指数、股息指数、全球产业、投资型房地产投资信托基金和非房地产投资信托基金系列。富时 EPRA/NAREIT 发达亚洲指数是富时 EPRA/NAREIT 发达指数的子集。该指数旨在跟踪上市房地产公司和房地产投资信托基金的表现。通过对指数成分进行自由浮动调整，对流动性、规模和收入进行筛选，该指数适合用作衍生品和交易所交易基金等投资产品的基础。

### 4.5.3 基金名称：iShares 亚洲房地产收益欧盟可转让证券集合投资计划交易所交易基金

英文名称：iShares Asia Property Yield UCITS ETF

基金状态：在存续期

基金代码：IASP

单位净值：23.74 美元

基金规模：4.3628 亿美元

基金费率：0.59%

基金管理人：贝莱德公司

简介：iShares 亚洲房地产收益欧盟可转让证券集合投资计划交易所交易基金寻求跟踪由亚洲发达国家的上市房地产公司和房地产投资信托基金组成的指数的表现，这些公司也符合股息收益率标准。

### 4.5.4 基金名称：斯托克亚太 600 房地产指数

英文名称：STOXX Asia/Pacific 600 Real Estate Cap

基金状态：在存续期

基金代码：SP8730P

单位净值：149.28 欧元

基金规模：3.6628 亿欧元

基金费率：0.59%

基金管理人：斯托克有限公司（STOXX Ltd.）

简介：斯托克亚太 600 房地产指数旨在衡量欧洲、美洲和亚太地区顶级房地产公司和房地产投资信托基金、上市房地产信托基金以及房地产控股和开发股票的表现，如行业分类基准所定义。这些指数来自斯托克全球 1800 指数。这是一个广泛但可投资的指数，由 3 个地区自由流通市值最大的 600 只股票组成。

### 4.5.5 基金名称：先锋澳大利亚房地产投资信托交易所交易基金

英文名称：Vanguard Australia Property REIT ETF

基金状态：在存续期

基金代码：VAP

单位净值：81.00 澳元

基金规模：22.80 亿澳元

基金费率：0.23%

基金管理人：先锋集团公司

简介：先锋澳大利亚房地产投资信托交易所交易基金寻求在考虑费用、支出和税收之前，钉住标准普尔/澳大利亚证券交易所 300 澳大利亚房地产投资信托基金指数，提供接近该指数的投资回报。该基金为投资在澳大利亚证券交易所上市的房地产证券提供了一种低成本的方式。基金投资的房地产领域包括零售、办公、工业和多元化。该基金提供了潜在的长期资本增长和税收有效收入，其中可能包括递延所得税部分。

### 4.5.6 基金名称：万尼克澳大利亚房地产交易所交易基金

英文名称：VanEck Australian Property ETF

基金状态：在存续期

基金代码：MVA

单位净值：21.74 澳元

基金规模：6.598 亿澳元

基金费率：0.35%

基金管理人：万尼克公司

简介：万尼克澳大利亚房地产交易所交易基金是一个纯粹基于规则的澳大利亚行业指数，该指数旨在追踪规模最大、流动性最强的澳大利亚证券交易所上市的房地产投资信托基金的表现。

## 4.6 中国 REITs 交易所交易基金列表[①]

我国的一些券商与国际投行合作，构建了一些发达国家房地产投资信托交易所交易基金在沪深证券交易所上市，方便我国投资者选择购买。

### 4.6.1 基金名称：南方道琼斯房地产投资信托指数（QDII-LOF）A[②]

英文名称：Southern Dow Jones REIT Index（QDII-LOF）A

基金状态：在存续期

基金代码：160140、160141

单位净值：1.2383 元、1.2156 元

基金规模：1 亿元、0.52 亿元

基金费率：1.05%、1.45%

基金管理人：南方基金管理股份有限公司

简介：南方道琼斯房地产投资信托指数（QDII-LOF）A 基金投资经中国证券监督管理委员会（以下简称中国证监会）许可的金融产品，包括道琼斯美国精选房地产投资信托指数的成份券、备选成份券，以道琼斯美国精选房地产投资信托指数为投资标的的交易所交易基金，普通股、优先股、全球存托凭证和美国存

---

[①] 中国 REITs 交易所交易基金列表信息来自万得金融数据（2023）。一些中国 REITs 交易所交易基金拥有类似的名字但不同的股票代码，如南方道琼斯房地产投资信托指数（QDII-LOF）A。这类基金被当作不同的交易基金在证券市场上进行交易。

[②] 该基金在证券市场上使用南方道琼斯房地产投资信托指数（QDII-LOF）A 和南方道琼斯房地产投资信托指数（QDII-LOF）C 分别进行交易。

托凭证、房地产信托凭证，银行存款、可转让存单、银行承兑汇票、银行票据、商业票据、回购协议、短期政府债券等货币市场工具，公募债券型基金及货币市场基金，与固定收益、信用等标的物挂钩的结构性投资产品、远期合约、互换，期权、期货等金融衍生产品。

### 4.6.2 基金名称：上投摩根富时发达市场房地产投资信托指数（QDII）[①]

英文名称：CIFM FTSE Developed Markets REITs Index（QDII）

基金状态：不在存续期

基金代码：005613、005614、005615

单位净值：1.3078 元、0.1931 元、0.1931 元

基金规模：4.35 亿元、0.64 亿元、3.91 亿元

基金费率：1.05%

基金管理人：上投摩根基金管理有限公司

简介：上投摩根富时发达市场房地产投资信托指数（QDII）投资经中国证监会许可的金融产品，包括富时 EPRA/NAREIT 发达市场房地产投资信托指数成份券、备选成份券，以富时发达市场房地产投资信托指数为投资标的的交易所交易基金，以及银行存款、可转让存单、银行承兑汇票、银行票据、商业票据、回购协议、短期政府债券等货币市场工具，政府债券、公司债券、可转换债券、住房按揭支持证券、资产支持证券、国际金融组织发行的证券，普通股、优先股、全球存托凭证及美国存托凭证，公募基金，与固定收益、股权、信用、商品指数、基金等标的物挂钩的结构性投资产品，远期合约、互换及权证、期权、期货等金融衍生产品。

### 4.6.3 基金名称：阿尔卑斯主动型房地产投资信托交易所交易基金

英文名称：ALPS Active REIT ETF

基金状态：在存续期

基金代码：NASDAQ：REIT

单位净值：28.62 美元

基金规模：0.2018 亿美元

基金费率：0.68%

基金管理人：阿尔卑斯基金（ALPS Funds）

---

[①] 该指数在证券市场上使用上投摩根富时发达市场房地产投资信托指数（QDII）、上投摩根富时发达市场房地产投资信托指数（QDII）美钞以及上投摩根富时发达市场房地产投资信托指数（QDII）美汇分别进行交易。

简介：阿尔卑斯主动型房地产投资信托交易所交易基金是第二只面向美国投资者的积极管理的美国房地产投资信托基金，是依赖 Blue Tractor 模型开发的一只半透明指数基金。该基金在纳斯达克上市。GSI 资本顾问公司管理基金的部分投资决策，该公司在管理房地产投资方面有着悠久的历史。该基金主要投资美国房地产投资信托基金的证券，正如其股票代码所暗示的那样，该基金也可以投资其他与房地产相关的证券，其还是一只中国投资者可以买卖的积极管理的美国房地产投资信托指数基金。其主要基准指数是标准普尔美国房地产投资信托指数。

# 5 REITs 量化投资

量化投资是指通过数量化方式及计算机程序化发出买卖指令,以获取稳定收益为目的的交易方式。在海外已有 30 多年的发展历史,其投资业绩稳定,市场规模和份额不断扩大、得到了越来越多投资者的认可。从全球市场的参与主体来看,按照管理资产的规模,全球名列前茅的五家资管机构,都是依靠计算机技术来开展投资决策的,由量化及程序化交易所管理的资金规模在不断扩大。

随着互联网的发展,量化投资的概念在世界范围的传播速度非常快。作为一个新概念,虽然国内投资者早有耳闻,但是真正的量化基金在国内还比较罕见。同时,机器学习的发展也对量化投资起到了促进作用。

## 5.1 REITs 实时数据跟踪

### 5.1.1 主要证券交易所

证券交易所是交易金融证券、商品、衍生品和其他金融工具的市场。在过去,交易者和经纪人通常在证券交易所见面进行股票交易,而现在大多数金融交易都是电子化和自动化的。不过,对于希望加入的公司,每个交易所都有自己特殊的上市要求。一般来讲,证券交易所要求定期发布财务报告,有经审计的收益和最低资本要求。

希望进行首次公开募股的公司必须通过证券交易所上市,因此公司必须迅速调整其运营状态:上市公司成为被密切关注和审查的实体,因为其所有的财务状况都会提供给潜在投资者。也就是说,公司也受益于知名度的提高:通过在证券交易所上市也增加了公司的知名度,吸引新的客户、员工和其他将公司上市视为成功标志的合作伙伴。

#### 5.1.1.1 美国证券交易所

美国的两大金融证券市场是纽约证券交易所和纳斯达克证券交易所。

(1) 纽约证券交易所（NYSE）。纽约证券交易所成立于1790年，总部设在纽约（The New York Stock Exchange，2023）。2007年4月，纽约证券交易所与泛欧交易所的欧洲证券交易所合并，成立了纽约泛欧交易所。纽约泛欧交易所还拥有纽约证券交易所Arca（前身为太平洋交易所）。为了在纽约证券交易所上市，一家公司必须拥有400名股东和110万股流通股。

(2) 美国全国证券交易商协会自动报价（纳斯达克表）。与美国证券交易所不同，纳斯达克是最大的电子屏幕市场（Nasdaq，2023），于1971年创立，因其计算机化的系统和相对于纽约证券交易所的现代化而广受欢迎。目前纳斯达克提供的上市费用低于纽约证券交易所，并且包括一些最大的公司，如科技巨头苹果、谷歌、亚马逊和微软。

(3) 美国的其他交易所。

其他一些较小的交易所基于其所在的城市而存在。

1) 波士顿证券交易所（BSE）：由波士顿股票交易所（BEX）和波士顿期权交易所（BOX）组成，2007年被纳斯达克收购。

2) 芝加哥期权交易所（CBOE）：由芝加哥期货交易所（Chicago Board of Trade，CBOT）的会员所组建。

3) 芝加哥期货交易所（CBOT）：归芝加哥商业交易所集团所有和运营。

4) 芝加哥商业交易所（CME）：由芝加哥商业交易所集团拥有和控制。

5) 芝加哥证券交易所（CHX）：由芝加哥市的一些交易商组织起来成立的地方性股票交易所。

6) 国际证券交易所（ISE）：包括国际证券交易所期权交易所和国际证券交易所股票交易所。

7) 迈阿密证券交易所（MS4X）：提供股票、货币和期货交易的区域性交易所，是27个拉丁美洲和加勒比海交易所的交易服务中心。

8) 美国全国股票交易所（NSX）：前身是辛辛那提股票交易所，提供全部电子化交易。

9) 费城证券交易所（PHLX）：主要从事期权交易，2007年被纳斯达克收购。2008年起，作为纳斯达克的一部分继续运营。

#### 5.1.1.2 中国证券交易所

中国的证券交易所分别位于上海、深圳、北京、香港及台湾。

(1) 上海证券交易所（SSE）。上海证券交易所（简称上交所）位于上海浦东新区著名的摩天大楼之间，是中国最大的证券交易所，也是世界第四大证券交易所（上海证券交易所，2023）。上交所于 1990 年开业，截至 2018 年 11 月，上市公司 1446 家，总市值 4.39 万亿美元。上交所提供的指数主要有两种：上证综指是在上交所交易的所有股票的指数，上证 50 指数是排名前 50 家公司的指数。

（2）深圳证券交易所（SZSE）。深圳证券交易所（简称深交所）于 1991 年开业（深圳证券交易所，2023），截至 2018 年 11 月，深交所上市公司 2129 家，总市值 2.69 万亿美元，排世界第 8 位。其主要指数是深圳综合指数——一种在深交所交易的所有股票的指数。

（3）北京证券交易所（BSE）。北京证券交易所（简称北交所）于 2021 年 9 月 3 日注册成立，是经国务院批准设立的我国第一家公司制证券交易所，受中国证监会监督管理（北京证券交易所，2023）。经营范围为依法为证券集中交易提供场所和设施、组织和监督证券交易以及证券市场管理服务等业务。北京证券交易所主要服务于创新型中小企业。

（4）香港证券交易所（HKEX）。香港证券交易所于 1986 年成立（HKEX，2023），截至 2018 年 11 月，香港交易所上市公司 1902 家，总市值 4.11 万亿美元，排名世界第七。其主要指数是恒生指数，这是一个基于在香港上市的 50 家最大公司的加权指数。

（5）台湾证券交易所（TWSE）。台湾证券交易所于 1961 年开业（TWSE，2023），是世界上第 17 大股票交易所。截至 2018 年 11 月，台湾证券交易所上市了 915 家公司，总市值为 1.08 万亿美元。该交易所提供了两个主要指数：台湾加权股价指数（TAIEX 指数）和台湾 50 指数。前者是在台湾证券交易所交易的所有股票的加权指数，后者是基于 50 家最大公司的加权指数。

5.1.1.3　新加坡证券交易所

（1）新加坡证券交易所（SGX）简介。新加坡证券交易所是一个提供全面服务的股票、固定收益、衍生品、商品和外汇交易所（Singapore Exchange，2023）。1999 年，新加坡证券交易所、新加坡国际货币交易所和证券清算和计算机服务私人有限公司合并，由此，新加坡证券交易所应运而生。2000 年，新加坡证券交易所面向公众投资者上市，2008 年完成了对新加坡商品交易所的收购。

作为新加坡的主要资产交易所，新加坡证券交易所为数千种证券提供交易、清算、结算、托管和市场数据服务。根据其 2021 年的年报，该交易所运营着东南亚最大的股票市场交易所；截至 2021 年 6 月底，上市股票的总市值超过 9000 亿新元，日均交易价值为 13.5 亿新元。

新加坡证券交易所主要通过创业板促进新的资本筹集，创业板是一个为寻求股权融资以资助其快速增长的新兴公司提供的平台。新加坡交易所拥有全球范围内具有较强流动性的股票指数衍生品离岸市场。该交易所通过在孟买证券交易所

（BSE）的股份和与纳斯达克（NASDAQ）的伙伴关系扩大其全球影响。也曾与澳大利亚证券交易所（ASX）和伦敦证券交易所（LSE）就合并问题进行过认真的讨论。随着电子交易所的日益全球化，交易所的主动管理不断寻求通过合伙或交叉所有权来扩展其业务。

（2）在新加坡证券交易所上市的公司。就数量而言，房地产、银行、航运以及石油和天然气公司在该交易所的主板上市公司（不包括创业板）中占主导地位，尽管在消费品和医疗保健行业也有很大比例。截至2021年，该交易所共有735家上市公司。星展银行、新加坡电信、资本投资公司、大华银行和扬子江船业是市值最高的公司。

2018年，新加坡证券交易所宣布与纳斯达克、德勤和新加坡货币管理局（MAS）合作，研究实施区块链技术，以提高标记化资产的效率和保真度。新加坡证券交易所与汇丰银行和淡马锡合作，为奥兰国际（Olam International）发行了亚洲首只上市财团数字债券。

5.1.1.4 澳大利亚证券交易所

澳大利亚证券市场由澳大利亚证券交易所、悉尼证券交易所和国家证券交易所组成。澳大利亚最大的证券交易所是澳大利亚证券交易所，有2200家上市公司，市值约为1.6万亿澳元。

（1）澳大利亚证券交易所（ASX）。澳大利亚证券交易所总部位于澳大利亚悉尼（Australian Securities Exchange，2023），于2006年由澳大利亚证券交易所和悉尼期货交易所合并而成。该交易所扮演着市场运营商、清算中心和支付服务商的角色，还向散户投资者提供教育材料。

澳大利亚证券交易所一直是在全球有影响力的主要交易所之一。其他主要交易所包括东京证券交易所、纽约证券交易所、纳斯达克和伦敦证券交易所。每个交易所都有具体的上市要求，包括定期财务报告和最低资本要求。例如，2021年，纽约证券交易所规定过去三个财年的股东权益总额大于或等于1000万美元，全球市值为2亿美元，最低股价为4美元。此外，对于首次公开募股和二级发行人必须有400名股东。与大多数国际交易所一样，澳大利亚证券交易所依靠庞大的数据中心来帮助其连接到领先的金融中心，并促进电子交易。

（2）悉尼证券交易所（SSX）。在2004年8月获得证券交易所牌照之前，该交易所于1997年作为澳大利亚房地产免税市场首次开业（Sydney Stock Exchange，2023）。2015年11月，为推广悉尼和澳大利亚作为领先金融中心的地位，该交易所更名为悉尼证券交易所，以便上市公司能够在主要城市的交易所上市。

悉尼证券交易所是澳洲一级持牌证券交易所。该交易所为寻求只有上市才能带来的增长机会的亚太公司提供了一个新鲜、灵活的选择。作为一个交易场所，该交易所提供了一个具有全球竞争力的平台，以及获得其他地方没有的产品的途径。除了高增长公司，该交易所还提供独特的房地产、集合投资和固定利率上市产品，以增加机构和零售投资组合的多样性。该交易所的治理实践确保参与者享有一个干净、合规的平台，在这个平台上，规则平等、公平、透明地适用于每个人。该交易所的商业模式确保上市公司与每个人打交道，而不是一个排队号码。参与者享受交流带来的好处，这种交流倾听、参与并根据交易所成员的需求做出决策。

（3）澳洲国家证券交易所（NSX）。澳大利亚国家证券交易所是一家位于澳大利亚新南威尔士州悉尼的证券交易所（NSX，2023）。该交易所由 NSX 有限公司拥有和经营，该公司于 2005 年 1 月 13 日在澳大利亚证券交易所上市。澳大利亚国家证券交易所是澳大利亚第二大证券交易所。该交易所专注于成长型公司。2006 年 12 月 20 日，纽卡斯尔证券交易所（Newcastle Stock Exchange）正式申请上市交易，并获批更名为澳洲国家证券交易所，仍然以"NSX"的缩写进行交易。

5.1.1.5　英国证券交易所

（1）伦敦证券交易所（LSE）。伦敦证券交易所成立于 1801 年，是英国的主要证券交易所，也是欧洲最大的证券交易所，该交易所位于英国伦敦市（London Stock Exchange，2023）。但其起源可以追溯到 1698 年，这使其成为世界上较古老的证券交易所之一。1973 年，地区交易所合并成立了大不列颠及爱尔兰证券交易所，后来更名为伦敦证券交易所。伦敦证券交易所属于伦敦证券交易所集团，该集团成立于 2007 年。

70 个国家的 3000 多家公司在伦敦证券交易所上市，使该交易所成为世界上最多元化的国际证券交易所。伦敦证券交易所借助股票、债券和其他金融工具的上市，获得了进入欧洲最大资金池的途径。伦敦证券交易所由金融行为监管局（FCA）监管，金融行为监管局是英国的一个金融监管机构，独立于政府运作。

伦敦证券交易所交易的主要市场有两个：主板市场和二板市场（AIM）。主板市场是 60 多个国家的 1000 多家大公司的所在地，包括 100 家市值最高的公司在内的主要指数和代理指数。二板市场是为寻求增长资本的小公司提供的国际市场（Alternative Investment Market，2023）。该市场是全球 3800 多家公司的总部所在地。二板市场为寻求上市的公司提供了一个更简单的准入程序。与主板市场不同，二板市场不是一个受英国监管的市场，而是一个被视为英国的多边交易机构。根据《2000 年金融服务和市场法案》，伦敦证券交易所将其作为公认的投资交易所进行监管。

伦敦证券交易所于1995年建立了二板市场（Alternative Investment Market，2023），以满足可能达不到主板市场准入标准的小型成长型公司的需求。二板市场的准入标准允许企业无须交易记录、成熟的管理团队或最低市值就能获准进入。二板市场的公司还受益于更加灵活的监管环境。

（2）阿奎斯证券交易所（AQSE）。阿奎斯证券交易所是一个股票和债券产品市场，由英国金融行为监管局和法国金融家监管局授权和监管。其前身是ICAP证券及衍生品交易所（ISDX）和NEX交易所。阿奎斯证券交易所经营以下细分市场：阿奎斯证券交易所主板市场（监管市场）、阿奎斯证券交易所增长市场（非上市证券的一级市场）、阿奎斯证券交易所交易市场（在其他欧盟市场进行证券交易的二级交易市场）

（3）APX集团（APX）。APX集团成立于1999年，是一家控股公司，在比利时、荷兰和英国经营三个能源交易市场。该交易所提供交易所交易、中央清算和结算、数据分发服务以及基准数据和行业指数。该集团有来自超过15个国家的180多名成员。

（4）波罗的海交易所。波罗的海交易所成立于1744年，是一家总部位于伦敦的交易所，为交易商提供实时海运信息，包括每日运费市场价格和海运成本指数，以指导货运交易商并设定运费合同费率和结算运费期货。2016年，新加坡证券交易所收购了波罗的海交易所，但其总部仍设在伦敦。

（5）芝加哥期权交易所（CBOE）。芝加哥期权交易所在欧洲运营着两家股票交易所，分别位于荷兰和英国。按市场份额计算，这两家交易所是最大的泛欧交易所集团。芝加哥期权交易所欧洲分所在18个欧洲市场提供超过6000种证券的交易。此外，芝加哥期权交易所欧洲分所还是提供市场数据、基准指数和股票大宗交易的平台。芝加哥期权交易所是被英国金融行为管理局认可和监管的投资交易所。该交易所得到批准经营受监管的交易市场、多边交易设施和相关出版安排。

（6）泛欧证券交易所（Euronext）。泛欧证券交易所总部位于荷兰阿姆斯特丹，经营着横跨荷兰、葡萄牙、比利时、法国、爱尔兰和英国的证券交易所（Euronext，2023）。泛欧证券交易所在被洲际交易所（ICE）收购之前，与其他几家交易所合并，其中最著名的是纽约证券交易所。

自2013年以后，该交易所恢复了独立运营，成为全球最大的债券和基金上市中心。泛欧证券交易所的产品范围包括债券、大宗商品、衍生品、股票、交易所交易基金、指数、权证以及外汇交易平台。泛欧交易所还运营着泛欧交易所增长和泛欧交易所准入，这是为中小型机构提供上市机会的多边交易设施（MTF）。截至2021年，泛欧交易所拥有超过1900家上市公司。

（7）伦敦金属交易所（LME）。伦敦金属交易所成立于1877年，是世界上较大的商品交易所之一。位于英国伦敦，是全球工业金属交易中心；大多数有色金属期货交易都是在该交易所的平台上进行的。可交易的期权和期货合约包括铝、铝合金、钴、铜、铅、镍、锡和锌。交易者可以选择日合约、周合约和月合约，合约以手为单位进行交易。根据金属的不同，每批重量从1公吨到65公吨不等。

除英国以外，一些英国皇家属地和英国海外领土也有股票交易所。截至2021年，英吉利海峡的根西岛上有一家，直布罗陀有一家，加勒比海上有三家。

5.1.1.6 日本证券交易所

（1）东京证券交易所（TSE）。东京证券交易所是日本最大的证券交易所，总部设在东京（Japan Exchange Growp, 2023）。东京证券交易所成立于1878年5月15日。截至2021年9月14日，该交易所有3784家上市公司。东京证交所由日本交易所集团运营，是全球最大、最知名的日本巨头的所在地，包括丰田、本田和三菱。此外，东京证交所还提供具体的交易信息、实时和历史指数报价、市场统计数据以及专家的信息。

在1989年12月日本资产价格泡沫的顶峰时期，日经225指数达到38916点的历史高点。在此之后，东京证交所的总市值在接下来的20年里急剧缩水，因为日本经济在衰退的环境中挣扎，日经指数大幅下跌。东京证交所由五部分组成，其中两部分被称为"主板市场"，包括大型股和中型股公司；还有两部分是为初创公司保留的；剩余一部分只面向专业投资者。

（2）大阪交易所（OSE）。大阪交易所更名为大阪证券交易所有限公司，是日本最大的衍生品交易所，交易量最大。该交易所于1878年在日本大阪成立。截至2008年，大阪证券交易所拥有477家上市公司，总市值为2120亿美元。日经225指数期货于1988年在大阪证券交易所推出，现已成为国际公认的期货指数。与主要从事现货交易的东京证券交易所相比，大阪证券交易所的优势在于衍生产品。

东京证券交易所和大阪交易所于2013年1月1日合并为日本交易所集团（JPX）。由于这次合并和市场重组，东京证交所成为日本交易所集团唯一的证券交易所，大阪交易所成为日本交易所集团最大的衍生产品交易所。2019年，日本交易所集团收购了东京商品交易所（TOCOM），以扩大商品市场的衍生品交易业务。截至2021年6月，日本交易所集团是世界第五大证券交易所运营商，仅次于纽约证券交易所、纳斯达克、上海证券交易所和香港交易所。

5.1.1.7 法国证券交易所

巴黎证券交易所，正式名称为巴黎泛欧证券交易所（Euronext Paris），现在是泛欧交易所的一部分。该交易所交易股票和衍生品，并发布 CAC 40 指数（Paris Stock Exchange，2023）。CAC 40 指数由市值最高的 40 家著名法国公司组成。

巴黎证券交易所是金融交易所丰富历史的一部分。事实上，许多人认为它是第一个欧洲大陆的综合证券交易所。该交易所成立于 1724 年。1826 年，公开叫价的交易所搬到了一座名为布隆尼亚尔宫的建筑里，并在那里经营了 150 多年。20 世纪 80 年代，该交易所开始计划整合电子交易，以与英国的伦敦证券交易所竞争。

2000 年，巴黎证券交易所、布鲁塞尔证券交易所和阿姆斯特丹证券交易所合并成为泛欧交易所。后来，葡萄牙的里斯本证券交易所也成立了。为了在主要交易所进行交易，公司必须自己完成与交易所的上市协议，并满足某些标准。对泛欧证券交易所来说，一家公司必须拥有超过其市值 25% 或 500 万欧元的自由流通股，三年经审计的财务报表，并遵循 IFRS 会计准则。

#### 5.1.1.8 德国证券交易所

德国的证券交易所由分布在全国各地的许多证券交易所组成。德国有两个重要的股票交易所，分别是德意志交易所和法兰克福证券交易所。此外，还有几家可以互补使用的股票交易所。

（1）德意志交易所（Xetra）是由法兰克福证券交易所运营的交易场所（Deutsche Börse Xetra，2023）。2015 年，德国所有交易所 90% 的股票都是通过 Xetra 进行交易的。就上市公司而言，Xetra 在整个欧洲拥有 60% 的市场份额。交易日的交易时间为每天的上午 9 点至下午 5 点 30 分。Xetra 显示的股票价格是计算德国最著名的股票指数 DAX 指数的基础。

（2）法兰克福证券交易所（FWB）位于法兰克福，为德意志交易所所有，是德国最大的证券交易所（Frankfurt Stock Exchange，2023）。Xetra 更适合交易高交易量的股票，FWB 则适合交易量较低的股票。Xetra 的收费比 FWB 低，但 Xetra 需要足够的交易量才能合理运营。否则，在最坏的情况下，可能会发生单只股票的部分执行。然而在 FWB，交易是由专家监督的。这导致了更高的费用，但是不太可能部分执行，而订单可以被合理地分割。法兰克福的主要交易指数是 DAX 指数和 DAX 30 指数。

（3）斯图加特证券交易所（STU）是德国第三大证券交易所，拥有许多金融巨头公司，如安联人寿保险公司、巴登符滕堡州银行、维斯滕罗特金融公司。

（4）柏林—不莱梅交易所（XBER）于 2003 年正式成立，总部位于柏林—夏洛特堡。它是在柏林证券交易所与不莱梅证券交易所合并时诞生的。

（5）当汉堡证券交易所和汉诺威证券交易所（XHAN）于 1999 年 9 月 1 日

合并时，负责汉堡和汉诺威贸易和商业的博格证券交易所正式成立。

（6）汉堡证券交易所（XHAM）是德国最古老的证券交易所，成立于1558年。该交易所有两大部分，其中一部分包括：一般交易所，通常由房地产公司和房地产经纪人使用。

（7）慕尼黑证券交易所（XMUN）的起源可以追溯到19世纪30年代。该证券交易所于1935年与奥格斯堡证券交易所合并，当时被称为巴伐利亚证券交易所。但在2003年，遵循以所在城市命名证券交易所的惯例，这家德国证券交易所再次被称为慕尼黑证券交易所。

（8）总部位于法兰克福（由德意志交易所和瑞士证券交易所所有）的欧洲期权与期货交易所（Eurex）是一家欧洲电子交易所，就交易量而言，它是仅次于芝加哥商品交易所的衍生品交易所。

5.1.1.9 加拿大证券交易所

大多数投资者都熟悉多伦多证券交易所，但可能不知道加拿大还有四家活跃的证券交易所。五家交易所都提供了更多的机会和流动性。

（1）多伦多证券交易所（TSX）。多伦多证券交易所是加拿大最大的证券交易所，也是北美第三大证券交易所（TMX，2023）。该交易所位于加拿大安大略省多伦多市，成立于1861年。成立之初只有18只股票上市，交易时间为30分钟。

如今该交易所的所有交易都完全电子化。多伦多证券交易所是世界第九大证券交易所，上市了1700多家国内和国际公司。该交易所还拥有世界上最多的石油、天然气和矿业公司。加拿大在石油、天然气和矿业股票方面领先世界。

（2）多伦多风险证券交易所（TSXV）。多伦多风险证券交易所位于加拿大阿尔伯塔省卡尔加里（TMX，2023）。该交易所始创于1999年，当时温哥华、阿尔伯塔、多伦多和蒙特利尔交易所决定进行重组，因太小而无法在多伦多证券交易所上市的公司创建一个平台。

截至2020年，超过1600家公司在多伦多风险证券交易所上市。这些公司大多是小盘股，这意味着其市值低于多伦多证券交易所的公司。多伦多证券交易所、多伦多风险证券交易所和蒙特利尔交易所都属于TMX集团。多伦多证券交易所和多伦多风险证券交易所的总市值为3.3万亿美元。这意味着来自世界各地的3.3万亿美元目前投资于这两个加拿大交易所，占全球股票市值（95万亿美元）的3.4%左右。

（3）蒙特利尔交易所（MX）。蒙特利尔交易所成立于1874年，从事期权和期货交易。该交易所是加拿大期权和期货交易的最大来源，并于2001年成为北美第一个完全自动化的传统交易所。这意味着它是北美第一家允许在线交易的交易所。多伦多证券交易所集团在2007年收购了蒙特利尔交易所。

（4）加拿大证券交易所（CSE）。加拿大证券交易所是一个相对较新的交易所，于 2004 年在安大略省多伦多市成立。前身为加拿大国家证券交易所（CNSX），在 2014 年 1 月更名为加拿大证券交易所。

与大多数交易所相比，该交易所要求简化报告，使其对小型新兴公司和微型公司具有吸引力。上市壁垒的降低使加拿大和国外的公司能够获得资本，这为加拿大证券交易所一个以小盘股为主的加权上市提供了基础。

与多伦多证券交易所和多伦多风险证券交易所不同，该交易所的大多数上市公司都是科技和生物技术公司。截至 2020 年 9 月，生物技术公司占上市公司的 32%，采矿公司占 30%，技术公司占 18%，多元化行业占 15%，石油和天然气公司占 2%，清洁技术公司占 1%。

（5）NEO 证券交易所（NEO）。这个加拿大最新的证券交易所成立于 2015 年，该交易所的目标是尽可能让上市和在交易所投资变得公平和有利。2018 年，加拿大的贷款机构洛根山资本（Mount Logan Capital）成为历史上第一家将上市地点从多伦多证券交易所转到该交易所的公司，因为 NEO 交易所有更好的支持和服务来帮助其成为上市公司。最近，加拿大帝国商业银行专门在该交易所推出了加拿大存托凭证。

如今，NEO 交易所是加拿大第三大活跃的交易所，拥有超过 125 家独特的上市公司，这些公司在其他任何地方都找不到。截至 2021 年 8 月 23 日，该交易所的总市值为 9.46 亿美元，分布在 150 多个不同的上市证券中。

### 5.1.2 美国房地产投资信托协会

美国房地产投资信托协会（NAREIT，2023a）是对美国房地产感兴趣的房地产投资信托基金和房地产公司的全球代表。该协会的成员是房地产投资信托基金和世界各地拥有、经营和融资创收房地产的其他房地产公司，以及为这些企业提供咨询、研究和服务的公司和个人。该协会的使命是与政策制定者和全球投资界一起积极倡导基于房地产投资信托基金的房地产投资。该协会的愿景是确保每个人都有机会从房地产投资中获益。

房地产投资信托基金投资美国的未来。通过其拥有、融资和运营的各种房地产，房地产投资信托基金有助于提供振兴社区、支持数字经济、推动社区基本服务和建设未来基础设施的基本房地产，同时创造美国就业机会和经济活动。所有类型的房地产投资信托基金在美国共拥有超过 3.5 万亿美元的总资产，在证券交易所上市的房地产投资信托基金拥有超过 2.5 万亿美元的资产。美国上市的房地产投资信托基金的股票市值超过 1.35 万亿美元。房地产投资信托为普通美国人提供了投资房地产的机会，1.45 亿美国人通过股票、401（k）养老计划、养老金计划及其他投资基金受益于房地产投资信托。

美国房地产投资信托协会是房地产投资信托行业的代言人，向美国政策制定者宣传房地产投资信托和房地产投资信托投资在美国未来的重要作用，包括创造就业机会、经济活动和数百万投资者的生活。该协会也是已经引入或正在考虑引入房地产投资信托基金的世界各国决策者的信息资源。

该协会是房地产投资信托基金投资研究的领先生产商和赞助商，协会利用该研究向全世界的投资者、政策制定者和媒体宣传其收益——持续收入、多元化、资本增值和通胀保值。协会向所有受众提供房地产投资信托基金新闻、数据和行业观点，还主办房地产投资信托基金行业的主要投资者会议和教育活动。

自成立以来，美国房地产投资信托协会通过帮助制定具有里程碑意义的立法和政策决定，努力保护和完善房地产投资信托基金，这些立法和政策决定定义了房地产投资信托基金和房地产投资的发展。作为行业的代言人，该协会向美国和其他国家政府的最高层、州和地方政府以及全球众多标准制定组织阐述了其立场。

### 5.1.3　美国不动产投资信托委员会

美国不动产投资信托委员会（NCREIF）是一个成员驱动的非营利协会，通过提供透明和一致的数据、绩效衡量、分析、标准和教育来提高私人房地产投资行业的知识（NCREIF，2023）。

该委员会作为商业房地产表现和基准信息的非党派收集者、验证者、集合者、转换者和传播者，为机构房地产投资社区服务。委员会的成员包括投资经理、投资者、顾问、评估师、学者、研究人员和其他房地产投资管理行业的专业人士。

该委员会还是一家数据服务提供商，通过以下方式满足其成员及投资界和学术界对高质量、透明、及时和准确的商业房地产数据，绩效衡量和基准指数，投资分析、报告标准、研究、教育及同行团体互动的需求：发展并生成与其相关的绩效测量指数、基准和可操作信息；鼓励工业界、学术界和会员使用该协会的数据进行客观分析和研究；提供具有丰富教育内容的论坛，旨在解决行业问题并改进行业最佳实践；发布行业相关的文章和报道；推动不断完善的房地产申报标准。

美国不动产投资信托委员会将数据转换为与其成员和行业直接相关的信息，即构建来自其成员提供的特定财产和基金会计数据；遵循不动产行业信息保密的要求，但具体信息对其成员透明可用；主要投资于美国国内资产和投资工具；为满足其成员的需求而努力。

### 5.1.4 投资百科

投资百科（Investopedia）成立于1999年，其使命是简化财务决策和信息，让读者有信心全方面管理其财务生活（Investopedia，2023）。投资百科是Dotdash Meredith出版集团的一部分。

投资百科是全球领先的网上金融内容来源，涵盖从市场新闻到退休策略、投资教育到顾问见解等内容。投资百科的编辑委员会旨在确保网站上的所有文章都是授权的、公正的、准确的和包容的。投资百科不仅致力于遵循商业编辑与写作促进协会的道德准则，所有内容都遵循并维护职业记者协会的道德新闻基础：准确和公正、最大限度地减少伤害、独立行动、负责任和透明；还坚持遵循美国联邦贸易委员会（FTC）发布的准则。投资百科的编辑人员与投稿人通过网络和评论委员会合作，撰写、更新和管理网民在投资百科上找到的所有文章。投资百科的员工不会建议任何人购买、出售或持有证券或投资。

### 5.1.5 主要国际证券信息网站

#### 5.1.5.1 《金融时报》集团（Financial Times Group）

《金融时报》采用大版面印刷，数字出版，关注全球范围内的商业和经济（Financial Times，2023）。英国《金融时报》集团是世界领先的新闻机构之一，其权威性、完整性和准确性在国际上得到认可，在全球雇用了2300多名员工，包括40个国家的700名记者。该集团包括《金融时报》《金融时报专家版》及一些服务和合资企业。

#### 5.1.5.2 标准普尔环球公司（S&P Global）

标准普尔环球公司是一家美国上市公司，总部设在纽约市（S&P Global，2023）。其主要业务领域是金融信息和分析。该公司是标准普尔环球评级公司、标准普尔环球市场情报公司、标准普尔环球流动性公司、标准普尔环球工程解决方案公司、标准普尔环球可持续发展公司和标准普尔环球商品观察公司的母公司，也是标准普尔环道琼斯指数合资公司的大股东。

#### 5.1.5.3 美国全国广播公司财经频道（CNBC）

美国全国广播公司财经频道（CNBC，2023）是一个美国基本有线商业新闻频道。该频道在工作日东部时间早上5点到晚上7点播放商业新闻节目，同时在所有其他时间播放脱口秀、调查报告、纪录片、电视购物、真人秀和其他节目。与福克斯商业和彭博电视一起，该频道是美国三大商业新闻频道之一。该频道还运营一个网站和移动应用程序，用户可以通过流媒体观看该频道，并提供一些只有付费用户才能访问的内容。美国全国广播公司财经频道内容可以在智能扬声器上点播。

#### 5.1.5.4 晨星公司（Morningstar）

晨星公司创立于 1984 年，是一家美国金融服务公司，总部设在伊利诺伊州芝加哥。该公司提供一系列投资研究和投资管理服务，帮助整个投资生态系统的人们书写自己的金融未来。

#### 5.1.5.5 击败市场网站（MarketBeat.com）

击败市场网站成立于 2011 年，其使命是创造高质量的股票研究工具，并将其提供给各级投资者（MarketBeat，2023）。击败市场网站不是股票经纪公司，而是通过提供实时财务数据和客观的市场分析，为投资者提供更好的交易决策的资源。网站旨在通过提供实时金融数据和客观的市场分析，使个人投资者能够做出更好的交易决策。

### 5.1.6 万得金融数据

万得信息技术股份有限公司（Wind）（简称万得）是中国领先的金融软件服务企业，总部位于上海陆家嘴金融中心（万得金融数据，2023）。万得在国内金融信息服务行业处于领先地位，是众多证券公司、基金管理公司、保险公司、银行、投资公司、媒体等机构不可或缺的重要合作伙伴；在国际市场中，万得同样受到了众多中国证监会批准的合格境外机构投资者（QFII）的青睐。此外，知名的金融学术研究机构和权威的监管机构同样是万得的客户；权威的中英文媒体、研究报告、学术论文也经常引用万得提供的数据。

在金融财经数据领域，万得已经建成国内完整准确、以金融证券数据为核心的大型金融工程和财经数据仓库。万得的数据内容涵盖股票、债券、基金、外汇、金融衍生品、大宗商品、宏观经济、财经新闻等领域；万得通过对数据的及时更新来满足机构投资者的需求。针对金融业投资机构、研究机构、学术机构、监管部门等不同客户的需求，万得开发了一系列围绕信息检索、数据提取与分析、投资组合管理应用等领域的专业分析软件与应用工具。通过这些终端工具，用户可以从万得获取到及时、准确、完整的财经数据、信息和各种分析结果。以数据为起点，万得紧密跟随金融市场日新月异的变化，不断向新的领域发展延伸，为客户提供更快、更广、更深的数据与信息服务。精于数据，分享数据价值，万得的愿景是做一家让数据垂手可得的全球企业。

### 5.1.7 东方财富网

东方财富网是中国领先的互联网财富管理综合运营商，致力于为超过 1 亿用户提供基于互联网的财经资讯、数据、交易等服务（东方财富网，2023）。公司旗下拥有财经门户"东方财富网"、互联网基金销售平台"天天基金"、中国人气股票基金交流社区"股吧"以及证券、基金、期货等金融类牌照。公司构建以东方财富网为核心的互联网财富管理生态圈聚集了海量用户资源和用户黏性优势，为公司进一步拓展业务领域、完善服务链条奠定了坚实基础。

东方财富集金融交易、行情查询、资讯浏览、社区交流和数据支持等功能于一体，向海量用户提供全方位、一站式的金融服务。

（1）金融交易。东方财富在证券、基金、期货等金融市场深耕多年，以金融数据终端服务平台为载体，向用户提供安全、可靠的全品种互联网金融交易服务。东方财富提供丰富的金融交易渠道，有东方财富 APP、天天基金 APP、东方财富期货 APP 等，并在全国各地设有多家证券及期货营业部。用户可通过线上线下不同的投资理财方式，实现多元金融交易需求。

（2）行情查询。东方财富的 7×24 小时全球行情，涵盖沪、深、港、美股市，以及基金、债券、黄金、期货、外汇等板块，为个人投资者和机构投资者提供专业化服务。东方财富的行情服务，提供沪深港美交易所的实时行情数据，具有成交逐笔还原、委托全息队列、深度数据统计等功能，能够帮助用户摸清主力意图，捕捉投资机会。

（3）资讯浏览。东方财富是专业的互联网财经资讯门户，下设财经、股票、新股、全球、美股、港股、基金、理财、银行、保险、信托、债券、期货、黄金等数十个内容频道。用户可通过 WEB 端、WAP 端和 APP 端等多种终端访问东方财富，实时接收资讯推送，及时跟进财经动态。

（4）社区交流。股吧是投资者交流投资心得的社区。社区涵盖个股、主题、行业及概念四大板块，同时还设有访谈、悬赏问答、问董秘等模块，用户可通过多种形式进行互动。

（5）数据支持。东方财富具有专业的数据服务能力，为用户提供权威的金融数据服务，帮助用户进行评估和决策。通过公司旗下的 Choice 数据终端等产品，用户能够获得财经数据、金融信息和分析结果等全方位的数据支持。利用 Excel 插件、量化接口和组合管理等工具，用户还可实现个性化信息查询、统计分析等多种需求。

### 5.1.8　新浪财经

新浪财经是一家创建于 1999 年 8 月的财经平台，经过 20 余年的发展，已经成为全球华人的首选财经门户（新浪财经，2023）。新浪财经在财经类网站中占有超过 1/3 的市场份额，始终保持绝对领先优势。新浪财经成立以来，已深深影响广大中产阶级及高端人群，对企业高管和政府经济决策部门人群的覆盖率超过

90%，始终是高价值网民的首选平台。

新浪财经提供7×24小时财经资讯及全球金融市场报价，覆盖股票、债券、基金、期货、信托、理财、管理等多种面向个人和企业的服务。沪深股票、基金、债券、港股、美股、国内期货、外汇、黄金等行情，除有特别标明外，均为实时行情。新浪财经免费提供的行情数据以及其他资料均来自合作方，仅作为用户获取信息之目的，并不构成投资建议。

作为国内第一大财经网络媒体，新浪财经打造高端新闻资讯，深度挖掘业内信息，全程报道80%以上的业界重要会议及事件，独家率达90%，是最具影响力的主流媒体平台。同时，新浪财经也开发出如金融超市、股市行情、基金筛选器、呼叫中心，金融产品在线查询等一系列实用产品，帮助网民理财，是最为贴心实用的服务平台。除此之外，新浪财经为网友搭建互动、交流、学习的财经大平台。财经博客、财经吧、模拟股市、模拟汇市等均成为业界最早、人气最旺、最知名的财经互动社区。

基于领先的财经资讯和贴心的产品服务，新浪财经吸引了非常庞大的高端用户群，已经成为金融行业客户进行网络营销的主要平台，同时也获得了非金融类客户的广泛青睐。

### 5.1.9 欧洲公共房地产协会

欧洲公共房地产协会（EPRA）成立于1999年，是一个代表欧洲上市房地产公司的非营利协会（EPRA，2023）。在创纪录的低利率和投资回报低迷的时期，随着社会努力养活迅速老龄化的人口，上市房地产行业在过去几年变得越来越重要，因为对稳定的长期创收投资的需求比以往任何时候都更强烈。

该协会是欧洲上市房地产公司、投资者及其供应商的代言人。近二十年来，作为行业在欧洲的代言人，协会一直致力于在其成功的基础上与协会的成员合作，共同提升欧洲上市房地产行业的未来。

欧洲公共房地产协会的使命是促进、发展和代表欧洲公共房地产部门。协会通过向投资者和利益相关者提供更好的信息、积极参与公众和政治辩论、改善总体运营环境、推广最佳实践以及加强行业凝聚力来实现这一目标。

与金融时报股票交易所（富时）和美国房地产投资信托协会（NAREIT）合作，该协会在世界各地提供多个房地产相关指数（如富时EPRA/NAREIT全球指数）。其研究团队发布月度指数报告和季度指数评论，并提供信息图表和资产地图服务、金融数据库和可持续发展报告。

## 5.2 REITs 重要指标

### 5.2.1 投资回报

回报（Return），也称为财务回报，简单解释就是在一段时间内投资所赚或赔的钱。回报可以用一项投资的美元价值随时间的变化来表示，可以用利润与投资比率的百分比来表示，也可以表示为净结果（扣除费用、税收和通货膨胀）或毛回报，除价格变化外，不考虑任何因素。该定义甚至包括401（k）养老金投资。

谨慎的投资者知道回报的精确定义是视情况而定的，并依赖于财务数据输入来衡量。像利润这样的综合术语可以指毛收入、营业收入、净收入、税前收入或税后收入。像投资这样的综合术语可以指选定的、平均的或全部的资产。

持有期回报是指特定投资者持有投资期间的回报。持有期回报可以用名义值或百分比来表示。当用百分比表示时，经常使用的术语是收益率（RoR）。

例如，在一个月的周期间隔内赚取的回报是月回报，一年的周期间隔是年回报。通常，人们对投资的年回报率感兴趣，或同比（YoY）回报率，用于计算从当日到一年前同一日期的价格变化。

不同长度的周期间隔的回报只有在转换为相同长度的间隔后才能进行比较。习惯上是比较一整年的时间间隔所获得的回报。将更短或更长的回报间隔转换为年回报的过程称为年化。

#### 5.2.1.1 名义回报

名义回报是在对税收、费用、股息、通货膨胀或任何其他金额影响进行调整之前，以美元（或其他适用货币）金额表示的投资净利润或亏损。可以通过计算一段时间内投资价值的变化加上任何分配减去任何支出得出。

投资者收到的分配取决于投资或风险的类型，但可能包括投资者收到的股息、利息、租金、权利、利益或其他现金流。投资者支付的支出取决于投资或风险的类型，但可能包括投资者为获得、维持和出售投资而支付的税收、成本、费用、费用或支出。

正回报是指在投资或风险中获得的利润或金钱。同样，负回报代表着在投资或风险中的金钱损失。

例如，假设一个投资者购买了价值1000美元的公开交易股票，没有收到任何分配，没有支付任何费用，两年后以 1200 美元的价格出售股票。以美元计算的名义回报是 1200-1000=200 美元。

#### 5.2.1.2 实际回报

实际回报率根据通货膨胀或其他外部因素引起的价格变化进行调整。这种方法用实值表示名义收益率，使给定资本水平的购买力在一段时间内保持不变。

调整名义回报以补偿通货膨胀等因素，可以让投资者确定名义回报中有多少是实际回报。在投资之前，了解一项投资的真实回报率是非常重要的。这是因为随着时间的推移，通货膨胀会降低价值，就像税收也会侵蚀价值一样。

股票的总回报包括资本利得或损失和股息收入，而股票的名义回报仅描述其价格变化。考虑到实际回报率，投资者还应该考虑某项投资的风险是否能够承受。用实际价值而不是名义价值来表示回报率，尤其是在高通胀时期，可以更清晰地反映投资的价值。

#### 5.2.1.3 回报率

回报率是衡量投资管理效率的财务比率的一个子集，有助于评估一项投资是否能产生最高的回报。一般来说，回报率比较的是可用于产生利润的工具，如资产或股权投资与净收入的比率。

回报率通过将选定的或全部的资产或权益除以净收入来进行比较。结果是每 1 美元投资的回报率百分比，通过与类似投资、公司、行业或市场的回报率等基准进行比较，可以用来评估投资的强度。例如，资本回报（ROC）意味着收回原始投资。

#### 5.2.1.4 投资回报率

百分比回报是以百分比表示的回报，被称为投资回报率（ROI）。投资回报率是每 1 美元投资的回报。投资回报率的计算方法是将美元回报除以初始美元投资。这个比率乘以 100 得到一个百分比。假设 1000 美元的投资有 200 美元的回报，则投资回报率=（200/1000）×100=20%。

#### 5.2.1.5 净资产收益率

净资产收益率（ROE）是一个盈利率，计算方法是净收入除以平均股东权益，衡量每美元股票投资产生的净收入。如果一家公司一年的净收入为 10000 美元，公司同期的平均股本为 100000 美元，净资产收益率为 10%。

#### 5.2.1.6 资产回报率

资产回报率（ROA）是一个盈利率，计算方法是净收入除以平均总资产，衡量投资于资产的每 1 美元产生多少净利润。资产回报率决定了财务杠杆，以及是否从资产使用中获得足够的收入来支付资本成本。净收入除以平均总资产等于资产回报率。例如，如果一年的净收入为 10000 美元，公司同期的平均总资产等于

100000美元，则资产回报率为10000美元除以100000美元，即10%。

### 5.2.2 投资风险

投资风险（Risk）在金融术语中被定义为一个投资的实际收益与预期结果不同的可能性。风险包括损失部分或全部原始投资的可能性。

通过理解风险的基础和如何衡量风险来管理投资风险是可能的和谨慎的。了解适用于不同场景的风险及整体管理风险的一些方法，将有助于各类投资者和企业管理者避免不必要的、代价高昂的损失。

#### 5.2.2.1 投资风险的基础知识

每个人每天都面临着某种类型的风险——无论是开车、走在街上、投资、资本规划还是其他活动。投资者的个性、生活方式和年龄是个人投资管理和风险管理要考虑的一些首要因素。每个投资者都有独特的风险状况，这决定了其承受风险的意愿和能力。总体来说，随着投资风险的上升，投资者期望更高的回报来补偿承担的风险。

金融学的一个基本观点是风险与回报之间的关系。投资者愿意承担的风险越大，潜在回报就越大。风险可能以各种方式出现，投资者需要因承担额外风险而获得补偿。例如，国债被认为是最安全的投资，但与公司债券相比，回报率较低。而一家公司比政府更有可能破产，因为投资公司债券的违约风险更高，投资者可以获得更高的回报率。

量化地说，风险通常通过考虑历史行为和结果来评估。在金融领域，标准差是一个与风险相关的常见指标。标准差提供了一个值与其历史平均值相比的波动性的度量。高标准差表明价值波动大，因此风险高。

个人、财务顾问和公司都可以制定风险管理策略来帮助管理与其投资和商业活动相关的风险。在学术上，已经确定了几种理论、指标和策略来度量、分析和管理风险，主要包括标准差、贝塔系数、风险价值法（VaR）和资本资产定价模型（CAPM）。衡量和量化风险通常允许投资者、交易者和业务经理通过使用包括多元化和衍生品头寸在内的各种策略来对冲一些风险。

#### 5.2.2.2 无风险证券

诚然，没有任何投资是完全没有风险的，但某些证券的实际风险很小，因此被认为是无风险。无风险证券通常构成分析和衡量风险的基准。这些类型的投资提供了一个很小或没有风险的预期回报率。通常情况下，所有类型的投资者都会指望这些证券来保存应急储蓄或持有需要立即使用的资产。

无风险投资和证券的例子包括短期国债、上海银行间同业拆放利率（SHIBOR）和存款证（CDs）。短期国债通常被视为金融建模的基准无风险资产标的。

该国债得到了我国政府的充分信任和信用支持,鉴于其相对较短的到期日,其利率风险最小。

5.2.2.3 风险和时间范围

投资的时间范围和流动性通常是影响风险评估和风险管理的关键因素。如果投资者需要立即获得资金,则不太可能投资于高风险投资或不能立即变现的投资,而更可能将资金投入无风险证券。

时间范围也将是个人投资组合的一个重要因素。退休时间较长的年轻投资者可能愿意投资于潜在回报较高的高风险投资。年长的投资者会有不同的风险承受能力,因为他们需要更容易获得的资金。

5.2.2.4 晨星风险评级

晨星公司(Morningstar)是给共同基金和交易所交易基金附加风险评级的主要客观机构之一。投资者可以将投资组合的风险状况与自己的风险偏好相匹配。

5.2.2.5 金融风险的类型

每一个储蓄和投资行为都包含不同的风险和回报。一般来说,金融理论将影响资产价值的投资风险分为两类:系统风险和非系统风险。

系统风险,也称为市场风险,是可以影响整个经济市场或整个市场大部分的风险。市场风险是指由于政治风险和宏观经济风险等影响整体市场表现的因素而导致投资损失的风险。市场风险无法通过投资组合多元化轻松降低。其他常见的系统风险包括利率风险、通货膨胀风险、货币风险、流动性风险、国家风险和社会政治风险。

非系统风险,也称为特定风险或特质风险,是一类只影响某个行业或某个特定公司的风险。非系统风险是由于公司或行业特有的风险而导致投资损失的风险。例如,管理层变动、产品召回、可能导致公司销售额下降的监管变化,以及市场上有可能夺走公司市场份额的新竞争对手。

投资者通常通过投资各种资产来分散管理非系统风险。除了广泛的系统和非系统风险之外,还有几种特定类型的风险,包括:

(1)商业风险。商业风险指的是企业的基本生存能力,即一家公司是否能够实现用足够的销售额和足够的收入来支付其运营费用并实现盈利。财务风险与融资成本有关,而商业风险与企业为保持运营和功能而必须支付的所有其他费用有关。这些费用包括工资、生产成本、设施租金、办公室和管理费用。公司的商业风险水平受多种因素的影响,如商品成本、利润率、竞争以及对其销售的产品或服务的总体需求水平。

(2)信用或违约风险。信用风险是指借款人无法支付其债务的合同利息或本金的风险。这种类型的风险与投资组合中持有债券的投资者有关。政府债券,尤其是联邦政府发行的债券,违约风险最小,因此回报也最低。而公司债券往往违约风险最高,但利率也较高。违约概率较低的债券被视为投资级,概率较高的债券被视为高收益或垃圾债券。投资者可以使用债券评级机构(如标准普尔、惠誉和穆迪)来确定哪些债券是投资级债券,哪些是高收益债券。

(3)国家风险。国家风险是指一个国家无法兑现其金融承诺的风险。当一个国家拖欠债务时,可能会损害该国所有其他金融工具的表现,以及与其有关系的其他国家。国家风险适用于在特定国家发行的股票、债券、共同基金、期权和期货。这种风险最常见于新兴市场或赤字严重的国家。

(4)外汇风险。在国外投资时,重要的是要考虑汇率也会改变资产价格的事实。外汇风险(或汇率风险)适用于以本国货币以外的货币计价的所有金融工具。举个例子,如果投资者住在美国,用加元投资一只加拿大股票,即使股票升值,如果加元相对于美元贬值,投资者也可能亏损。

(5)利率风险。利率风险是指由于绝对利率水平、两种利率之间的利差、收益率曲线形状或任何其他利率关系的变化,投资价值将发生变化的风险。这种风险对债券价值的影响比股票更直接,对所有债券持有人来说都是一个重大风险。随着利率上升,二级市场的债券价格下降,反之亦然。

(6)政治风险。政治风险是指一项投资的回报可能因一个国家的政治不稳定或变化而遭受的风险。这种类型的风险可能源于政府、立法机构、其他外交政策制定者或军事控制的变化。该风险也被称为地缘政治风险,随着投资时间的跨度变长,这类风险变得越来越重要。

(7)交易对手风险。交易对手风险是指参与交易的一方违约的可能性或概率。交易对手风险可能存在于信贷、投资和交易中,尤其是发生在场外交易(OTC)市场中的交易。金融投资产品,如股票、期权、债券和衍生品,都带有交易对手风险。

(8)流动性风险。流动性风险与投资者将投资转换为现金的能力有关。一般来说,投资者会对非流动性资产要求一些溢价,以补偿长期持有不容易变现的证券。

#### 5.2.2.6 风险与回报

风险回报权衡是对最低可能风险和最高可能回报的期望之间的平衡。一般来说,低水平的风险与低潜在回报相关,高水平的风险与高潜在回报相关。

每个投资者必须决定为了期望的回报愿意和能够接受多大的风险。这将基于年龄、收入、投资目标、流动性需求、时间跨度和个性等因素。一般来说,较高的标准差意味着较高的水平或风险,以及较高的潜在回报。

重要的是,高风险并不自动等同于高回报。风险回报权衡只是表明高风险投资有可能获得更高的回报，但没有保证一定会获得更高的回报。风险较低的一边是无风险回报率——零风险投资的理论回报率：代表了在一段特定的时间内，投资者从绝对无风险投资中所期望的利息。理论上，无风险回报率是投资者对任何投资预期的最低回报率，因为除非潜在回报率大于无风险回报率，否则投资者不会接受额外的风险。

### 5.2.2.7 风险和多元化策略

最基本也是最有效的降低风险的策略是多元化。多元化在很大程度上基于相关性和风险的概念。一个充分多元化的投资组合将由不同行业的不同类型的证券组成，这些证券具有不同程度的风险和与彼此回报的相关性。

虽然大多数投资专业人士都认为分散投资不能保证不亏损，但它是帮助投资者实现长期财务目标、同时将风险降至最低的最重要的组成部分。有几种方法来计划和确保充分的多元化，包括：

（1）将投资者的投资组合分散到许多不同的投资工具中，包括现金、股票、债券、共同基金、交易所交易基金（ETF）和其他基金。因为如果投资组合的一部分在下跌，其余部分可能仍在上涨。

（2）在每种投资中保持多元化。包括因部门、行业、地区和市场资本总额而异的证券。混合风格也是一个好主意，如增长、收入和价值。债券也是如此：考虑不同的期限和信贷质量。

（3）投资者并不局限于只挑选蓝筹股，相反地，选择回报率不同的投资将确保巨大的收益抵消其他领域的损失。

投资组合多元化不是一次性的任务。投资者和企业需要定期进行"检查"或再平衡，以确保其投资组合具有与其财务战略和目标一致的风险水平。

管理投资风险最有效的方法是通过定期风险评估和分散投资。尽管分散投资不能确保收益或避免损失，但它确实提供了根据投资者的目标和目标风险水平提高回报的潜力。在风险与回报之间找到正确的平衡有助于投资者和企业管理者通过他们最满意的投资来实现其财务目标。

### 5.2.3 夏普比率

夏普比率（Sharpe Ratio）是由诺贝尔奖得主威廉·夏普（William F. Sharpe）提出的，用于帮助投资者了解投资回报与其风险的关系。该比率是每单位波动率或总风险中超过无风险利率的平均回报率。波动率是衡量资产或投资组合价格波动的指标。

#### 5.2.3.1 夏普比率的含义

从平均回报中减去无风险利率可以让投资者更好地分离出与冒险活动相关的

利润。无风险回报率是零风险投资的回报，这意味着投资者在不承担风险的情况下可以获得预期的回报。例如，美国国债的收益率可以用作无风险利率。一般来说，夏普比率的值越大，风险调整后的回报就越有吸引力。

夏普比率是计算风险调整回报率较广泛使用的方法之一。现代投资组合理论（MPT）指出，将资产添加到具有低相关性的多元化投资组合中可以降低投资组合风险，而不会牺牲回报。与多元化程度较低的类似投资组合相比，增加多元化会提高夏普比率。要做到这一点，投资者还必须接受风险等于波动性的假设，这并非不合理，但可能过于狭隘，无法适用于所有投资。

夏普比率可用于评估投资组合的过去表现（事后），或者投资者可以使用预期的投资组合业绩和预期的无风险利率来计算估计的夏普比率（事前）。

夏普比率也有助于解释投资组合的超额收益是由于明智的投资决策还是过多风险的结果。虽然一个投资组合或基金可以享受比其同行更高的回报，但只有当这些更高的回报没有带来额外的风险时，它才是一个好的投资。

投资组合的夏普比率越大，其风险调整后的表现就越好。如果分析结果为负的夏普比率，这意味着无风险利率大于投资组合的回报，或者投资组合的回报预计为负。在任一情况下，负的夏普比率都不会传达任何有用的意义。

#### 5.2.3.2 夏普比率的计算

（1）从投资组合的收益中减去无风险利率。无风险利率可以是短期国债利率或短期上海银行间同业拆放利率（SHIBOR）。

（2）将结果除以投资组合超额收益的标准差。标准差有助于显示投资组合的回报偏离预期回报的程度。标准差也揭示了投资组合的波动性。

#### 5.2.3.3 夏普比率的示例

夏普比率通常用于比较当一种新的资产或资产类别加入投资组合时，整体风险回报特征的变化。

例如，一位投资者正考虑在现有投资组合中增加对冲基金配置，该投资组合目前分为股票和债券，上年回报率为15%。目前的无风险利率为3.5%，投资组合收益的波动率为12%，夏普比率为95.8%，或（15%−3.5%）/12%。投资者认为，将对冲基金加入投资组合将使来年的预期回报率降至11%，但也预计投资组合的波动性将降至7%。假设未来一年无风险利率将保持不变。使用相同的公式，通过估计的未来数字，投资者发现投资组合的预期夏普比率为107%，或者（11%−3.5%）/7%。

在这里，投资者已经表明，尽管对冲基金的投资降低了投资组合的绝对回报，但在风险调整的基础上，它改善了投资组合的表现。如果新投资的加入降低了夏普比率，则不应将其加入投资组合。此示例假设基于过去绩效的夏普比率可以与预期的未来绩效进行公平的比较。

#### 5.2.3.4 夏普比率和索提诺比率的区别

夏普比率的一个变体是索提诺比率（Sortino Ratio），它消除了价格上涨对标准差的影响，专注于低于目标或要求回报的回报分布。索提诺比率还在公式的分子中用要求的回报代替无风险率，使公式为投资组合的回报减去要求的回报，再除以低于目标或要求的回报的回报分布。

夏普比率的另一个变体是特雷诺比率（Treynor Ratio），它使用投资组合的贝塔系数或与市场其他部分的相关性。贝塔系数是衡量投资相对于整体市场的波动性和风险的指标。特雷诺比率的目标是确定投资者是否因为承担了高于市场固有风险的额外风险而得到补偿。特雷诺比率公式是投资组合的回报率减去无风险利率，除以投资组合的贝塔系数。

#### 5.2.3.5 夏普比率的局限性

夏普比率使用分母中回报率的标准差作为其总投资组合风险的代理，假设回报率呈正态分布。数据的正态分布就像掷两个骰子一样。经过多次投掷骰子，最常见的结果是 7，最不常见的结果是 2 和 12。然而，金融市场的回报常常因为价格出现了大量令人惊讶的下跌或上涨而偏离平均水平。此外，标准差假设价格在两个方向上的波动风险相同。

夏普比率可以被寻求提升其表面风险调整回报历史的投资组合经理所操纵。这可以通过延长测量间隔来实现。这将导致对波动性的较低估计。例如，日收益率的年化标准差通常高于周收益率，周收益率又高于月收益率。选择一个具有最佳潜在夏普比率的分析期，而不是一个中性的回顾期，是另一种挑选会扭曲风险调整后回报的数据的方法。

#### 5.2.3.6 夏普比率的判断标准

夏普比率高于 1.0 通常被认为是"好的"，因为这表明投资组合提供了相对于其波动性的超额回报。话虽如此，投资者通常会比较投资组合相对于同行的夏普比率。因此，如果同行中的竞争者的平均夏普比率高于 1.0，夏普比率为 1.0 的投资组合可能被认为是不合适的。

### 5.2.4 公司市值

公司市值（Market Capitalization）是指一家公司已发行股票的总美元市场价值。通常被称为"市值"，是通过将一家公司的已发行股票总数乘以每股的当前市场价格来计算的。例如，一家公司发行了 1000 万股股票，每股价格为 100 元，其市值为 10 亿元。投资界用这个数字来确定公司的规模，而不是销售额或总资产数字。在收购中，市值被用来决定收购候选人对收购方来说是否有价值。

#### 5.2.4.1 了解公司市值

了解一家公司的市值是一项重要的任务，通常很难快速准确地确定。计算市值快速简单的方法是，将股票价格乘以可用股票的数量。

使用市场资本来展示公司的规模是很重要的，因为公司规模是投资者感兴趣的各种特征的基本决定因素。例如，一家拥有 2000 万股、每股售价 100 元的公司市值将达到 20 亿元。而第二家公司的股价为 1000 元，但只有 10000 股流通股，其市值只有 1000 万元。

一家公司的市值首先是通过首次公开募股（IPO）确立的。在首次公开募股之前，希望上市的公司请投资银行采用估值技术来计算公司的价值，并确定将向公众发行多少股票以及以什么价格发行。例如，一家公司的首次公开募股的价值被其投资银行设定为 1 亿美元，该公司可能决定以每股 10 元的价格发行 1000 万股股票，或者以每股 5 元的价格发行 2000 万股股票。在这两种情况下，最初的市值都是 1 亿元。

一家公司上市并开始在交易所交易后，其价格由市场对其股票的供求决定。如果对其股票的需求很高，价格就会上涨。如果该公司未来的增长潜力较弱，则股票的卖家可能会压低其价格。市值就变成了对公司价值的实时估计。公司市值的计算公式是：公司市值＝股价×总股本。

一家公司的股价可能是 50 元，另一家公司的股价可能是 100 元。这并不意味着第二家公司的规模是第一家公司的两倍。在分析证券时，一定要记住将发行的股票数量（总股本）考虑在内。

#### 5.2.4.2 公司市值和投资策略

鉴于公司市值对风险评估的简单性和有效性，市值可以成为一个有用的指标，用于确定投资者对哪些股票感兴趣，以及如何通过不同规模的公司分散其投资组合。以美国股市为例：

（1）大盘股公司通常拥有 100 亿美元或更多的市场资本。这些公司通常已经存在很长时间，是成熟行业的主要参与者。投资大盘股不一定能在短时间内带来巨额回报，但从长期来看，这些公司通常会以股价的持续上涨和股息支付来回报投资者。例如，苹果公司、微软公司和谷歌母公司 Alphabet Inc.

（2）中型公司的市值通常在 20 亿~100 亿美元。中型公司是在预计将经历快速增长的行业中运营的成熟公司，正处于扩张过程中，与大市值公司相比，这类公司承担着更高的内在风险，因为它们没有那么成熟，但它们的增长潜力很强。例如，老鹰材料公司（EXP）。

（3）市值在 3 亿~20 亿美元的公司通常被归类为小市值公司。这些小公司可能更年轻，或者它们可以服务于利基市场和新行业。由于这些公司的年龄、服务的市场和规模，它们被视为高风险投资。资源较少的小公司对经济放缓更加敏感。因此，与更成熟、规模更大的公司相比，小型股的股价往往更不稳定，流动性也更差。与此同时，小公司往往比大公司提供更大的增长机会。甚至更小的公司也被称为小盘股，价值在5000万~3亿美元。

5.2.4.3 稀释公司市值

随着时间的推移，加密货币可能会发行额外的硬币或代币。出于这个原因，许多人分析了完全稀释的市值。稀释市值的计算方法是加密货币的当前价格乘以该加密货币的硬币或代币的最大总数。

5.2.4.4 对公司市值的误解

虽然这个概念经常被用来描述一家公司，但市值并不能衡量一家公司的股权价值。只有对公司基本面的透彻分析才能做到这一点。对一家公司进行估值是不够的，因为它所基于的市场价格并不一定反映该公司的价值。股票通常被市场高估或低估，这意味着市场价格只决定市场愿意为其股票支付多少。

虽然这个概念衡量的是购买一家公司所有股票的成本，但市值并不能决定该公司在并购交易中的收购成本。计算直接收购一家企业的价格的一个更好的方法是企业价值。

5.2.4.5 市值的变化

股票价格的重大变化、公司发行或回购股票的时间可以改变公司的市值。行使大量权证的投资者也可以增加市场上的股票数量，并在一个被称为稀释的过程中对股东产生负面影响。

### 5.2.5 贴现率

根据上下文，贴现率有两种不同的定义和用法。贴现率是商业银行和其他金融机构从中央银行获得短期贷款的利率；折现率是指在贴现现金流（DCF）分析中用于确定未来现金流量现值的利率。

5.2.5.1 央行贴现率是如何运作的

以美国为例，美国的商业银行有两种主要的借款方式来满足其短期经营需求：既可以利用市场驱动的银行间利率，在不需要任何抵押品的情况下，向其他银行借贷资金；也可以从美联储银行借钱来满足其短期经营需求。

美国联邦储备系统（以下简称美联储）的贷款是通过美联储的12个地区分支机构处理的。金融机构利用这些贷款来弥补任何现金短缺，避免任何流动性问题，或者在最坏的情况下防止银行破产。这种由美联储提供的贷款工具被称为贴现窗口。这种贷款期限极短——24小时或更短。收取的利率是标准贴现率，该贴现率由美联储银行董事会设定，并由董事会批准。

#### 5.2.5.2 折现率在现金流分析中的作用

在贴现现金流分析中也使用了同样的术语——贴现率。贴现现金流用于根据投资的预期未来现金流来估计投资的价值。基于货币时间价值的概念，贴现现金流分析通过使用贴现率计算预期未来现金流的现值来帮助评估项目或投资的可行性。

这种分析始于对拟议项目所需投资的估计。然后，考虑预期产生的未来回报。使用贴现率，可以计算出所有这些未来现金流的现值。如果净现值为正，项目被认为是可行的。如果净现值为负，则这个项目就不值得投资。

在贴现现金流分析中，贴现率是指用于确定现值的利率。例如，今天投资100元到一个利率为10%的储蓄计划中，将会增长到110元。换句话说，110元（未来值）以10%的利率贴现后，在当时就值100元（现值）。如果一个人知道或者可以合理地预测未来现金流（如110元的未来价值），那么使用特定的贴现率就可以获得这样一项投资的现值。

#### 5.2.5.3 正确的贴现率

对于一项投资或一个商业项目，合适的贴现率是多少？在投资标准资产时，如国债的无风险回报率通常被用作贴现率。而如果企业正在评估潜在项目的可行性，加权平均资本成本（WACC）也可用作贴现率，这是公司通过借贷或出售股权支付的平均成本。在这两种情况下，如果投资或项目获得批准，所有现金流的净现值都应该为正。

#### 5.2.5.4 贴现率对货币的时间价值的影响

未来现金流会因贴现率而减少，因此贴现率越高，未来现金流的现值越低；反之，会导致较高的现值。因此，当贴现率更高时，未来的钱的价值更低，投资者的购买力会下降。

#### 5.2.5.5 贴现现金流的计算

计算投资的贴现现金流有三个步骤：预测投资的预期现金流量；选择合适的贴现率；使用财务计算器、电子表格或手动计算，将预测的现金流贴现回当日。

#### 5.2.5.6 选择合适的贴现率

使用的贴现率将取决于所进行的分析类型。当考虑一项投资时，投资者应该使用把钱用在其他地方的机会成本作为一个适当的贴现率。这是投资者在市场上进行规模和风险相当的投资所能获得的回报率。企业可以从几个贴现率中选择最合适的一个。这可能是基于机会成本的贴现率，或其加权平均资本成本，再或类似项目的历史平均回报。在某些情况下，使用无风险利率可能是最合适的。

## 5.3 量化投资分析模型

### 5.3.1 马科维茨资产组合理论模型

马科维茨作为现代投资理论的先驱，于1952年发表了一篇名为《资产组合的选择》的论文（Markowitz，1952）。其中，马科维茨首次提出了全球投资组合范畴中的有效边界理论模型及有关均值方差的分析方法。这篇论文发表后得到了学界的充分关注，这也里程碑式地象征着现代投资理论模型的雏形真正出现。这个理论在学术界拥有"金融学领域的大爆炸理论"的美称。马科维茨这一理论真正地让金融学进入到量化领域中，成功地让金融学科能够被数据所探究和推敲，也让金融学成为社科领域中最贴近自然科学的一个学科。而在业界，尤其在当时的华尔街白领圈子中，马科维茨这一理论被称作"华尔街时代的首次革命"，足以证明这一理论影响力是巨大且深远的。这篇具有轰动性的论文中提到的资产组合理论，是指运用证券或其他金融资产的投资回报的波动性方差来表示投资组合的风险大小，通过对比与权衡投资回报与投资风险的关系来确定市场内的边际，即最佳的投资组合。不仅如此，在马科维茨的这篇传世佳作中还附带性地提出了一系列从未出现过的前提和假设。

（1）统一使用各种资产的投资的回报率，即收益率的波动性（标准差或方差）来对其风险进行测定。这一假设极具马科维茨的个人色彩，是金融学界内首次采用量化的方法对以往看不见摸不着的投资风险做出了数量上的衡量。

（2）只有该资产将来预想的收益率和资产回报的波动性（标准差或方差）两大因素能够对投资者们做出的判断和行动产生影响。不仅如此，在理论上投资者做出的一切投资行为均是完全理性的，也就是说不会做出任何不利于自身的"错误"行为。

（3）市场中的投资者们既不是风险偏好者，也不是风险中性者，而是风险厌恶者。在资产投资回报率数量相等的条件下，投资者们会毫不犹豫地选择波动性更小的资产作为投资标的，因为波动性越小意味着在回报一致的前提下该资产的风险越低；同理可得，当资产的波动性几乎完全相当时，投资者会把资产投资收益率更高的资产当作投资标的进行买入操作，因为收益率越高意味着该资产在风险相同的情况下能给投资者带来的利润越多。

（4）只要在投资期间，不论哪种资产的组合，其将来预想的收益率无一例外地均会服从正态分布，卡方分布等某一种统计学上的概率分布。

在资产的波动性水平完全相当的条件下，投资者们会把能够获得最高利润的资产组合作为投资标的进行买入操作，在资产将来预想的收益率完全相当的条件下，投资者们会把最不具备波动性的资产组合作为投资标的进行买入操作，于是从中能顺利推演出一条名为风险—收益的曲线。由于实际中多采用方差来衡量资产波动性，均值来测量资产收益水平，所以学界也把这一条曲线统称为均值—方差曲线。而在曲线的上半部分被马科维茨称作有效边界，就是投资者最乐于投资的若干种资产组合，也是最优的投资组合曲线，后人比较喜欢称作有效前沿，这是有效边界理论模型中的最重要的一环。而想真正计算出有效前沿，非常具有难度，这需要把市场中的各种金融资产进行数据的收集和公式的输入，这不仅对业界人士的金融学理论知识要求很高，也对计算机的技术和性能提出了更高的要求，所以在有效前沿理论面世之后，以华尔街为代表的业界人士逐渐意识到该理论的价值，很多大型金融机构开始投资到数据研究及分析等的量化工作中。

即使马科维茨及其理论认为投资标的的极致分散化能够完美对冲掉资产的风险，即顺利消除资产组合的非系统性风险。但后人发现该理论存在明显的缺陷和漏洞，例如在统计学中，即便在均值和方差都完全相当的条件下，也不能够排除峰度和偏度等高阶矩对实验结果的影响。因为均值或方差都只是代表了二阶矩相同的情况。如此看来，马科维茨的理论并不是完美无瑕的，还是具有一定片面性的，但是，马科维茨提出的均值—方差模型在历史上毫无疑问是创造性的。这是学界内首次将金融资产的投资风险进行了某种程度的量化，即使量化的标准简单且有一定缺陷，但马科维茨成功地让投资决策第一次拥有了标准化的指标，这是在近现代投资理论的发展史中里程碑式的存在。

### 5.3.2 威廉夏普的单因子模型

近现代投资理论先驱马科维茨所开创的均值—方差模型，在使用的过程中发现其有两大问题：第一，该模型对所有金融资产的协方差矩阵的计算要求太高，一个是对使用人员的理论知识要求高，另一个是对计算机的技术和性能的要求较高，因此在实际情况中不可能做到计算结果的完全准确；第二，计算的工作量过大，这无疑限制了其在现实金融市场中的发挥。对此，Sharpe（1964）针对马科维茨结论的不足，创新性地提出了一个新概念名为单因子模型。对比马科维茨的理论模型，单因子模型能够利用简化的方式来对协方差矩阵进行量化和衡量。这一模型极大地降低了对使用人员和计算机的高要求，于是该模型毫无疑问推动了近现代以来投资理论在实际生活中应用的常态化发展。

与马科维茨类似，威廉夏普除了提出单因子模型之外，还提出了该模型的两大应用前提：①系统性风险和非系统性风险共同组成了资产的总风险。在单因子模型的实际应用中，该因子与资产的非系统性风险之间呈现相互独立的关系，相互间均不能对对方产生影响。②同样地，任何一种金融资产的非系统性风险均不能对其他资产进行干预，彼此之间依旧呈现相互独立的关系。只有不同资产之间单因子的相关系数能够对多样的资产组合带来的预期回报做出重要影响。

单因子模型中的根本逻辑是把现实投资市场中的各种各样的影响因素都压缩成一个单一的变量，并用此变量来对收益率进行衡量。变量的单一化自然减少了计算量，降低了对计算机和使用人员素质的高要求，自然也就降低了实际应用的门槛。但同样地，该模型也存在一定缺陷。例如，夏普把除了单因子以外的所有因素都归于该资产所特有的属性。这是一种过于简便且不太严谨的做法，但该模型同时给予了后人改进的机会及非常重要的启示。

### 5.3.3 资本资产定价模型

夏普、林特尔以及特里诺三位经济学家力求弥补威廉夏普单因子模型的不足，经过实证分析后一起创新性地提出了资本资产定价模型（CAPM）（Sharpe，1964；Lintner，1965；Treynor，1965）。这三位经济学家的观点是，估算市场上金融资产的合理价格只需要利用无风险利率和该资产的市场风险溢价两大因素。夏普等（1964）把某个金融资产与市场组合之间的联动关系定义为"贝塔"，贝塔值可以用来对资产的投资风险与市场风险做出大小的直观性对比。

（1）如果贝塔值小于1，则该金融资产的风险比市场风险小。

（2）如果贝塔值大于1，则该金融资产的风险大于市场的风险。

（3）当贝塔值等于1，就意味着两者相等。

三位经济学家在提出模型之余，也给出了一系列前提假设：

（1）市场上有海量的投资者在进行投资或投机活动，但不论哪一种金融资产，其价格都不会受到市场中个体户的买入卖出行为影响。任何一个个体投资者都只能是市场价格的无条件接受者。相反，资产价格会被全体投资者利用集体行为而决定。

（2）个人所得税为零，交易成本也为零。交易成本在现实金融市场中通常指代交易中介所收取的手续费，所以该假设在实际应用中指的是交易中介不收取手续费。这一假设条件过于理想化，在现实生活中很难得以实现。

（3）无限制的单位细分可以发生在任何一种金融资产上。相反地，个体户也可以持有任意单位数量的资产。也就是说，不存在最小单位的约束，也不存在最大单位的局限，也与投资者财富没有任何关系。

（4）市场内的借贷行为能无限制地使用无风险利率来进行。

(5) 每个场内的投资者都对未来金融资产的价格拥有相同的预期。投资者们拥有相等的投资期限，并且均会使用均值—方差模型有效前沿理论。

(6) 无限次的交易可以发生在任何一种金融资产上，在实际证券市场的应用中指的是没有涨跌停板等保护市场以及保护个体投资者的特殊现象。

(7) 场内的投资者均既不属于风险中性，也不属于风险偏好，全部都是绝对理性的风险厌恶者。在资产的波动性水平完全相当的条件下，投资者们会把能够获得最高利润的资产组合作为投资标的进行买入操作，在资产将来预想的收益率完全相当的条件下，投资者们会把最不具备波动性的资产组合作为投资标的进行买入操作。

### 5.3.4 Fama-French 三因子模型

美国著名经济学家 Fama 和 French（1993）在一次把美国的证券市场作为实验样本的研究中发现，对于影响股票收益率大小差异的因素，单因子模型中一个贝塔值并不能够完全解释清楚各金融资产间投资收益率的大小差异。而由此延伸出来的各家企业的总市值规模乃至账面价值比的数值高低均对各家企业证券的投资回报率有着较为显著的解释力。Fama-French 三因子模型建立在一个全新的假设基础上，名为"有限理性"，并由此开始延伸得到了一系列的基本前提假设：

(1) 大批的投资人活跃在市场中进行各式各样的操作，而每个投资人不论进行了多大规模多高频率的买入或卖出操作，都不能影响市场中的资产价格，每个交易人都只能是价格无条件的接受者。这一假设与前人提出的假设相符合。

(2) 资产的任意拆分和组合均满足一个条件，这一条件是市场中全部投资人都拥有相同的资产持有期。这一条件把纵向的时间序列条件把握住，以确保后续三因子实证分析的准确性能够达到较高的水平。

(3) 不属于公开金融市场范畴内的资产将不能被投资人当作投资标的进行买入或者卖出操作。这一条件杜绝了场外某些存在私人交易的金融市场对实验结果的影响。

(4) 市场内不具备摩擦力，即金融资产买卖双方交易间不会加收任何中介费用。

(5) 假定市场内所有的投资人对于协方差、方差以及均值等有关金融资产投资回报的二阶矩的期望值都具有一致性，或者说有接近同质化的特点。

(6) 不管是对个别股票的风评还是对宏观形势的判断，市场内所有投资人均同样具有一致性或者说接近同质化。这是以往投资理论的假设中的相同预期假设延伸得到的一个新假设。

# 参考文献

[1] Adrian T., A. B. Ashcraft, N. Cetorelli. Shadow bank monitoring [R]. FRB of New York Staff Report, 2013.

[2] Alternative Investment Market (AIM) | London Stock Exchange [DB/OL]. 2023. https://www.londonstockexchange.com/raise-finance/equity/aim.

[3] Asian Property HQ. Investing in Australia REITs: A complete guide [OL]. 2020. https://www.asiapropertyhq.com/australia-reit.

[4] Australian Securities Exchange. ASX investment products: A-REITs [DB/OL]. 2023. https://www2.asx.com.au/markets/trade-our-cash-market/overview/A-REITs.

[5] Block R. Investing in REITs [M]. New York: Bloomberg Press, 2011.

[6] Canadian Investor. Canadian REITs [DB/OL]. 2023. https://www.canadianinvestor.com/canadian-reits/.

[7] Clayton J., MacKinnon G. The time-varying nature of the link between REIT, real estate and financial asset returns [J]. Journal of Real Estate Portfolio Management, 2001 (7): 43-54.

[8] CNBC: Stock Market & Business [DB/OL]. 2023. https://www.cnbc.com/.

[9] Corgel J. B., McIntosh W., Ott S. H. Real estate investment trusts: A review of the financial economics literature [J]. Journal of Real Estate Literature, 1995 (3): 13-43.

[10] Deutsche Börse Xetra-Xetra [DB/OL]. 2023. https://www.xetra.com/xetra-en.

[11] EPRA-The European Real Estate Association [DB/OL]. 2023. https://www.epra.com.

[12] Euronext: The European stock market and infrastructure [DB/OL]. 2023.

https：//www.euronext.com.

[13] Fama E. F., French K. R. Common risk factors in the returns on stocks and bonds [J]. Journal of Financial Economics, 1993, 33 (1)：3-56.

[14] Financial Times (FT) [DB/OL]. 2023. https：//www.ft.com/world-uk.

[15] FKnol.com. REIT stocks list Euronext EU 2023 [DB/OL]. 2023a. https：//fknol.com/eu/stock/reit.php.

[16] FKnol.com. REIT stocks list Canada 2023 [DB/OL]. 2023b. https：//fknol.com/ca/stock/reit.php.

[17] Frankfurt Stock Exchange：Quotes, Charts and News [DB/OL]. 2023. https：//www.boerse-frankfurt.de/en? lang=en.

[18] Hong Kong Real Estate Investor. Real estate investment trust (REIT) [EB/OL]. 2023. https：//www.hkrei.com/reit/.

[19] Hong Kong Stock Exchange and Clearing Limited - HKEX [DB/OL]. 2023. https：//sc.hkex.com.hk/gb/www.hkex.com.hk/ENG/index.htm.

[20] Investopedia [OL]. 2023. https：//www.investopedia.com.

[21] Japan Exchange Group：Tokyo stock exchange [DB/OL]. 2023. https：//www.jpx.co.jp/english.

[22] Japan REIT for All Investors. Real estate investment trust data portal [DB/OL]. 2023. https：//en.japan-reit.com/list/rimawari/.

[23] JLL. The Korean REITs market is set to surge [EB/OL]. 2020. https：//research.jllapsites.com/korean-reits-market-set-surge/.

[24] Kim J., Jang S. Comparative analyses of hotel REITs：Examining risk-return and performance characteristics [J]. International Journal of Contemporary Hospitality Management, 2012 (24)：594-613.

[25] Lintner, J. The valuation of risk assets and the selection of risky investments in stock portfolios and capital budgets [J]. Review of Economics and Statistics, 1965, 47 (1)：13-37.

[26] London Stock Exchange. Real estate investment trusts [DB/OL]. 2023. https：//www.londonstockexchange.com/raise-finance/investment-funds/reits? tab=list-of-reits.

[27] Market Beat：Stock Market News and Research Tools [DB/OL]. 2023. https：//www.marketbeat.com.

[28] Markowitz H. M. Portfolio selection [J]. The Journal of Finance, 1952 (7)：77-91.

[29] Morningstar | Empowering Investor Success [DB/OL]. 2023. https://www.morningstar.com.

[30] NAREIT. Real estate working for you [EB/OL]. 2023a. https://www.reit.com/nareit.

[31] NAREIT. REIT and publicly traded real estate company directory [DB/OL]. 2023b. https://www.reit.com/investing/reit-directory?sector=All&status=309&country=8&order=title&sort=asc.

[32] NAREIT. Exchange-Traded Funds [DB/OL]. 2023c. https://www.reit.com/investing/investing-reits/list-reit-funds/exchange-traded-funds.

[33] NAREIT. REITs by the Numbers [EB/OL]. 2022. https://www.reit.com/data-research/data/reits-numbers.

[34] Nasdaq: Stock Market, Data Updates, Reports & News [DB/OL]. 2023. https://www.nasdaq.com.

[35] NCREIF. Mission statement [EB/OL]. 2023. https://www.ncreif.org/about-us/missionstatement/.

[36] NSX - National Stock Exchange of Australia [DB/OL]. 2023. https://www.nsx.com.au.

[37] NZX, New Zealand's Exchange [DB/OL]. 2023. https://www.nzx.com/.

[38] Pagliari J. L., Scherer K. A., Monopoli R. T. Public versus private real estate equities: A more refined, long-term comparison [J]. Real Estate Economics, 2005 (33): 147-187.

[39] Paris Stock Exchange | Euronext [DB/OL]. 2023. https://www.euronext.com/en/markets/paris.

[40] S&P Global Homepage | S&P Global [DB/OL]. 2023. https://www.spglobal.com.

[41] Seeking Alpha. REIT Rankings: Healthcare [DB/OL]. 2016. https://seekingalpha.com/article/4025431-reit-rankings-healthcare.

[42] Sharpe W. F. Capital asset prices: A theory of market equilibrium under conditions of risk [J]. Journal of Finance, 1964, 19 (3): 425-442.

[43] Singapore Exchange - Singapore Exchange (SGX) [DB/OL]. 2023. https://www.sgx.com.

[44] Small Cap Equity Market | NYSE American (AMEX) [DB/OL]. 2023. https://www.nyse.com/markets/nyse-american.

［45］Sun, C. Price variation and volume dynamics of securitized timberlands［J］. Forest Policy and Economics, 2013（27）：44-53.

［46］Sydney Stock Exchange-SSX［DB/OL］. 2023. https：//www.ssx.sydney.

［47］Taiwan Stock Exchange Corporation-TWSE［DB/OL］. 2023. https：//www.twse.com.tw/en.

［48］The New York Stock Exchange｜NYSE［DB/OL］. 2023. https：//www.nyse.com.

［49］TMX TSX｜TSXV-Toronto Stock Exchange and TSX Venture Exchange（TSXV）［EB/OL］. 2023. https：//tsx.com.

［50］Tokyo Stock Exchange［DB/OL］. 2023. https：//www2.jpx.co.jp/tseHpFront/JJK020040Action.do.

［51］Treynor J. L. How to rate management of investment funds［J］. Harvard Business Review, 1965（43）：63-75.

［52］U. S. News. What Are REITs and How to Invest in Them［EB/OL］. 2021. https：//money.usnews.com/investing/real-estate-investments/articles/the-ultimate-guide-to-reits.

［53］Wide Moat Research. REITs around the globe［R/OL］. 2023. https：//www.widemoatresearch.com/reits-around-the-globe/.

［54］北京证券交易所［DB/OL］. 2023. https：//www.bse.cn/.

［55］东方财富网：财经资讯门户网站［DB/OL］. 2023. https：//www.eastmoney.com/.

［56］国家发展改革委. 中华人民共和国国民经济和社会发展第十四个五年规划和2035年远景目标纲要［R］. 2022.

［57］理财之路. 不动产投资信托是什么？2021台湾挂牌发行的REIT整理［DB/OL］. 2021. https：//roadtomoneymanagement.com/what-is-reits/.

［58］上海证券交易所［DB/OL］. 2023. http：//www.sse.com.cn/.

［59］深圳证券交易所［DB/OL］. 2023. http：//www.szse.cn/.

［60］万得金融数据. 中国金融数据库［EB/OL］. 2023. https：//www.wind.com.cn/.

［61］新浪财经_新浪网［DB/OL］. 2023. https：//finance.sina.com.cn/.

［62］新浪财经. 中国香港REITs发展的20年［EB/OL］. 2022. http：//k.sina.com.cn/article_5115326071_130e5ae7702001nrd8.html.

［63］香港证监会. 房地产投资信托基金守则［Z］. 2003.

［64］中国证监会. 关于推进基础设施领域不动产投资信托基金（REITs）试点相关工作的通知［Z］. 2020a.

［65］中国证监会. 公开募集基础设施证券投资基金指引（试行）［Z］. 2020b.

# 后　记

　　自1960年房地产投资信托公司在美国创立以来，40多个国家和地区也纷纷引入了房地产投资信托公司模式，其发行规模举世瞩目。截至2022年8月，美国有188只公募房地产投资信托基金，总资产达3.5万亿美元，占美国庞大的金融市场6.9%的份额。此外，日本发行了61只房地产投资信托基金，总市值达166353亿日元；澳大利亚发行了48只房地产投资信托基金，总市值达1621亿澳元；英国发行了56只房地产投资信托基金，总市值达724亿英镑；新加坡发行了37只房地产投资信托基金，总市值达1009亿新加坡元；加拿大发行了46只房地产投资信托基金，总市值达891亿加元。我国大陆引入房地产投资信托基金这一资产形式不久，无论是从上市房地产投资信托公司的数量还是规模来看，我国房地产投资信托公司都具有巨大的发展空间。结合当前我国房地产市场乃至整个宏观经济的现状，房地产投资信托公司既可以盘活存量资产，也有助于降低地方政府财政风险，其发展意义重大。

　　本书自2021年6月底开始构思，早期专注于阐述房地产投资信托公司的起源、发展历程、资产特点、分类以及中、美两国房地产投资信托公司的具体情况。在调研过程中，笔者发现澳大利亚、加拿大、日本等在几十年前就引进了房地产投资信托公司模式；同时，邻近的新加坡也较早地引入了房地产投资信托公司模式。这些国家发展房地产投资信托公司的历程无疑对我国发展房地产投资信托公司有很大的借鉴意义，有助于推进我国房地产投资信托事业的发展。因此，笔者在本书中陆续加入了包括澳大利亚、加拿大、日本、新加坡等重要国家和地区的房地产投资信托公司的具体信息，力图站在全球视角拓展读者对这一投资工具的了解，为我国房地产投资信托公司的发展贡献力量。

朴小锐

2023年4月